가족세우기를 통한

교실 혁명

가족세우기를 통한
교실 혁명

2011년 6월 1일 초판 1쇄 발행. 2013년 4월 15일 초판 2쇄 발행. 마리엔 프랑케-그
리쉬가 쓰고, 풀라가 옮겼으며, 도서출판 산티에서 박정은이 펴냅니다. 이홍용과 천소
희가 편집을 하고, 이근호가 본문 및 표지 디자인을 하였으며, 반지현이 마케팅을 합
니다. 필름 출력은 푸른서울, 인쇄 및 제본은 상지사에서 하였습니다. 출판사 등록일
및 등록번호는 2003. 2. 6. 제10-2567호이고, 주소는 서울시 마포구 성산동 628-5, 전
화는 (02) 3143-6360, 팩스는 (02) 338-6360, 이메일은 shantibooks@naver.com입
니다. 이 책의 ISBN은 978-89-91075-69-6 03370이고, 정가는 16,000원입니다.

이 도서의 국립중앙도서관 출판시도서목록(CIP)은 e-CIP홈페이지(http://www.nl.go.kr/ecip)와 국가자료공동목록
시스템(http://www.nl.go.kr/kolisnet)에서 이용하실 수 있습니다.(CIP제어번호: CIP2011002144)

가족세우기를 통한
교실 혁명

마리엔 프랑케-그리쉬 지음 | 풀라 옮김

【샨티】

차례

추천문

2년 전, 나는 마리엔 프랑케-그리쉬로부터 보고서 형식의 편지를 몇 차례 받았다. 거기에는 교사로서 문제 아동들을 다루면서 얻은 자신의 경험이 적혀 있었다. 보고서를 읽으면서 나는 사랑으로 가득한, 그러면서 치유의 힘까지 지닌 그녀의 접근법에 큰 감동을 받았다. 그녀의 접근법은 지극히 간단했지만 문제 아동은 물론 그 아이들의 부모에게도 큰 도움을 주었다. 그 당시 나는 그녀에게 "당신의 경험을 책으로 내보도록 하세요"라고 제안을 했다. 그리고 여기 이렇게 그녀의 경험이 한 권의 책으로 출간되었다.

이 책에는 그녀가 가족세우기 기법을 응용하여 계발한 여러 가지 접근법을 실제로 아이들에게 적용해서 얻은 풍부한 경험이 담겨 있다. 여기에 적힌 사례들은 우리의 일상 생활을 그대로 옮겨놓은 것처럼 친밀감이 있고 현실성도 띠고 있다. 독자들은 이 사례들을 통해서 희망을 얻게 될 것이다. 이 책을 읽고 나면 여러분은 책 속에 기술된 경험을 당장 실천에 옮겨보고 싶은 열망이 일어날 것이다.

나는 이 책이 가정이나 학교에서 문제를 보이는 아이들, 심지어는 개선의 여지가 전혀 없어 보이는 아이들조차도 어떻게든 변화시켜 보려고 애쓰는 부모나 교사에게 구체적이며 실질적인 안내서가 되어

주리라 기대한다. 이 한 권의 책이 여러분의 심금을 울릴 것이다. 이 책을 선택한 독자들도 나처럼 책을 손에서 내려놓지 못하게 되리라. 지면을 빌려서나마 이처럼 놀라운 책을 세상에 내놓은 마리엔 프랑케-그리쉬에게 감사의 마음을 전하고 싶다.

버트 헬링거Bert Hellinger
2001년 뮌헨에서

옮긴이의 말

버트 헬링거의 가족세우기를 경험한 곳은 인도의 푸나에 있는 오쇼 공동체에서였다. 나는 한 서양인의 개인 세션에서 대리인 역할을 할 사람 중 한 명으로 초대를 받았다. 방 안에는 의뢰인과 치유사를 포함하여 열다섯 명 정도의 사람들이 모여 있었다.

모두가 한자리에 모여 앉자 치유사가 가족세우기 작업에 대한 간단한 소개를 했다. 이어서 치유사는 세션을 의뢰한 사람에게 어떤 문제를 다루고자 하는지 아주 간결하게 설명해 달라고 요구했다. 그리고 의뢰인에게 원래 가족의 구성원은 어떻게 되고 가족 안에서 발생했던 중요한 사건들은 어떤 게 있는지 물었다.

잠시 후, 치유사의 안내에 따라 의뢰인이 그 자리에 참석한 사람들 중에서 자신의 가족을 대신할 대리인들을 선택한 뒤 한 사람씩 방 안에 세우기 시작했다. 대리인을 세우는 과정은 침묵 속에서 진행되었다. 치유사의 제안을 따라 의뢰인은 의식을 배에 둔 채 그 순간의 느낌에 따라서 여러 명의 대리인을 차례로 세워나갔다. 나 역시 대리인의 한 사람으로서 의뢰인이 이끄는 자리에 세워졌다.

처음에 나는 별다른 몸의 감각이나 감정적 변화를 느끼지 못했다. 솔직히 방 안에서 일어나고 있는 현상이 무엇을 뜻하는지 이해하는 것조차 어려웠다. 그러면서도 마치 모래 웅덩이 속으로 끌려 들어가듯 차츰 방 안에 펼쳐져 있는, 눈에 보이지 않는 에너지 장 속으로 나 자신이 빨려 들어가는 듯한 느낌이 들었다. 익숙하지 않은 느낌들이 열감이나 무게감 혹은 미세한 떨림이나 답답함의 형태로 감지되었다. 주변에 세워진 다른 대리인들(의뢰인 가족의 구성원들)의 말이나 소소한 움직임에 따라서 내 몸에서 감지되는 느낌의 강도가 강해졌다가 약해지기도 하고 들썩거리다가 잠잠해지기도 하는 상황이 계속되었다.

그러던 중 갑자기 왈칵 울음이 터져 나왔다. 마치 거대한 댐의 벽에 생긴 조그만 균열이 조금씩 커지다가 마침내 더 이상 감당할 수 없는 지경에 이르러 무너져 내리는 것과 같았다. 폭포수처럼 눈물이 터져 나왔지만 통제의 손잡이는 내게 있지 않았다. 어쩌면 "나를 통해서 누군가의 울음이 터져 나왔다"고 해야 맞을 것 같다. 내 몸은 이 갑작스러운 감정의 폭풍을 견디지 못하고 무너지고 말았다.

그 후 마치 빗장이 걸려 있던 문들이 하나씩 차례로 열리듯이 상황이 하나씩 하나씩 풀려나가기 시작했다. 모든 것이 한 지점을 향해 지극히 자연스럽게 흘러가는 것 같았다. 그 와중에 나는 네 방향 중 한쪽 방향으로 강하게 끌렸고, 반대편 방향은 쳐다보고 싶지 않은 기분이 들었다. 그러자 치유사가 새로운 가족 구성원 한 사람을 추가로 세웠다. 그는 현재의 가족 그림 안에서 빠져 있지만 치유를 위해서는 꼭 포함되어야 할 사람이었다.

다음 순간 치유사는 대리인들에게 해결의 문구들을 제시했다. 그것은 마치 돛을 활짝 펼친 배가 이제 치유의 바다를 향해 나아갈 수 있도록 하려는 것 같았다. 그러면서 대리인들이 모두 서로를 바라볼 수 있도록 자리를 다시 배치하기 시작했다. 대리인들은 이 새로운 자리 배치가 훨씬 편안하고 힘도 더 생기는 것 같다고 말했다.

세션이 끝나갈 무렵, 방 안을 장악하고 있던 두터운 긴장감의 구름은 어느새 사라지고 없었다. 의뢰인은 자신의 가족적 상황에 대해서 무언가 중요한 이해를 얻게 된 것처럼 보였다. 과거에 그가 볼 수 없었던 가족 사진의 뒷면을 비로소 볼 수 있게 되었다고나 할까? 여러 조각으로 나뉘어 있던 퍼즐들이 한데 모여 완성된 그림을 비로소 보게 되었다고나 할까? 아니면 멀리 떨어져서 의뢰인 자신이 포함된 가족 전체를 지켜보는 동안, 부분이 전체로 편입되는 모습을 보게 되었다고 해야 할까?

그때 이후 나는 여러 차례 가족세우기 세션에 초대를 받았다. 차츰 이 모든 것의 이면에 감춰져 있는 비밀이 무엇인지 알고 싶은 열망이 내 안에서 자라나기 시작했다. 무수한 의문과 앎에 대한 욕구, 부분이 아닌 전체를 보고 싶은 간절함은 나로 하여금 가족세우기 세라피를 공부하도록 이끌었다.

지난 몇 년간 가족세우기 워크숍과 개별 세션 작업을 이끌어오면서 나는 많은 것을 보았고 알게 되었으며 이해하게 되었다. 가족의 장場이 펼쳐지는 것을 볼 때마다 나의 내면에 심어진 이해의 나무는 더욱더 깊게 뿌리를 내리며 성장해 갔다. 그에 따라 가족세우기 세션 역시 깊이를 더해갔다.

가족세우기는 우리의 마음과 영혼에 관해 놀라운 통찰을 얻을 수 있도록 해주는 아주 매력적인 도구이다. 가족이 세워지는 순간 우리는 거대한 가족체적 에너지의 장 안에 발을 들여놓게 된다. 마치 나 자신이 기준 음 '라'를 중심으로 소리를 맞춰가는 악기가 된 것처럼 에너지와 공명을 한다. 말로 전달되는 정보 외에 대리인들의 몸짓과 표정 같은 비언어적 정보를 통해서 눈에 보이지 않는 무의식의 세계와 소통하게 된다. 가족체 내에 감춰져 있던 보이지 않는 긴장 관계가 명약관화하게 드러나고 얽힘 관계가 해소된다. 마지막으로 각자의 운명을 존중하는 절을 주고받는 동안 다시금 사랑의 물줄기가 높은 곳에서 낮은 곳을 향해 흘러가기 시작한다.

오랜 기간의 가족세우기 작업을 통해서 버트 헬링거는 그 자신의 감각 능력을 키우고 인식력의 범주 또한 확대해 갔다. 그리하여 그는 눈으로 볼 수 없고 귀로 들을 수 없는, 그러나 분명히 실재하는 현실이 있다는 것을 알게 되었다. 가족세우기 장에서 발견되는 것들은 때로 의뢰인에게 아픔이나 충격으로 다가가기도 한다. 하지만 이러한 장의 에너지는 언제나 치유와 진정한 이해 그리고 통합 쪽으로 의뢰인을 이끌어간다. 나는 버트 헬링거가 우리에게 준 이 귀한 선물, 그의 놀라운 공헌에 그저 하염없는 감사를 느낄 따름이다.

이 책에서 저자는 자신의 소명이라고 여겨오던 교직이 어느 날부터인가 가슴과 영혼은 사라지고 그 대신 의무만 남아 있는 반복적 일상이 되고 만 시절을 회고하는 것으로 이야기를 시작한다. 교직 초반, 자신의 가슴을 불태우던 열정의 모닥불을 다시 지필 수 있도록 해준 것은 버트 헬링거의 가족세우기였다. 내가 인도의 푸나에서 느꼈던 감동을 저자도 느꼈던 것일까? 그 후 그녀는 그 밖의 다양한 심리 치료 기법들을 경험하면서 가족세우기의 효과에 더 큰 확신을 얻고 이를 자신의 공간인 교실 안으로 가져왔다.

　가족세우기를 통해 아이들에게 등 뒤에 서 계신 부모의 존재를 인식할 수 있도록 해줌으로써 그녀는 아이들이 미래를 향해 자신 있게 나아갈 수 있도록 도와주었다. 그리고 저소득층 가정의 아이들과 가난한 나라에서 독일로 이민 온 이주민 가정의 아이들로 하여금 가족의 참된 의미를 깨닫고 삶에서 중요한 것들을 되새길 수 있게 해주었다. 가족세우기 횟수가 쌓이면서 교실 내의 분위기가 바뀌고 아이들 간의 관계에도 변화가 일어났다. 서로를 경쟁자로 여기던 학교 생활이 혼자 떼는 열 걸음보다 여럿이 떼는 한 걸음이 훨씬 더 귀함을 깨닫는 경험의 장으로 바뀌었다. 그리고 이러한 변화는 곧 교사와 학부모 사이에 두터운 신뢰의 토대를 형성해 주었다.

　저자가 전하는 교실 안의 경험들은 우리에게 잔잔한 감동의 파문을 일으킬 뿐만 아니라 오늘날의 절망적인 교실 분위기에서 "아이들과 함께 무언가 아직 할 수 있는 게 더 있을 것 같다"는 희망을 불러일으킬 게 틀림없다. 나는 이 책이 교사는 물론 자녀를 둔 모든 부모, 그리고 청소년 상담 관련 일을 하는 사람들에게 커다란 도움이 될 것이라고 확신한다. 가족세우기를 교실 안에 적용하려는 시도는 이미 독일을 비롯해 유럽의 여러 나라에서 행해지고 있고 수많은 학교에 변화의 바람을 일으키고 있다.

　이 책을 번역하여 옮기는 과정에서 나는 원서에는 없지만 독자들의 이해를 돕기 위한 목적으로 '이 책을 읽기 전에'라는 제목의 새로운 내용을 책 앞쪽에 추가하였다. 가족체적 문제를 다루는 가족세우기 워크숍은 물론 학교에서의 가족세우기 사례를 이해하기 위해서는 가족체와 관련된 기본적인 측면들을 미리 알아둘 필요가 있다고 여겼기 때문이다.

마지막으로 이처럼 귀한 책을 한국의 독자들도 접할 수 있도록 기꺼이 산파 노릇을 해주신 샨티출판사 식구들께 번역자로서 그리고 가족 치유 영역에서 이해의 텃밭을 키우고 있는 한 사람으로서 감사의 마음을 전한다. 하나의 발상이 한 그루의 나무로 자랄 수 있도록 땅을 갈고 흙을 골라준 이들의 노고가 장차 놀라운 교실 혁명으로 이어질 수 있기를 기대해 본다. 아울러 내 부족한 이해의 공백을 채워주고 매 순간 성장의 걸음을 뗄 수 있도록 용기를 북돋아준 동반자 달마에게도 감사의 마음을 전한다.

2011년 5월
풀라

이 책을 읽기 전에: 가족세우기란?

감각 능력의 계발과 사용

놀라운 치유 기법으로서 전 세계에 잘 알려진 가족세우기는 독일 출신의 치유사 버트 헬링거에 의해서 계발되었다. 다양한 가족 치유 기법과 최면요법 등을 공부한 헬링거는 개인적인 치유 작업과 함께 수많은 내담자들의 세션을 진행하면서 가족체家族體와 관련된 여러 가지 역학과 법칙 등을 발견해 냈다. 직접적 경험에 기반을 둔 그의 발견물이 바로 가족세우기 기법으로서, 이는 이후 가족 치유 분야에서 거대한 성과를 이루어냈다. 이제 가족세우기는 단시간 내에 가장 효율적인 치유법으로 많은 사람들에게 평가받고 있다.

현재 유럽과 미국을 비롯하여 아시아의 여러 나라에서 수많은 가족세우기 치유사들이 다양한 워크숍을 이끌고 있고, 이와 관련한 도서와 비디오 자료도 많이 나와 있다. 가족세우기 세션은 단지 가족체적 문제만이 아니라 사람들로 이루어진 집단이나 조직체와 관련된 모든 문제가 다 그 대상이 될 수 있다.

그러나 가족세우기의 방법에 대해서 이야기만 듣거나 책을 읽는 것만으로는 깊이 있는 이해를 얻기 어렵다. 사과의 맛에 대한 정확한 정보를 가지고 있더라도 실제로 먹어보지 않는 한 사과의 맛을 안다고 말할 수 없는 것처럼, 자신의 몸을 통해 직접적으로 경험해 보지 않고서는 이 가족세우기 역시 실체가 없는 지식으로 남을 뿐이다.

가족세우기는 다른 무엇보다도 우리 몸의 감지 능력 혹은 지각 능력을 소통의 매개체로 사용한다. 인간은 누구나 비언어적으로 표현된 정보를 읽을 수 있는 능력을 가지고 태어났다. 상대방이 언어로 자신의 느낌이나 상태를 표현하지 않더라도 지금 현재 그 사람의 감정과 몸에서 일어나고 있는 현상을 감지할 수 있다는 말이다. 실제로 우리가 누군가와 소통을 할 때, 언어를 통해 얻는 정보는 전체의 10퍼센트에 불과하다. 나머지 90퍼센트는 말하는 사람의 표정이나 몸짓, 자세나 목소리의 떨림을 통해 묻어나는 감정적 상태 그리고 듣는 사람의 몸으로 감지되는 감각을 통해서 얻는다. 이와 같은 비언어적인 방식으로 상대방의 상태를 읽을 수 있는 능력을 우리는 누구나 가지고 있다. 단지 그 능력을 제대로 계발하지 않았거나 오랫동안 사용하지 않아서 잊어버렸을 뿐이요 결코 잃어버린 게 아니다. 모든 사람은 약간의 훈련만으로 이 감각 능력을 깨울 수 있다.

가족세우기 작업은 의뢰인이 갖고 있는 문제를 잘 모르는 대리인들을 일정한 공간 안에 세워 그들이 세워진 모습이나 그들이 보이는 감정 혹은 무의식적인 몸짓 등을 통해 가족체적으로 얽혀 있는 문제를 발견하고 해결책을 찾아가는 방식으로 진행된다. 누군가의 가족세우기 세션에 대리인으로 세워지는 순간, 어떤 이는 즉각적으로 이 능력이 깨어나기도 하고 어떤 이는 조금 더 시간이 걸려 깨어날 수도 있다. 내가 관찰해 온 바에 따르면 감정적으로 냉정한 부모 밑에서 성장한 사람들의 지각 능력은 그렇지 않은 사람들보다 계발되거나 활성화되는 데 더 많은 시간이 걸린다. 그에 반해 다혈질의 부모 밑에서 성장한 사람들의 경우는 이 능력이 활성화되는 데 그다지 많은 시간이 걸리지 않는다. 그럴 수밖에 없는 것이 후자의 경우 지각 능력이 어린 시절에 이미 생존 메커니즘으로 습득되었기 때문이다.

인간 존재는 세 가지 센터의 조합으로 이루어져 있다. 마음으로 상징되는 지성 센터, 몸으로 표현되는 동작 센터, 그리고 감정 센터가 그것이다. 그러나 현대화된 학교 교육은 오로지 지성 센터의 계발만을 중요시한다. 경험되지 않은 지식을 마구잡이로 머릿속에 집어넣음으로써 머리는 이고 다니기가 힘들 만큼 비대해지는 데 반해 몸과 감정 센터의 인식력은 퇴화해 가고 있다. 가족세우기 작업은 동작 센터와 감정 센터가 가지고 있는 인식력의 도움을 얻어, 눈에 보이지는 않으나 실제로 존재하는 가족체적 정보에 도달함으로써 무의식 혹은 가족체적 영혼을 치유한다.

세 가지 법칙

수많은 세션을 이끌어오면서 버트 헬링거는 모든 가족체 안에 존재하는 몇 가지 패턴을 발견했다. 어느 문화권에 속하든, 어느 종교를 신봉하든, 어떤 국적을 가지고 있든, 어떤 사회적 배경을 가지고 있든 이러한 패턴은 동일하게 발견된다. 버트 헬링거는 이러한 패턴을 '사랑의 질서' 혹은 가족체적 법칙이라고 부르고 세 가지로 정리했다.

모든 것이 제자리에 놓여 있을 때 가족체 안에는 자연스럽게 사랑이 흐르게 된다. 하지만 가족체 안에서 이 가운데 한 가지라도 지켜지지 않으면 사랑의 자연스러운 물줄기는 막히고, 가족체적 질서는 균형점을 잃은 채 파국으로 치달을 수밖에 없다. 막혀 있던 사랑이 다시 흐르도록 하기 위해서는 이 질서들의 균형을 회복해서 물줄기가 높은 곳에서 낮은 곳으로 자연스럽게 흐를 수 있도록 해야 한다.

법칙이라고 표현하긴 했으나 이 질서들은 인간의 무의식 또는 가족체적 무의식 안에 존재하기 때문에, 의식 상태의 마음을 치유의 대상으로 삼는 일반적인 심리 치료법을 통해서는 이러한 질서를 회복할 수 없다. 무의식을 들여다볼 수 있는 도구, 무의식 내에 감춰진 긴장 관계를 가시화하고 변화시킬 수 있는 도구가 필요하다. 가족체적 무의식의 구도를 눈앞에 보여줌으로써 치유에 이를 수 있도록 해주는 도구가 바로 가족세우기이다. 가족체 안에 존재하는 사랑의 질서는 세 가지 법칙으로 이루어져 있다. 첫 번째가 서열의 법칙이고, 두 번째가 주기와 받기 사이의 균형이며, 세 번째가 소속의 법칙이다. 각 법칙의 내용을 살펴보면 다음과 같다.

1. 서열의 법칙

간단히 말해서 서열의 법칙은 먼저 온 사람이 나중에 온 사람보다 서열상 높은 자리를 차지한다는 것이다. 먼저 온 사람은 더 많은 자유와 책임감을 가진다. 그리고 더 강한 소속감을 가지고 있다. 부부는 함께 가족체를 형성하기 때문에 서열상 동등하다. 하지만 대개 남편이 부인보다 조금 높은 자리를 차지하게 되는데, 이유는 남편이 가족의 안전을 보장하고 생존을 위한 경제 활동이라는 중요한 임무를 수행하는 경우가 많기 때문이다. 자녀들 사이에서는 가족체에 합류한 순서, 즉 태어난 순서에 따라서 서열이 매겨진다.

2. 주기와 받기 사이의 균형의 법칙

우리가 누군가에게 무언가를 받으면, 사실상 그에 합당한 것을 되돌려주기 전에는 받았다는 사실이 늘 부담감으로 남게 된다. 마찬가지로 우리가 누군가에게 무언가를 줄 때도 그에 대한 답례를 받게 되리라는 기대를 하게 된다. 하지만 부모 자녀 관계에서 주기와 받기 사이의 균형은 다른 인간 관계와는 다른 양상을 띤다. 물이 높은 곳에서 낮은 곳으로 흐르듯이 부모는 주고 자식은 받는 관계이기 때문이다. 가장 먼저 부모는 자식에게 생명을 준다. 생명은 이 세상에서 가장 귀중한 선물이다. 자녀가 물질적으로나 감정적으로 부모에게 많은 것을 드린다 하더라도 생명에 버금가는 보상을 하기란 불가능하다. 그러므로 이 관계에서 주기와 받기 사이의 균형이란 자녀가 성장하여 자신의 자녀들에게 생명을 전해주는 것으로만 가능하다.

3. 소속의 법칙

인간의 무의식 깊은 곳에서는 내가 속해 있는 집단 내에서 나의 소속권이 확정되어야만 생존이 보장된다는 것을 본능적으로 알고 있다. 원시 부족 사회로 거슬러 올라가 보면 소속권이 곧 생존권이라는 도식이 성립되고 있음을 금방 이해할 수 있다. 나중에 온 세대, 즉 서열상 낮은 자리를 차지하는 구성원들은 윗자리를 차지하는 구성원들보다 소속감이 약하다. 그들은 자신들의 소속권을 강화하기 위해서는 집단이 요구하는 규칙을 준수하는 것이 무엇보다 중요하다는 점을 잘 알고 있다.

가족체적 영혼

가족세우기에서는 먼저 한 개인을 독립된 개체로 본다. 그런 다음 그를 가족체에 속해 있는 한 부분으로 본다. 가족체에 속해 있는 한 부분이란 무엇인가? 우리가 한 개인을 그의 주변에 배우자와 자녀, 형제자매, 부모와 조부모가 함께 서 있음을 상상하면서 바라본다면 즉각적으로 그를 바라보는 우리의 감정 반응에 변화가 일어나는 것을 느낄 수 있다. 그런 점에서 한 개인은 혼자이면서 동시에 여럿이기도 하다.

모든 사람이 영혼을 가지고 있는 것처럼 가족체 내에도 집단적 영혼이 존재한다. 중앙 서버와 같은 이 집단적 영혼, 즉 가족체적 영혼이 바로 가족 구성원들을 하나로 맺어주는 중심이다. 그런 까닭에 가족체에 속해 있는 사람들 중 한 명에게 어떤 일이 발생하면 나머지 구성원들에게도 고스란히 그 영향이 미치게 된다.

우리의 영혼은 우리의 생명력이자 우리 안에 존재하는 힘이다. 설사 우리가 영혼에 대해서 잘 알지 못한다 하더라도 그것이 우리 존재에서 가장 중요한 부분이라는 데는 재론의 여지가 없다. 가족체의 경우도 마찬가지이다. 가족체적 영혼은 생명의 물줄기가 끊어지지 않고 계속될 수 있도록 하기 위해서 그리고 가족체의 존속을 위해서 가족체 안에 엄청난 영향력을 발휘한다.

개별적 영혼과 가족체적 영혼을 제대로 이해하려면 양심이 무엇인지 살펴볼 필요가 있다. 헬링거는 양심이란 우주적으로 통용되는 절대 법칙과 같은 것이 아니라 한 사람의 아버지와 어머니의 목소리일 뿐이라고 말한다. 이는 우리 모두의 부모가 다르듯이 양심 역시 가족체마다 다른 색깔을 띠고 있다는 뜻이다. 그러므로 범우주적 양심이란 존재하지 않는다. 단지 가족체적 양심이 존재할 뿐이다.

우리의 내면에서 이건 옳고 저건 그르다며 심판관 노릇을 하고 있는 양심의 소리는, 그러니까 절대 선을 상징하는 신의 목소리가 아니라 우리의 아버지가 믿고 있는 사적인 선善, 우리의 어머니가 믿고 있는 개인적 진실에 지나지 않는다는 말이다. 그러므로 당연히 내면에서 들려오는 신의 목소리는 사람마다 다를 수밖에 없다. 이 말은 곧 우리를 지켜보고 있는 사람이 신이 아니라 아버지와 어머니일 뿐이요, 절대 선이 아니라 각자의 사적인 진실일 뿐이라는 의미이다.

양심은 집단에 따라서, 가족체에 따라서, 또 종교나 문화에 따라서 다르고, 각 집단의 양심은 구성원들을 하나로 묶어주는 역할을 한다. 이와 동시에 집단의 양심은 우리를 다른 집단으로부터 분리시키기도 한다. 예컨대 경찰 집단에서 양심적인 행위로 여겨지는 것이 깡패 집단에서는 양심에 위배되는 행위로 받아들여진다.

양심의 소리를 따르면 집단 내에서의 소속권이 강화되고 그에 따른 보상을 받게 된다. 이와 달리 양심의 소리를 저버리는 행위는 죄책감과 함께 처벌에 대한 두려움을 유발하며, 궁극적으로는 우리를 집단으로부터 제외시키는 결과를 낳는다.

그러므로 양심의 준수는 집단의 안전과 안정을 의미한다. 예컨대 부모님이 중요시하는 가치를 지키면 자녀는 양심에 부응하는 행위를 하게 되고, 강한 소속감을 느끼게 된다. 하지만 부모님이 중요시하는 가치와 반대되는 선택을 했을 때는 죄책감을 느끼게 된다. 물론 우리가 진화와 진보를 원한다면 부모 세대와는 다른 어떤 선택들을 할 수

밖에 없다. 그에 따른 죄책감은 독립과 변화를 얻기 위해서 치러야 하는 값이 될 것이다. 우리가 충분히 강하다면 이러한 죄책감은 견뎌낼 수 있다. 우리 자신과 아이들에게 더 나은 세계를 만들어줄 가능성도 여기에서 태동한다.

사람들이 상담사를 찾거나 가족세우기 워크숍을 찾아오는 때는 보통 삶에 어려움을 주는 문제의 행위나 증상이 겉으로 드러날 때이다. 개인의 경우 대개 문제 행동은 트라우마와 연관되어 있다. 트라우마는 한 사람이 좀 더 효율적으로 대처할 수 없었던 충격적인 경험에서 기인한다. 이런 경험에 대한 우리의 대응 능력은 그 당시의 나이와 감정적 성숙 정도에 따라서 달라질 수 있다.

예컨대 자신에게 가까운 어떤 사람이 죽었다고 하자. 이때 상실에 대한 자연스러운 반응은 애도이다. 애도의 과정에서 우리는 죽은 사람에 대한 우리 자신의 애정과 함께 헤어짐에 따른 슬픔과 고통을 직면하게 된다. 우리가 온전히 애도할 수 있다면 우리는 불과 며칠 사이에도 그를 떠나보낼 수 있다. 또한 죽음을 삶의 자연스러운 부분으로 받아들일 수가 있다. 왜냐하면 죽음의 경험이 애도를 통해서 감정적으로 완료된 상태에 도달하기 때문이다.

그러나 만일 충분한 애도를 하지 못할 경우에는 죽은 사람을 떠나보내지 못한 채 과거에 묶여서 살아가게 된다. 아픔과 슬픔, 후회와 원망을 평생 가슴에 품은 채 살아가며, 무의식적으로 죽음 쪽에서 시선을 떼지 못하게 된다. 이는 곧 이 경험이 우리에게 트라우마가 되어버렸다는 뜻이다.

트라우마란 우리가 충격적인 상황으로 인해 유발되었으나 효과적으로 표현하지 못한 채 억압해 버린 감정을 의미하기도 한다. 결국 사건에 대한 기억과 함께 억압된 감정은 무의식이라는 창고 안에 갇히고 만다. 트라우마를 치유하기 위해서는 먼저 이 부분에 대해 이해할 필요가 있다.

과거의 사건을 감정적 기억이 아닌 사실적 기억으로만 남겨두기 위해서는 억압된 감정을 온전히 표현할 수 있어야 한다. 그렇게 되면 감정적 기억은 사라지고 사실적 기억만이 의식 속에 남지만, 그렇지 못할 경우에는 이미 수년 전, 아니 수십 년 전에 발생한 사건이 여전히 무의식의 창고 안에 미완의 사건으로 남아 있으면서 마치 어둠 속의 실세처럼 우리 삶에 영향을 끼치기 시작한다. 우리가 상황을 온전히 직면할 수 있을 만큼 힘이 생기고 성숙해지기 전까지는 이 감정을 효과적으로 표현하기 어렵다.

예컨대 어린 시절에 아버지의 죽음을 경험한 아이가 있다고 해보자. 어린아이는 삶의 끝이 죽음이라는 것을 이해할 수가 없다. 당연히 이 크나큰 상실을 충분히 애도할 수도 없다. 이 나이 또래 아이에게 주어진 유일한 선택권은 아버지와 그의 죽음에 대한 기억을 무의식의 창고 안에 묻어버리는 것뿐이다. 결국 아이는 감정적으로 얼어붙은 상태로, 곧 무의식적으로 아버지의 죽음을 따르고자 하는 강한 충동 속에서 살아가게 된다. 어른이 되고 결혼을 해서 아이를 낳더라도 그는 여전히 자살의 충동 속에서 살아가게 된다. 그는 부인과 자녀들에게 더 많은 사랑을 줄 수 없다. 너무나 강렬하게 죽음에 연결되어 있기 때문이다.

얽힘 관계란 우리가 자신의 삶을 살아가거나 자신의 운명을 바라보기보다 무의식적으로 가족체에 속해 있는 다른 사람의 운명에 간섭함으로써 그에게 속한 짐을 대신 지고 가려고 할 때 비롯된다. 여기에서 그 예를 몇 가지 들어보자.

① 한 젊은 여성이 남자처럼 행동하고 남자처럼 살고 싶은 욕구를 가지고 있다. 그녀는 자신이 왜 그런지 이유를 알지 못한다. 가족세우기 세션을 통해서 그녀의 부모님이 여자 아이 대신 남자 아이를 원했음이 드러난다. 그리고 딸은 무의식적으로 부모님의 희망을 충족시켜 드리려고 한다.

② 한 기혼 여성이 자식을 낳고 싶어 하지 않는다. 그녀는 왜 그런지 이유를 알지 못한다. 가족세우기 세션을 통해서 그녀의 외할머니가 아이를 낳다가 죽은 사건이 가족체적 트라우마로 자리 잡고 있음이 드러난다. 이 여성은 2세대 이전에 발생한 비극적인 사건의 영향을 받고 있었다.

③ 한 중년 남성이 심각한 알코올 의존증을 보인다. 술을 끊기 위해 끊임없이 시도했지만 성공하지 못했다. 남자는 그 이유를 알지 못한다. 가족세우기 세션을 통해서 그의 어머니가 당신의 남편이자 의뢰인의 아버지에 대해 전혀 존경심을 가지고 있지 않음이 드러난다. 그녀는 아들에게 끊임없이 "네 아버지처럼 되어서는 안 돼. 엄마만 닮도록 해"라는 메시지를 심어주었다. 자식을 지배하려 들면서 아버지를 사랑할 권리마저 빼앗아간 어머니에 대한 원망과 저항감, 그리고 아버지에게 연결되고자 하는 무의식적 열망 때문에, 그는 과다하게 술을 마시는 행위를 통해서 자신도 모르게 아버지에 대한 사랑을 표현하게 되었다.

④ 열 살짜리 소년이 아파트 옥상에서 뛰어내려 자살을 했다. 부모는 왜 이런 일이 발생했는지 알지 못한다. 가족세우기 세션을 통해서 어머니가 자살 성향을 가지고 있음이 명백하게 드러난다. 소년은 무의식적으로 자신의 죽음을 통해서 어머니를 구하고자 했다. 어머니로 하여금 가족을 떠나지 않고 머무르게 하려고 한 것이다.

⑤ 한 중년 여성이 주기적으로 교통 사고를 당한다. 늘 죽음에 대한 생각을 하면서 살던 여성은 결국 암에 걸리고 만다. 그녀는 자신이 왜 늘 죽음에 대한 열망을 안고 사는지 알지 못한다. 가족세우기 세션을 통해서 그녀의 어머니가 여섯 살 때 친어머니(의뢰인의 외할머니)가 병으로 돌아가셨고, 그녀의 어머니가 무의식적으로 딸에게서 돌아가신 어머니를 보고 있음이 드러난다. 그뿐 아니라 그녀의 어머니가 평생 돌아가신 어머니를 따라서 죽고 싶은 강한 충동에 사로잡혀 살아왔음이 분명해진다. 딸은 무의식적으로 죽음을 향한 어머니의 열망을 충족시켜 드리고 싶어 했다. 어머니를 대신하여 죽고 싶어 했다.

위에 열거한 여러 가지 사례의 이면에서 작용하는 얽힘 관계에 대해서 헬링거는 '눈먼 사랑'이라는 표현을 사용하고 있다. 즉 부모에 대한 전적인 사랑을 가지고 태어난 자녀들은 그들을 위해서 대신 죽을 준비가 되어 있다는 것이다. 이제 의뢰인으로 하여금 이러한 얽힘 관계를 풀어낼 수 있도록 우리가 할 수 있는 것은 무엇인가? 실제 세션에서 찾아낸 해결점의 모습을 살펴보자.

① 남자처럼 행동하는 딸이 아들이 되고 싶다는 무의식적 열망으로 인해

남자로서의 인생을 살아간다고 해서 결코 부모님을 행복하게 만들지 못한다는 사실을 직시하게 될 때 치유가 가능해진다. 이제 부모님을 마주보고 선 딸은 두 분이 진정으로 원하는 것은 딸이 자신만의 삶을 꾸려가면서 행복하게 사는 것임을 알게 되었다.

② 아이를 원하지 않는 것이 가족체적 사건과 연관성이 있다는 사실을 보게 될 때 치유가 가능해진다. 이제 그녀는 외할머니를 보면서 "저는 할머니의 운명을 존중합니다. 이제 제 인생은 제 스스로 결정하겠습니다"라고 말할 수 있게 되었다.

③ 알코올 의존증을 가진 남성의 내면에 아버지의 자리를 마련해 줄 때 치유가 가능해진다. 이제 남자는 어머니를 보면서 이렇게 말한다. "저는 어머니를 사랑하는 것처럼 아버지도 사랑해요. 지금부터 술을 한 잔 한 잔 마실 때마다 아버지에 대한 존경심을 느끼면서 마실 거예요."

④ 아들의 자살을 경험한 어머니가 사실을 있는 그대로 직시하고 자신의 가족체적 얽힘 관계를 직면할 수 있을 때 치유가 가능해진다. 이제 그녀는 남아 있는 자녀들에게 "엄마는 죽지 않고 너희와 함께 머무를 거야"라고 말을 함으로써 문제의 출처인 그녀의 원래 가족 쪽을 바라볼 수 있게 되었다.

⑤ 자살 성향을 가진 암환자 여성이 가족체적 얽힘 관계를 보게 된다. 그녀가 어머니를 정면으로 바라보고, 딸이 대신 죽는 것을 어머니가 원하지 않으며 딸의 죽음이 어머니를 행복하게 만들지 못한다는 것을 알게 될 때 치유가 가능해진다. 이제 그녀는 어머니를 향해서 "저는 엄마의 운명을 존중합니다. 그리고 이제부터는 저 자신의 운명을 바라보도록 할 겁니다"라고 말할 수 있게 되었다.

성숙한 사랑: 다른 사람의 운명을 존중하기

상황의 실재성을 있는 그대로 바라본다는 것, 감정의 실재성을 있는 그대로 바라본다는 것, 가족 구성원들과 그들의 운명을 온전히 받아들이고 존중한다는 것, 그리고 자녀 혹은 형제나 자매인 나를 바라보는 그들의 느낌이 어떤지 고려해 본다는 것, 이런 것이 바로 '성숙한 사랑'이다. 헬링거는 '성숙한 사랑'은 나를 비롯해 상대방이 포함된 사랑이며, 눈을 뜬 사랑, 즉 '깨어 있는 사랑'이라고 부른다.

어린아이의 마음은 어른의 마음과는 다른 방식으로 작용한다. 어린아이가 살고 있는 세계는 마법의 세계이다. 그들이 살고 있는 세계는 허상의 세계이며, 영웅과 죄인이 존재하는 이분법의 세계이기도 하다. 그들의 세계에서 영웅과 죄인을 나누는 기준은 아주 간단하다. 제 목숨을 희생하여 세상을 구원하면 영웅이 되고, 세상 대신 자기 자신을 구원하면 죄인이 된다.

어린아이의 마음은 원인만을 중요시한다. 이와 달리 어른의 마음은 행위에 따른 결과를 중요시한다. 즉 어린아이의 세계에서는 어떤 사람이 나의 도움을 필요로 하는지의 여부는 중요하지 않다. 단지 그들의 무의식적인 구원자 패턴, 누군가를 도와야만 한다는 내적 충동의 충족만이 중요할 뿐이다. 그러므로 어린아이의 사랑은 상대방이 배제된 채 구원자만 존재하는 '일방적인 사랑', 눈먼 사랑이다.

어른은 어떤 사람이 내 도움을 받고자 하는지 아닌지를 먼저 따져 묻는다. 오히려 누군가 손을 번쩍 들어올리고 "저를 좀 도와주세요"라고 말하기 전에는 누구도 다른 사람의 삶을 간섭할 수 없음을 알고 있다. 그러므로 어른의 사랑은 자신을 비롯해 상대방이 포함된 '쌍방적인 사랑', 눈뜬 사랑이다.

여기에서 어린아이와 어른이란 육체적 나이를 기준으로 말하는 것이 아니다. 오히려 내적으로 성장해 있는 정도, 즉 부분이 아닌 전체를 볼 수 있는 눈, 겉으로 드러난 현상을 가지고 결론에 도달하기보다 보이지 않는 긴장 관계라는 실제 원인을 이해할 수 있는 성숙함의 정도를 가지고 말하는 것이다. 세상에는 자녀는 물론 손자손녀까지 거느린 '어린 어른들'(아직 내적 성장의 과정을 끝마치지 못한 어른)이 무수히 많다. 그들은 겉으로 보이는 현상에서 결론을 얻으려 들고, 실재성을 바라보기보다는 허상의 세계에서 구원자로 살아가기를 원한다.

어린아이의 세계에서 살아가는 사람은 상대방의 운명을 존중하지 않는다. 그는 자신의 뜻대로 다른 사람의 운명을 바꿀 수 있다고 믿으며, 실제로 다른 사람의 운명의 방향을 바꾸는 데 자신의 인생을 낭비한다. 그러나 누구도 다른 사람의 운명을 바꿀 수 없다. 가족체적 언어를 빌려서 말하면, 누구도 자신의 가족을 구원할 수 없다.

어른의 삶을 살아가는 사람은 상대방의 운명을 있는 그대로 존중한다. 아울러 자신의 운명 또한 있는 그대로 존중한다. 그런 사람은 상대방을 바꾸려 들거나 다른 사람의 운명에 간섭하려 들지 않는 사람, 모든 변화의 출발점이 자신의 내면임을 알고 있는 사람이다. 그는 가족체 안에서 자신에게 적합한 자리가 어디인지 알고 있으며, 무의식적 충동에 따라 기계적으로 행동하지 않고 내적 이해를 바탕으로 행동한다. 그가 바로 진정한 의미의 어른이다.

가족세우기를 통해 많은 사람들이 눈먼 사랑에서 성숙한 사랑으로 삶의 방향이 바뀌는 소중한 경험을 하고 있다. 이 책을 읽는 독자들도 그런 경험을 해보길 바라는 마음에서 버트 헬링거의 다음과 같은 명상 구절을 마지막으로 옮겨본다.

모든 사람에게 생명은 특별합니다.
우리 모두가 똑같은 생명을 나누어 가진 것처럼 보이지만,
우리 각자의 생명은 저마다 특별합니다.
왜냐하면 우리에게는 나에게 가장 잘 맞는
특별한 부모님이 계시기 때문입니다.
우리의 부모님, 그분들에 의해서
우리가 가진 생명의 종류가 결정됩니다.

그러므로 다른 종류의 생명은 우리에게 불가능합니다.
그러므로 생명을 있는 그대로 받아들이기 위해서는
가장 먼저 나의 특별한 아버지와 어머니를
그 모습 그대로 바라볼 수 있어야 합니다.
그들이 지금과 다른 모습이기를 기대하지 않고
그저 두 분을 바라보면서 이렇게 말할 수 있어야 합니다.
"예, 저는 사랑과 감사하는 마음으로 두 분에게서 생명을 받습니다.
아버지, 어머니. 고맙습니다. 저에게 생명을 주셔서 고맙습니다."

1. 들어가는 말

나는 먼저 가족세우기 기법의 '조직체적systemic' 관점을 교사로서 학교 생활에 적용하면서 느꼈던 안도감에 대해 이야기해 보고자 한다. 조직체적 인식법에서는 사람들을 분리된 개체로 여기지 않고, 언제나 관계라는 맥락에서 바라본다. 나 역시 이러한 인식법을 접하면서 교사로서의 사명을 다른 각도에서 보기 시작했다. 결과적으로 이러한 접근법은 나 자신은 물론 아이들에게 커다란 기쁨을 가져다주었다. 과연 학교가 어떤 식으로 존재해야 하는가 하는 점과 관련된 수많은 발상이 여기서부터 나오기 시작했다.

나의 수업 방식을 독자들이 쉽게 이해하도록 하기 위해서 우선 독일의 교육 현실에 대한 설명이 필요할 것 같다. 독일의 교육 체제에서 초등학교는 4개 학년으로 이루어져 있는데, 3학년 말부터 학생들은 성적과 적성에 따른 평가를 받는다. 이 평가를 근거로 아이들의 진로가 결정된다. 상급 학교는 크게 세 종류로, 대학 진학을 원하는 아이들을 위한 입시 중심 학교인 김나지움Gymnasien, 취업 준비를 위한 기술 학교인 레알슐레Realschulen, 그리고 일반 교육 2차 과정 학교인 하우프트슐레Hauptschulen로 나뉜다. (독일에서는 초등학교를 마친 학생들이 성적에 따라 먼저 김나지움이라는 인문계 학교를 추천받고, 다음 순위의 학생들은 레알슐레 진학을 권고받는다. 김나지움은 5~13학년, 레알슐레는 보통 5~10학년으로 이뤄지며, 하우프트슐레는 초등학교 이수 후 중등학교에 진학하지 않는 학생이 의무적으로 들어가는 기본 학교로 5~9학년 과정에 해당한다. ─옮긴이)

한때 독일의 여러 주에서는 진학을 위한 학교와 취업 준비 학교를 대체할 수 있는 독자적인 대안을 고려하기도 했다. 그 결과 하우프트슐레가 학생의 적성과 무관하게 아무나 들어갈 수 있는 잡동사니 학교가 되고 말았다. 이 하우프트슐레의 인구 분포를 보면 비독일어권 학생들과 저소득층 가정 출신 아이들의 비율이 가장 높다. 이게 바로 하우프트슐레에 다니고 있는 교사의 현실이자 학생의 현실이다.

그 반면에 하우프트슐레에서 교편을 잡고 있다는 현실은 나로 하여금 새로운 발상들을 실험해 볼 수 있는 좋은 기회가 되었다. 내가 교편을 잡았던 바바리아Bavaria 주의 하우프트슐레에서 교직 생활을 하는 교사들은 독일어와 수학 같은 핵심 과목 외에 역사, 생물, 지리를 가르치게 되어 있다. 간혹 미술과 음악 또는 영어를 가르쳐야 할 경우도 있다. 그러다 보니 하루 종일 학생들과 꽤 긴 시간 접촉을 가질 수밖에 없다. 내 입장에서 본다면 아이들을 대상으로 조직체적 시각을 지속적으로 탐구해 볼 수 있는 이상적인 조건이 제대로 갖추어져 있던 셈이다. 그리고 어느 날부터 나는 조직체적 접근법을 교실 안에서 직접 적용해 볼 수 있게 되었다.

지난 20년간 나는 다양한 하우프트슐레에서 7, 8학년과 5, 6학년을 가르쳤다. 이 책의 내용은 주로 5, 6학년 학생들을 대상으로 한 작업이다. 교직 말기에 내가 주로 가르친 대상이 이들이기 때문이다.

수많은 워크숍을 통해서 나는 버트 헬링거의 생각과 신조를 배우고 경험했다. 그것은 내가 아이들을 가르치면서 사용한 그 어떤 방법보다 오랫동안 효과가 지속되었다. 버트 헬링거에게서 배운 접근법은 아이들이 가족과 학교를 바라보는 방식에 근본적인 변형을 일으켰다. 세상을 바라보는 새로운 방식을 토대로 하여 내가 배운 다양한 가족세우기적 이해와 통찰을 교실 안에서 적용하기란 그다지 어렵지 않았다. 이 과정은 가족세우기에 대한 나의 이해 또한 깊게 해주었고 교직 생활에도 새로운 영감을 불어넣어 주었다. 그다지 오랜 시간이 걸리지 않아서 아이들은 아주 열정적으로 학교 수업에 임하게 되었고, 교실 안의 문제를 해결하는 데 나로서도 감히 상상하지 못했던 다양한 아이디어와 새로운 접근법 그리고 제안을 내놓았다.

내가 교실 안에서 적용한 조직체적 접근법은, 학업의 효용성에 관한 질문은 물론 새로운 지식에 접근하는 방법, 아이들의 상상력을 불러일으키는 방법, 그리고 학교 생활을 재조직하는 것과 관련된 질문으로까지 확대되었다. 여기서 학교 생활의 재조직이라 함은 급우들 사이의 원만한 관계나 학급 내에서 혹은 다른 반 아이들과의 사이에서 발생하는 폭력 상황을 다루는 것 등을 의미한다. 사실상 이 책에 언급된 것은 다양한 적용 가능성 중 몇 가지 예에 지나지 않는다.

나는 이 책에서 내 개인적인 아이디어만이 아니라 그러한 아이디어들이 교실 내에서 상호 작용을 통해 진화해 나아간 과정에 대해서도 쓸 생각이다. 그렇게 함으로써 조직체적 접근법의 개요를 책 전반에 걸쳐 일관된 방식으로 정리한다기보다는 그러한 접근법을 실제로 사용했을 때 얻은 새로운 관점과 발견 내용에 대해서 기술하고자 한다. 독자들은 구체적인 사례들을 통해서 이 새로운 방식의 실체에 접근할 수 있을 것이다. 또한 독자들이 좀 더 깊은 차원에서 그 내용을 이해하는 데 도움이 된다고 여겨질 때에는 관련된 이론을 적절한 자리에 짧게 집어넣기도 했다.

학교란 여러 종류의 사고思考를 길잡이삼아 움직이는 집단이다. 그 중에는 현대화되고 성과 중심적인 사고도 있고, 보수적이고 엄격한 것도 있다. 관념적인 것도 있고, 특정한 주제나 기술에 초점을 맞춘 것도 있다. 수십 년 동안 자기만의 전통을 고스란히 유지해 온 학교들이 많이 있다. 이러한 학교들의 속사정을 보면 교사들이 학교의 전통이 요구하는 역할을 수행해 가면서 아주 조심스럽게 그리고 천천히 변화를 받아들이고 있음을 알 수 있다. 그 대표적인 예가 바로 우리 아버지와 아버지가 근무한 학교가 아닐까 싶다. 아버지는 한 하우프트슐레의 교장직을 역임했는데 자신의 일을 누구보다 즐기던 분이었다. 아버지는 이 학교의 전통 혹은 본질을 형성하기 위해서 열성적으로 활동해서 성공을 거둔 분이었다.

아버지는 음악가였다. 아버지의 학교는 '뮤즈'의 영혼을 지니고 있었다. 교실마다 음악과 예술에 대한 감사함이 배어 있었다. 아버지에게는 음악과 미술처럼 '주요 과목에 끼지 못한 과목들'이 교육의 핵심이었다. 그분은 학교의 가장 중요한 역할은 학생들에게 함께 공부하고 연주하는 기쁨을 알려주는 것이라고 믿었다. 이러한 아버지의 생각은 합창단 활동과 소규모 연주단 활동, 그리고 연극 활동 등으로 구체화되었다. 운동회와 같은 학교 행사 역시 좋은 기록을 올리는 데 초점을 맞추기보다 춤과 마술쇼 등 여러 요소가 가미된 축제의 성격을 띠었다. 그러다 보니 운동회 때에는 언제나 학생들이 직접 손으로 만든 그림과 수공예품이 전시되곤 했다.

처음 교편을 잡았던 1970년대 중반에 나는 1년간 아버지가 근무하는 학교에서 아이들을 가르쳤다. 그 기간중에 나는 예술에 대한 아버지의 열정이 아이들에게 끼친 영향을 직접 확인할 수 있었다. 아이들은 자발적으로 그리고 빠르게 학습 내용을 습득했고, 독일어나 수학 또는 영어 수업에 아주 진지하게 임했다. 그래야만 연극이나 음악

리허설에 늦지 않게 참여할 수 있었기 때문이다. 아이들은 아버지의 예술에 대한 열정에 고스란히 감염되어 있었다.

그 당시 최고의 관심사는 비틀즈였다. 대중 음악에 별다른 관심이 없었음에도 아버지는 작은 록그룹을 위한 시설을 학교 안에 마련했다. 드럼 연주자와 기타 연주자 그리고 가수로 이루어진 이 록그룹은 학교 지하실에서 다른 고전 음악 연주단과 마찬가지로 연습을 할 수 있었다. 학교의 모든 사람이 예술 활동에 열성적이었다. 물론 학업이 학교 생활의 중심에 놓여 있었지만, '폭넓은 학교 생활'을 위해서 수업 시간을 조금 희생시키는 걸 누구도 개의치 않았다.

각 과목별 교육을 위해 사용한 방법은 주변의 다른 일반 학교들과 별 차이가 없었다. 다만 기본적인 구조는 사뭇 달랐다. 학교 안에 가득한 에너지는 교사들에게 직관을 이용한 교육을 허용해 주었고, 아이들로 하여금 독립적인 삶을 살아갈 수 있도록 격려해 주었다. 이 두 가지가 가능하도록 하기 위해서 아버지는 집단 활동을 장려했고, 아이들이 꺼내놓은 발상을 실천에 옮김으로써 직접적인 경험을 얻을 수 있는 기회를 제공했다. 교사와 학생 들은 활기차게 학교 생활에 임했고, 이 모습은 학부모들을 만족시켰다.

나중에 나는 다른 하우프트슐레에서 일을 하게 되었다. 여러 학교에서 근무해 보았지만 어느 학교에서도 아버지가 계시던 학교에서 접한 그런 활기를 찾아볼 수는 없었다. 나는 모든 게 내 노력 여하에 달려 있다고 믿었다. 내가 가르치는 일에 조금 더 사랑을 담으면 상황이 나아질 거라고 생각했다. 그리고 다른 교사들처럼 나 역시 자주 내 직업에 대해서 절망감을 느꼈다. 외부 조건으로 인한 제약은 갈수록 커졌고, 직업에 대한 나의 절망감도 커져만 갔다. 그 내용을 일일이 열거하자면 한도 끝도 없을 것이다. 그 중에서도 가장 절망스러운 것은 아이들을 어린 소비자나 텔레비전 시청자로 전락시키고 있는 현실이었다. 그리고 아이들이 성장하는 주변 환경이 변화함에 따라 아이들의 행동도 달라진다는 점이었다.

이러한 외적 조건들은 교육 과정에도 크게 영향을 미쳤다. 교육부의 다양한 요구, 수업 활동을 규제하는 학교 자체의 규범, 교과목 수업과 관련된 규칙, 그리고 짧은 시간 안에 많은 내용을 학생들에게 전달해야 한다는 현실 때문에 사실상 경험 학습을 위한 시간은 거의 주어지지 않았다. 결과적으로 교사로서의 능력은 물론 인간으로서의 한계에 부딪히면서 부정적인 생각들만 눈덩이처럼 커갔다.

교실에서 보낸 10년 세월 뒤, 나는 완전히 지치고 말았다. 아이들을 가르치는 데 필요한 자극을 학교 어디에서도 찾을 수가 없었다. 아버지가 계시던 학교에서 만났던 자극과 같은, 내가 하는 일에 원동력이 될 만한 것을 어디에서도 만나지 못했다. 교사의 역할에 대해 생각할 때면 '허용되지 않는' 제약들만 떠올랐다. 처음 교직에 뛰어들었을 때만 해도 아이들을 가르치는 일은 나에게 창의성과 계속적인 성장이 가능한 꿈의 직업이었다. 하지만 10년 동안의 교직 생활 이후, 분명히 교사와 학생에게 열려 있어야 할 가능성의 문들이 모두 닫혀 있다는 걸 알게 되면서 나는 깊은 절망에 빠지고 말았다.

개인적인 좌절감과 직업적인 절망감 속에서 나는 교사들을 위한 슈퍼비전 모임에 참여하게 되었다. 그때부터 심리요법에 흥미를 갖게 되었고, 다양한 가족 치유사들이 이끄는 워크숍에 참여하기 시작했다. 그 무렵 '가족세우기'라는 특별한 가족 치유법을 계발하고 있던 버트 헬링거와도 만났다.

몇 년 동안 나는 학교 생활과 그 외 업무를 해나가는 한편 '조직체적 가족 치유요법' 트레이닝을 받았다. 사실상 교직 생활과 가족 치유 영역은 서로 아무런 연관성이 없는 별개의 세계였다. 그 와중에 학부모나 학생, 혹은 동료 교사 사이에서 조직체적 접근법을 사용하거나 조직체적 시각을 적절히 활용할 수 있는 기회들이 생겼다. 서로 다른 이 두 방향에 대한 내 관심도 차츰 커져갔다. 나는 교직 생활을 최대한 빨리 마무리 짓고 심리요법 분야의 전문가로 활동하고 싶었다.

1990년대 초반의 어느 날, 심리요법에 대한 지식과 조직체적 접근 경험이 교실 안에서 열매를 맺기 시작했다. 열매가 맺도록 하기 위해서 내가 특별한 역할을 하지 않았음에도 말이다. 내가 학교 안에서 사용한 조직체적 사고와 활동은 모두 버트 헬링거의 가르침에 그 토대를 두고 있다. 버트 헬링거가 계발한 가족세우기는 지극히 인상적인 가족 치유 기법이다. 이 방법을 통해서 아이들은 가족의 질서와 그 영향을 몸으로 직접 경험할 수 있었다. 몸을 통한 직접적 경험, 이 부분이 바로 가족세우기의 매력이면서 놀라운 부분이다. 가족세우기는 아이들에게 변형을 가져다주었다.

2. 교실 안에서의
　　가족세우기

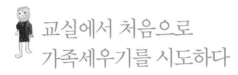

교실에서 처음으로 가족세우기를 시도하다

가족세우기의 기본 관점

버트 헬링거는 심리치료사로 일을 해오면서 가족 안에서 형성된 상호 관계가 우리의 삶에 미치는 영향에 대해서 선배 치료사들보다 더 큰 문제 의식을 가지고 작업을 해왔다.

가족은 감정적 조직체이다. 조직체란 사람들이 모여서 만들어진 집단으로 크게 이성적 조직체와 감정적 조직체로 나뉜다. 이성적 조직체란 특정한 목적을 수행하기 위한 사람들의 모임으로 그 취지에 따라서 영리 집단과 비영리 집단으로 나뉜다. 예컨대 이익 추구를 목적으로 하는 일반 기업체는 영리 집단에 속하고, 학교나 지방 정부에서 지원하는 청소년 상담 기관 같은 곳은 비영리 집단에 속한다.

가족체는 특정한 목적 수행의 의도를 가진 집단이 아니다. 출생과 동시에 소속의 권리를 얻는 가족체의 구성원들 사이에는 강한 감정적 결속력이 존재한다. 그런 까닭에 구성원 한 사람에게 일어난 일(가족세우기에서는 이것을 '가족체적 사건'이라고 부른다)은 그 심각성에 따라 정도가 다르긴 하지만 가족체 전체에 영향을 끼친다. 때로 가족체적 사건은 한 세대를 거쳐 2, 3세대 이후까지 영향을 끼치기도 한다. 그리고 이러한 역학이 '가족체적 운명'을 형성한다.

버트 헬링거는 운명의 영향을 받는 감정적 조직체인 가족이 우리에게 끼치는 영향의 정도를 무의식적인 차원까지 깊게 조명했다. 그리고 거기서 한 걸음 더 나아가 우리가 부모와 맺고 있는 관계 및 형제자매, 조부모, 삼촌, 이모나 고모와 맺고 있는 관계가 우리 인생에서 어떤 결과를 초래할 수 있는지 밝혔다. 그뿐 아니라 우리 모두가 '가족적 영혼'의 부분들이며, 모든 가족 구성원들이 여기에 속해 있음을 여실히 보여주었다. '가족체적 의식'이라고 불리기도 하는 가족적 영혼은 일종의 중앙 컴퓨터 서버 장치와 같다. 예컨대 회사 내의 모든 컴퓨터는 개별적이고 독립적으로 존재하는 것처럼 보이지만, 동시에 눈에 보이지 않는 방식으로 서버와 연결되어 있다. 서버를 통해 가족체적 정보에 접근할 수 있고, 서버로 연결되어 있기 때문에 그 안에 담긴 정보의 영향을 받게 된다. 이 정보는 시간과 공간을 초월한다.

여기서 '얽힘 관계'에 관해 살짝 언급해 보자. 얽힘 관계란 신 과일을 먹은 사람은 부모인데 자녀가 대신 치통을 앓는 상황과 같다. 이유는 모든 자녀가 본성적으로 부모를 사랑하기 때문이다. 자녀들은 부모를 위해서라면 무엇이든 할 준비가 되어 있다. 다시 말해서 자녀들은 끊임없이 부모에게 속한 운명의 짐을 대신 지고 가려고 하거나, 우리가 태어나기 이전의 세대 중 누군가에게 속한 빚을 대신 보상해 주려는 무모한 시도를 무의식적으로 계속한다.

예컨대 비극적인 환경 속에서 죽음을 맞이했거나 아주 어린 나이에 사망한 가족 구성원의 자리를 무의식적으로 대신하려 들기도 한다. 혹은 부모나 다른 구성원이 짊어지고 있는 심각한 상실(예컨대 아버지가 아주 어렸을 때 부모 중 한 분이 돌아가셨다거나 어머니의 언니가 사산아로 태어나면서 발생한 가족체적 상실)이나 과거의 그릇된 행위로 인한 결과에 대해서 그들 대신 보상하려 들거나 완결 지으려고 든다. 이러한 시도를 하는 사람들은 자기 주도적인 삶을 살지 못한다. 오히려 자기 인생의 이방인이 된 듯한 느낌 속에서 살거나, 극단적인 경우에는 죽음에 대한 강렬한 충동을 느끼기도 한다.

가족세우기 기법을 이용하여 헬링거는, 가족체 안에는 모든 가족 구성원이 안정감을 느낄 수 있도록 해주는 기본적인 질서 혹은 가족체적 법칙이 있음을 보여준다. 가족체적 법칙에는 크게 서열의 법칙과 소속의 법칙 그리고 주기와 받기 사이의 균형의 법칙이 있다. 이 중 하나라도 파괴될 경우, 가족체 내에 사랑의 물줄기가 자연스럽게 흐르지 못하고 방해를 받게 된다. 헬링거는 가족세우기 기법을 이용하여 우리에게 어떻게 하면 이 질서를 회복할 수 있는지 알려준다. 그리하여 모든 사람이 가족 안에서 자신에게 적합한 자리를 찾음으로써 편안함을 느끼게 된다.

가족세우기 작업의 근본 목적은 다른 가족 구성원들의 운명을 있는 그대로 인정하고 받아들이는 데 있다. 특히 부모와 형제들의 운명을 그들의 것으로 인정할 때 우리는 과거로부터 벗어나 자기 몫의 운명을 살아갈 수 있게 된다. 그 다음으로 헬링거는 억압된 슬픔을 표현할 수 있는 방법을 제시한다. 슬픔이 온전히 표현되지 못하고 억압될 경우 그 영향이 나중 세대에게까지 고스란히 미친다. 다른 가족 구성원들의 운명, 특히 이미 사망한 사람의 운명과의 얽힘은 그 사람의 삶과 죽음에 대해 존중하는 태도를 가질 때 비로소 해결될 수 있다.

가족에 대한 존경심과 사랑은 단지 느낌의 차원에서 다루어질 문제가 아니다. 그것은 오히려 인간 존재의 근본적인 태도와 관련되어 있다. 우리가 의식적으로 인식할 수 있는 부분은 무의식적 긴장 관계가 원인이 되어 겉으로 드러난 결과에 불과하다. 그러니 우리가 인식할 수 있는 부분은 극히 제한된 것이라고 할 수 있을 것이다.

우리의 행위는 이러한 무의식적인 힘에 의해 지배를 받는다. 사람들에게 부모와 형제 혹은 친척에 대한 태도를 바꿔야 한다고 제안할 때 헬링거는 자주 이런 표현을 쓰곤 한다. "모든 개체의 삶이란 운명의 힘에 의해서 결정된 영향권 안에 있으며, 우리는 기껏해야 (가족적) 운명의 자비심 속에서 살아가고 있는 존재일 뿐입니다."

여기서 가족세우기가 어떤 식으로 진행되는지 간단하게 살펴보자. 우선 의뢰인이 해결하고자 하는 문제(개인적 차원의 문제이든 가족적 차원의 문제이든 무관하게)를 구체적인 문장으로 표현하고 난 뒤, 워크숍에 참여한 사람들 중 세션 진행에 필요한 대리인들을 치유사의 도움을 받아 선택한다. 그런 다음 의뢰인은 직관에 따라서 가족의 역할을 대신할 대리인들을 주어진 공간 안에 차례로 세운다. 이 과정은 의뢰인의 무의식 혹은 영혼에 새겨져 있는 평면적 가족 그림이 대리인들을 통해서 가시적인 공간 안에 입체적으로 펼쳐지는 단계이자, 눈에 보이지 않는 의뢰인의 가족체적 장場이 물리적인 공간 안에 드러나는 때이기도 하다. 이 말은 곧 장 안에 세워진 대리인들이 잠깐 동안 자신들이 대신하고 있는 의뢰인의 실제 가족 구성원들의 느낌과 내적인 태도 등을 고스란히 경험하게 된다는 뜻이다.

이처럼 하나의 현상으로 모습을 드러내는 가족의 장을 통해서 의뢰인은 자기 자신을 포함한 가족 구성원 서로 간에 맺고 있는 감정적 관계성을 전체적으로 바라볼 수 있게 된다. 아울러 가족체적 사건이 구성원 각자 그리고 전체에게 끼친 영향을 더욱 생생하게 인식하게 됨으로써 그의 내적인 태도에도 변화가 일어난다. 그리고 이러한 변화는 가족체적 장의 구성을 재배열할 수 있도록 해준다. 이제 가족체는 각자의 운명을 존중해 주는 의식 절차를 통해서 문제 상황에서 해결의 이미지 쪽으로 옮겨가게 되고, 이러한 재배열은 의뢰인의 내면뿐만 아니라 가족적 영혼 전체에 치유 효과를 발휘하게 된다. 즉 가족체 내에 소통의 장애물로 작용하던 얽힘 관계가 제거됨으로써 다시금 사랑의 물줄기가 높은 곳에서 낮은 곳으로 흐르게 되는 것이다.

가족세우기를 근간으로 한 다양한 시도가 교실 안에서 계속됨에 따라 아이들은 사랑의 질서를 깨닫고, 운명을 인정하며, 또 이해할 수 없고 피할 수 없는 것을 향해 절을 하고 억압된 슬픔을 표현할 수 있었다. 또한 아이들은 자신들이 속한 세계와 가족 그리고 친구들을 있는 그대로 존중하고 새로운 종류의 평화로움을 경험할 수 있었다.

학생을 바라보는 새로운 시각

교사들은 대개 학생이 가정의 족쇄로부터 벗어날 필요가 있다고 생각을 한다. 가정 내의 여러 가지 문제점이라든지 하루 종일 켜져 있는 텔레비전, 혹은 소비 문화가 성장기 청소년의 생활에서 큰 비중을 차지한다고 믿기 때문이다. 또한 교사들은 학생이 일련의 사회 윤리와 문화적 가치 ― 학교가 사회적 틀 안에서 전달해 주려고 하는 ― 를 믿고 받아들여야 한다고 믿는다. 마치 학교가 문화와 사회의 올바른 교정자로서 그 중재 역할을 할 수 있기라도 한 것처럼 말이다. 미디어들도 학교가 이런 역할을 해야 한다고 요청한다.

그러나 가족세우기적 접근법은 나에게 학생들을 새로운 관점에서 이해하도록 해주었다. 나는 가족세우기를 통해 학생들에게서 그들 가족 안에 내포되어 있는 가족체적 특성을 보았다. 그리고 그들이 가족에 대해 가지고 있는 신의loyalty를 관찰할 수 있었다. 그뿐 아니라 학생들이 가족 안에서의 삶과 학교 생활을 연결 짓기 위해 많은 에너지를 쓰고 있으며, 이 에너지가 좀 더 생산적인 방식으로 쓰일 수 있다는 것도 경험했다.

물론 이는 교사가 학생들의 가정을 향해 진심으로 마음을 열어둘 때에만 가능하다. 교실의 문을 아이들 가족을 향해 열어두고, 눈에 보이지는 않지만 그들의 아버지와 어머니가 언제라도 교실 안에 머무를 수 있도록 공간을 만들어줄 때에만 가능하다. 나는 아이들이 자신이 속해 있는 가족체적 법칙과 긴장 관계 그리고 가족적 소명을 짊어지고 살아가는 모습을 볼 수 있었다. 학생들은 나에게 자신의 내면 깊은 곳에서 가족에 대한 사명감을 지니고 있고, 가족체가 져야 할 짐을 대신 지고 싶어 한다는 무의식의 메시지를 전해주었다.

가족이 배제된 채 학교와 배움만을 중요시하는 태도는 자칫 아이들에게 불안감을 줄 수 있다. 오히려 교사가 아이들이 교실 안으로 가져온 모든 것을 있는 그대로 인정하며 아이들을 존중해 주면 아이들도 훨씬 쉽고 편하게 이러한 불안감을 다룰 수 있다. 교사가 학생을 존중해 준다는 것은 그 아이가 속해 있는 원래 가족에 대해 존경심을 갖는다는 걸 의미한다. 그 안에는 아이의 가족체적 운명에 대한 존경심도 포함되어 있다. 교사가 아이를 위해서 할 수 있는 최상의 배려는 아이의 운명을 있는 그대로 인정하는 것뿐이다. 그러기 위해서는 강도 높은 자기 훈련이 교사에게 요구된다. 가장 먼저 교사는 아이가 속해 있는 원래 가족의 속박으로부터 벗어날 수 있도록 아이를 도와야 한다는 생각을 버려야 한다.

우리는 단지 교사일 뿐이다. 아이들은 평생 자기 운명과의 연관 속에서, 또 원래 가족과의 연관 속에서 살아가게 되어 있다. 가족세우기 세션에서 보듯이 어려운 국면이 전환하는 시점은 바로 아이가 자신의 운명을 인정할 때이다. 하지만 대부분의 경우 아이들은 가족적 사랑 — 가족세우기에서는 이것을 '눈먼 사랑'이라고 표현한다 — 에 얽힌 채 그 상태에 고착되고 만다. 겉으로는 자기에게 고통을 주는 대상이나 상황을 거부하는 것처럼 보이지만, 실제로는 (무의식적으로) 그에 대해 무조건적인 사랑을 하고 있다.

이러한 방식으로 상황을 보기 시작하면서, 나는 버트 헬링거의 말처럼 "모든 운명은 똑같이 중요하다"는 것을 알게 되었다. 이처럼 깊은 차원의 관계성을 인식하게 된 뒤로, 나는 그동안 내가 교실 안에서 해온 노력이 얼마나 무익한 것이었는지 절감하게 되었다.

교사로서 나는 과연 힘든 가족적 배경을 가진 아이를 도와줄 수 있는가? 경제적으로 궁핍하거나 혼란스런 관계 안에서 살아가는 아이, 부모로부터 방치되거나 학대받는 아이를 도울 수 있는가? 아버지 없이 자라는 아이에게 그런 자기의 운명을 인정하도록 이끌어줄 수 있는가? 경제적으로 넉넉하고 안정된 집안의 아이 운명이나 그렇지 못한 아이의 운명이 똑같이 중요하다는 사실을 그들이 받아들이도록 도울 수 있는가? 아니, 나 자신부터 진정으로 가족 환경이 다른 두 아이의 운명이 똑같은 가치를 갖는다고 여기고 있는가? 의구심이 꼬리에 꼬리를 문 채 일어났다.

학습 도우미로서 가족세우기

1990년대 초 나는 갑작스럽게 6학년 아이들을 맡게 되었다. 어느 날, 반 아이들에게 나는 이렇게 말을 했다. "너희를 볼 때마다 선생님 은 이 교실 안에 함께 계신 너희 부모님을 본단다. 그러니까 내 말은 이 교실 안에 앉아 있는 사람이 너희 스물두 명만이 아니라 나까지 포 함해서 스물세 가족이라는 뜻이지. 너희의 아빠와 엄마, 거기에 선생 님과 선생님의 두 아이, 또 이 두 아이의 아빠인 선생님의 남편까지 총 일흔 명이 이 교실 안에 있다는 얘기야."

내 말을 듣고 열두 살짜리 아이들이 웃음을 터뜨렸다. 내가 방금 한 말이 웃자고 한 말이 아니고 진지하게 생각하고 한 말이라는 걸 알 려주자 아이들도 그제서야 곰곰이 생각하기 시작했다. 그 중에는 하 루 종일 부모님의 감시를 받고 싶지는 않다고 말하는 아이들도 있었 다. 교실에 부모님이 계시지 않는 게 더 낫다는 말이었다. 아무 말도 하지 않는 아이들도 있었지만, 대부분은 부모님이 자신과 함께 있다 는 사실을 기쁘게 받아들이는 것 같았다. 나는 아이들에게 부모님이 등 뒤에 서 계신다고 상상함으로써 부모님으로부터 힘과 용기를 얻 게 되고 우리가 더 강해지는 느낌을 받게 된다고 말했다.

그런 뒤 이와 관련된 실험을 해보았다. 그 당시 아이들은 매일 수 학 쪽지 시험을 봐야 했는데, 나는 아이들에게 이번에는 조금 다른 방 식으로 시험을 치러 보자고 했다. 시험은 40의 5분의 1은 얼마인가, 66의 3분의 1은 얼마인가, 100의 4분의 3은 얼마인가 하는 식의 지극 히 일반적인 문제들이었다. 나는 아이들에게 다섯 문제는 부모님이 등 뒤에 서 계신다고 상상하면서 풀고, 나머지 다섯 문제는 혼자 있다고 생각하면서 풀어보라고 제안했다. 그런 뒤 결과를 살펴보자고 했다. 그러고는 한 걸음 더 나아가 부모님이 내적으로 지지해 준다고 느끼면서 숫자를 계산할 때와 그렇지 않을 때 어느 쪽이 문제를 푸는 데 더 답에 대한 확신을 주는지 잘 관찰해 보라고 말했다. 또 둘 중 어떤 때 계산하는 속도가 더 빨라지는지도 살펴보라고 했다. 아이들이 흥미를 느끼기 시작하자 나는 한 단계 더 나아가 아빠와 엄마 중 어느 분이 등 뒤에 서 계실 때 문제 풀기가 더 쉬운지 알아보자고 했다.

실험이 거듭되면서 많은 아이들이 문제를 푸는 게 전보다 더 쉬워졌다는 말을 했다. 이 실험이 흥미롭고 자신들의 문제 풀이가 새로운 시각과 관련된다는 게 그 이유였다. 삼촌이나 언니, 할머니가 등 뒤에 계시는 게 더 도움이 된다는 아이도 있었다.

그러는 와중에 놀라운 일이 벌어졌다. 가족 중 누군가로부터 내적인 지지를 받으며 문제를 푸는 실험이 계속되는 동안, 여러 아이들의 학습 능력이 놀라울 정도로 향상되는 모습을 보인 것이다. 이러한 결과는 학급의 모든 아이들을 즐겁게 해주었다. 이 실험을 통해서 우리 반 아이 모두가 크게 이득을 얻고 있는 것 같았다. 아이들은 이제 더이상 "누가 문제를 제일 빨리 풀 수 있는가?"라는 궁금증에 매달리기보다, "내가 공부를 하는 데 가족 중 누구의 도움을 더 필요로 하는가?" "가족 중 누가 옆에 있을 때 성공하기가 더 쉽다고 느끼는가?" 같은 가족체적 질문을 던지게 되었다.

물론 부모님을 떠올리면 실패할까봐 두려워진다고 말하는 아이도 있었다. 그런 아이에게 나는 엄마나 아빠에게 가족 중 다른 누군가의 도움을 얻어서 잘해보겠다고 속으로 조용히 말해보라고 제안했다. 그러자 한 여학생이 할머니가 등 뒤에 서 계실 때 수학 문제를 제일 잘 풀게 된다고 했다. "할머니는 수학 문제를 전혀 풀 줄 모르세요. 하지만 할머니를 떠올리면 덜 불안해요. 왜냐하면 할머니는 제가 수학 문제를 잘 풀거나 잘 풀지 못하거나 상관하지 않으실 테니까요." 이 아이는 수업 시간마다 이 실험을 계속하자고 일 년 내내 졸라댔다. 이 실험은 또한 공부를 잘하는 아이들에게 성적이 낮은 아이들이 어떻게 학습 능력을 향상시켜 가는지 이해할 수 있게 한 계기가 되었다.

수학 문제를 풀 때나 작문을 하는 시간에 자신감이 없어 하거나 혼란을 느끼는 아이가 있으면 나는 아빠나 엄마, 형이나 언니 같은 공부를 도와줄 사람과 함께하고 있는지 물어보았다. 아이들 중에는 간혹 시험지를 눈앞에 둔 것만으로도 벅차서 가족 중 누군가를 생각할 마음의 여유가 없다고 말하는 경우도 있었다. 그러면 나는 빈 의자를 아이 곁에 놓아주었다. 그 순간 아이의 눈을 보면 감사함이 묻어나는 것을 역력히 느낄 수 있었고, 이 간단한 장치를 통해서 아이들이 얼마나 큰 도움을 얻는지 볼 수 있었다. 마음이 차분해진 아이들은 주어진 과제에 좀 더 집중하면서 차근차근 수업을 따라왔다.

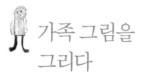

가족 그림을 그리다

그때 이후로 '가족 도우미'와 함께 공부하는 것의 효율성에 대한 물음이 아이들 마음속에서 떠나지 않았다. 이제 아이들은 나에게 내

부모님에 대해 질문하기 시작했다. 그분들이 여전히 내 마음속에 함께하고 있는지 어떤지 궁금하게 여겼다. 나는 아이들에게 내 아버지는 이미 돌아가셨지만 그분을 생각할 때마다 마음속에서 깊은 감사의 느낌이 든다고 말했다. 내가 학교에서 어려움을 느낄 때마다 아버지가 나를 도와주시기 때문이라고 덧붙였다.

이제 우리 반에서 부모님과 아이들의 관계라는 주제는 커다란 흥밋거리가 되었다. 나로서는 이 사실이 놀랍기만 했다. 아이들은 나에게 독일어 수업이 들어 있는 금요일 오후 시간을 '가족' 이야기를 하는 데 써도 되는지 물었다. 나는 보통 그 시간을 학급 토론에 할애하곤 했었다. 아이들은 내가 가족이라는 주제에 대해 더 많은 것을 알고 있으리라고 생각했다. 나는 아이들이 그들 자신에 관하여 이야기하고 싶어 한다는 것을 감지할 수 있었다. 우리는 금요일마다 빙 둘러앉아서 가족에 관한 이야기를 하게 되었다.

첫 번째 시간에 한 남학생이 조만간 동생이 태어나게 될 거라고 말했다. 그러자 다른 아이가 이 남학생이 동생이 태어나는 걸 달가워하지 않는다고 말했다. 동생이 태어나면 부모님이 동생에게 더 많은 관심을 쏟을 게 뻔하기 때문이라는 거였다. 우리는 이 상황을 다루어보기로 했다. 주제는 "형제자매가 많으면 내가 받는 관심과 사랑의 양이 줄어들게 되나?"였다. 과연 사랑이 나누어질 수 있는 것일까? 부모님이 새로 태어난 아기에게 많은 관심을 쏟으면서 동시에 큰 아이들에게도 여태까지와 똑같이 사랑을 쏟을 수 있을까?

놀랍게도 토론은 굉장히 생산적이었다. 아무런 언쟁이나 다툼도 일어나지 않았고 누구도 상처받지 않았다. 오히려 토론이 진행되는 동안 교실 안의 공기는 열기와 기대로 가득 채워졌다. 잠시 후 나는 아이들에게 내가 가끔 다른 어른들과 함께 하는 일종의 가족 게임이 있는데 한번 해보겠느냐고 물었다. 내 말을 들은 아이들은 당연히 그 게임을 직접 해보고 싶어 했다. 나는 이 게임을 하기 위해서는 아빠와 엄마, 형제자매 등의 대리인을 선택해서 교실 안에 그들에게 적당하다고 느껴지는 자리를 찾아 세워야 한다고 설명했다.

우선 나는 나의 원래 가족을 시험삼아 세워보자고 했다. 아이들은 이미 나에게 오빠가 두 명 있고 어머니가 아직 (그 당시에) 생존해 계시며 아버지는 돌아가셨다는 사실을 알고 있었다. 다섯 명의 아이를 대리인으로 삼아서 나는 내가 자녀로 속한 원래 가족을 세워보았다. 물론 모든 아이들이 대리인의 역할을 해보고 싶어 했고, 대리인으로 선택되지 못해 아쉬워하는 아이도 있었지만, 일단 가족이 세워지고 나자 더 이상의 논쟁은 일어나지 않았다.

내 어머니를 대신하고 있던 여학생은 남편 (나는 아버지의 대리인을 다른 가족들이 서 있는 곳과 반대 방향을 바라보도록 세웠다. 어머니의 대리인은 아버지의 대리인을 향해서 손을 내밀었다) 에게 좀 더 가까이 다가가고 싶다고 말했다. 이 상황을 보자 나에게 슬픔이 밀려왔다. 이미 오랫동안 나는 어머니가 죽음을 준비하고 계시다는 것을 감지하고 있었다.

아이들은 할 말을 잃고 있었다. 내가 한 것이라곤 다섯 명의 대리인을 특정한 위치에 배치한 것뿐인데 어머니의 대리인으로 나선 여학생이 어머니의 느낌을 그대로 표현해 주고 있었으니 말이다. 아이들은 눈앞에서 펼쳐지는 상황이 순전히 대리인들의 자리 배치 결과로 생겼으며, 그로 인해 내가 슬퍼한다는 사실을 느끼고 있었다.

그날 우리는 그렇게 '게임'을 마쳤다. 이제 아이들은 자신의 가족을 세워볼 수 있는지, 만약 자신의 가족을 세운다면 대리인들이 만나본 적도 없는 자기 가족의 느낌을 정말로 표현할 수 있는지 궁금해 했다. 나는 아이들에게 당분간은 방금 전 우리가 마친 세션에 대해서만 생각해 보는 게 더 낫겠다고 대답했다. 또 가족에 대한 이미지란 지극히 개인적인 것이기 때문에 학급 전체 아이들과 그와 같은 가족 그림을 공유하고 싶어 하지 않을 아이도 있을 거라는 얘기도 들려주었다. 아이들은 내 말을 수긍하는 듯했지만, 그다지 오래 가지는 못했다.

나는 가족이란 우리에게 가장 중요한 사람이며, 이 사실은 재론의 여지가 없다고 말했다. 모두가 알고 있듯이 자녀는 부모님을 사랑한다고, 부모님이 우리를 공평하게 대하지 않을 때조차, 아니 그분들이 우리를 미워한다고 생각될 때조차도 부모님에 대한 사랑은 사라지지 않는다고 말했다.

그러자 여기저기서 아우성치는 소리가 들려왔다. 몇몇 아이는 부모님을 너무나 미워하고 그들과 아무것도 소통된다는 느낌이 들지 않는다며 오히려 나를 설득하려 들었다. 이유인즉 부모님이 자기가 하고 싶은 것을 못하게 할 뿐만 아니라 소리를 지르고 때리기까지 한다는 것이었다. 이와 반대로 부모님과 마주앉아 서로의 문제에 대해 이야기를 나누고 화해에 도달하지 않고서는 잠자리에 들 수가 없다고 말하는 아이도 있었다.

아이들의 흥분을 가라앉힌 뒤, 내가 말했다. "물론 너희 중에는 부모님과 힘든 시간을 보내는 아이도 있다는 걸 알고 있어. 부당한 대접을 받았다거나 부모님으로 인해서 상처를 받은 적도 있겠지. 그렇다고 해도 우리가 부모님을 사랑한다는 선생님의 확신을 바꾸어놓을 수는 없단다. 우리가 부모님을 미워하고 그분들에 대해서 나쁜 말을 하거나 좋지 않은 일이 벌어지길 원할 때조차도 내면에서는 그런 우리 자신을 별로 좋아하지 않는다는 선생님의 믿음을 바꾸어놓을 수는 없어." 나중에 몇몇 아이는 나에게 부모님에게 화가 났을 때 들었던 느낌을 편지에 써서 보내기도 했다.

일주일 뒤 아이들은 다시 가족 그림 이야기를 했다. 그 가운데는 어떤 식으로 자신의 가족 구성원들을 방 안에 배치하고 싶은지 그림을 그려온 아이도 있었다. 이번에는 피할 길이 없었다. 그래서 우리는 조셉의 가족을 세워보기로 했다.

조셉은 부모님과 함께 크로아티아에서 독일로 이주해 온 아이로 엄마가 임신중이었다. 어떤 아이는 아직 태어나지 않은 동생도 세션에 포함시켜야 한다면서, 태아를 엄마의 발 앞에 웅크리고 앉아 있게 해야 한다고 제안하기도 했다. 그 자리가 태아에게 가장 알맞은 자리라면서 말이다. 대리인들이 모두 선택되고 난 뒤 조셉이 천천히 그리고 조심스럽게 대리인들의 자리를 찾아 세우기 시작했다.

여러 해가 지난 지금까지도 나는 마치 어제의 일인 것처럼 그날의 상황을 생생하게 기억한다. 아빠와 엄마는 서로 나란히 세워졌다. 두 사람 앞에는 두 명의 아이가 세워졌고, 아직 태어나지 않은 아이는 엄마의 발 앞에 웅크리고 있었다. 그때 조셉이 슬픈 목소리로 말했다. "할머니도 이 그림 속에 포함시켜야 해요. 하지만 할머니는 크로아티아로 돌아가 버렸어요."

조셉은 할머니를 대신할 대리인으로 한 여학생을 선택한 뒤 엄마 곁에 세웠다. 몇 초 지나지 않아서 엄마의 대리인이 자신의 어머니(조셉의 외할머니)가 옆에 서 있어서 마음이 정말 편안하다고 말했다. 할머니의 대리인이 엄마 곁에 세워진 모습을 본 조셉의 얼굴에 기쁜 빛이 역력했다. 엄마에게도 지지자가 생기자 조셉은 미소를 지으면서 아직 태어나지 않은 동생 쪽으로 시선을 옮겼다. 모든 대리인들은 자신들이 서 있는 자리가 맞는 자리 같다며 마음이 편안하다고 말했다.

다시 한 번 평화로움과 고요함이 교실을 채웠다. 가만히 자리에 앉아 있는 걸 불편하게 여기던 아이들조차 그 순간의 고요함에 빠져들었다. 나는 대리인들에게 '역할' 밖으로 빠져나오는 방법을 알려주었다. 조셉은 대리인들에게 도와주어서 고맙다며 인사를 했다. 아이들은 본래 자신의 느낌으로 돌아오기 위한 방법으로 잠깐 동안 팔과 다리를 흔들어보라는 내 주문에 따라서 몸을 이리저리 움직였다.

대리인들은 평상시와 전혀 다른 느낌을 경험했다며 학급 전체를 향해서 자신들의 느낌을 말해주고 싶어 했다. 아버지의 '역할'을 했던 남학생은 조셉을 보면서, 그 자리에 있을 때 자기가 자랑스러운 감정을 느꼈는데 자신의 아빠도 아들인 자기에게 그런 느낌을 가지고 있는지 알고 싶다고 말했다. 갑자기 아이들 사이에서 평소 느끼던 것과 전혀 다른 느낌이라는 게 어떤 것인지 경험해 보고 싶어 하는 호기심이 일었다. 특히 부모님이 가지고 계실 느낌이 어떤 것인지 알고 싶어 했다. 부모님이나 형제자매가 자신들에 대해서 어떤 느낌을 가지고 있을지 생각해 본 적이 한 번도 없다고 말하는 아이도 있었다.

아이들은 벌써 다음번에 할 가족 게임에서 어른과 아이의 대리인 중 어느 쪽 역할을 하고 싶은지에 대한 이야기로 꽃을 피웠다. 그 중

한 아이가 가족이 세워진 방식에 따라서 느낌에 차이가 생기느냐고 질문을 던졌다. 엄마와 아빠는 항상 나란히 세워야 하느냐고 묻는 아이도 있었다. 이 두 질문은 대답하기가 쉽지 않았다. 왜냐하면 아이들 중에는 부모님이 이혼을 했거나 혼자서 아이를 키우는 한부모 가정의 아이도 있었고, 부모 중 한 사람이 새로운 배우자와 살고 있는 경우도 여럿 있었기 때문이다. 또는 전쟁으로 아버지가 돌아가셔서 엄마하고만 살고 있는 아이들도 제법 있었다.

나는 "반드시 이 자리에 세워져야 한다"와 같은 고정된 규칙은 없다고 말했다. 그 대신 우리는 내면에 가족에 대한 그림을 하나씩 가지고 있는데, 이 그림은 끊임없이 변화하고 있으며, 자녀들 각자에게 적합한 자리가 이 그림 안에 존재한다고, 그리고 일단 가족을 세워보면 그들 모두에게 가장 잘 맞는 자리가 어디인지 찾을 수 있다고 말했다. 이미 사망한 사람이나 더 이상 같은 집에 살지 않는 가족의 경우에도 우리의 가슴은 가족 내에서 그 사람의 자리가 어디인지 잘 알고 있다고 덧붙였다. 즉 가슴에게 물어보면 그들을 남아 있는 가족으로부터 더 멀리 세워야 할지 더 가깝게 세워야 할지 알려줄 거라고 말이다.

우리 반의 경우 거의 50퍼센트의 아이들이 독일인이 아니라 세르비아나 크로아티아, 터키 등에서 이민 온 아이들이었다. 아프가니스탄에서 온 여자아이도 있었다. 그 아이들은 하나같이 가족 중 누군가를 떠나보내야만 했다. 이야기가 진행되는 동안 아이들은 가족 중 죽은 사람들과 관련된 부분에 특히 강한 관심을 보였다.

금요일 모임을 그만두자는 의견이 없었기 때문에 나는 매주 금요일 독일어 시간에 가족세우기를 하자는 데 동의했다. 아이들에게 이 시간이 중요하게 여겨지는 동안은 계속해 가겠다고 약속했다. 이후 우리는 여러 가족을 세우게 되었고, 그 과정이 끝나고 나면 그와 관련된 질문을 하고 이야기를 나누었다.

아이들 중에는 형이나 언니 혹은 동생의 죽음을 경험한 경우가 많았다. 이제 금요일이 되면 아이들은 죽은 형제나 자매의 사진을 가지고 왔다. 그리고 가족을 세울 때 사진 속의 형과 언니를 기억하는 시간을 가졌다. 이 과정이 진행되는 동안 아이들은 죽은 형제들을 추모하는 의식을 치르고 싶다고 했다. 그리고 그들에게 꼭 말해주고 싶은 문장을 찾아내서 추모 의식을 통해 표현했다.

한번은 어떤 여학생이 부모님의 대리인들 사이에 쪼그리고 앉아 있는 남동생의 대리인 앞에 무릎을 꿇고 앉더니 "보고 싶은 프레디, 네가 죽어서 나는 너무 슬퍼. 네가 정말 보고 싶어. 너와 예전처럼 놀고 싶어"라고 말을 하면서 울음을 터뜨린 적이 있었다. 말을 끝마친 뒤, 내가 그렇게 하라고 시키지도 않았는데 소녀가 미끄러지듯 남동생의 대리인에게 다가가 그 아이를 꼭 안아주었다. 그러다 즉각 제자리로 돌아온 그 여학생은 자신의 갑작스럽고 즉흥적인 행동에 스스로도 놀라움을 금치 못했다. 그 순간 부모님의 대리인 두 명이 눈물을 터뜨렸다. 이 두 아이는 소매 끝으로 눈물을 훔쳤다.

가족을 세우는 횟수가 거듭될수록 아이들은 자신의 느낌을 좀 더 정확하게 인식할 수 있게 되었다. 그뿐 아니라 대리인들 역시 누군가의 가족 구성원에 대해 구체적으로 알지는 못하더라도 그들의 느낌을 충분히 느낄 수 있다는 사실을 확신하게 되었다. 심지어 방금 전의 사례처럼 남동생의 죽음과 같은 슬픈 상황에서는 눈물을 흘리기도 했다. 자신들이 그렇게 하고 싶지 않았음에도 말이다.

아이들은 왜 이런 현상이 일어나는지 답을 찾지 못했다. 나는 아이들에게 이 현상에 대해 설명할 길은 없지만 이런 현상은 가족을 세울 때마다 일어난다고 말했다. "우리에게는 의식이라는 게 있단다. 의식이란 사람들을 서로 연결시켜 주는 역할을 하지. 사람들 사이를 이어주기 때문에 그걸 '상호 의식'이라고 부를 수도 있어. 이 상호 의식은 우리 주변에 늘 존재한단다. 우리는 주변 사람들로부터 끊임없이 많은 정보를 얻고 있지만 그게 무엇인지 말할 수는 없어."

나는 또 각각의 가족은 그들만의 '의식의 장' 혹은 '기억의 창고'를 가지고 있다고 말했다. 가족세우기에서는 이것을 '가족적 영혼' 또는 '가족체적 의식'이라고 표현한다. 한 가족의 자녀로 태어나면서 우리는 이 가족체에 속한 모든 구성원들에게 접근이 허용된 기억의 창고를 열 수 있는 열쇠 한 벌씩을 받는다. 이제 가족 게임이 진행되는 동안, 교실 안에 가족의 장이 펼쳐지고, 대리인들은 잠깐 동안 자신이 대신하고 있는 가족 구성원의 느낌을 알아챌 수 있게 된다. 이것은 마치 우리가 자신의 가족의 장을 펼쳐놓은 아이(가족세우기에서는 의뢰인이라고 지칭한다)의 손을 잡고 잠깐 동안 그 아이의 가족체 안에 존재하는 '기억의 창고'를 드나들 수 있게 된 것과 같다고 설명했다. 내 설명을 들은 아이들은 잠시 깊은 생각에 빠져들었다.

잠시 후 아이들은 이것이 가족 안에서만 적용되는지, 아니면 학급 친구들 사이에도 적용되는지 물었다. 나는 다음 주에 이 주제를 가지고 함께 탐구해 보자고 약속한 뒤 수업을 마무리 지었다.

다른 사람의 느낌을 느낀다는 것

학급의 반이 넘는 아이들이 형제자매와의 관계나 부모님과의 관계를 세션에 세워보고 싶다며 각자의 사례를 가지고 왔다. 그 가운데 많은 아이들이 관계에서 무언가 개선될 수 있는 부분이 있는지 알고 싶다는 열망을 표현했고, 그저 관계가 "제대로 작동하고 있는지" 알고 싶을 뿐이라고 말하는 아이도 있었다. 그러한 요구에 응하기 위해서 나는 몇몇 아이들의 경우 단지 아버지와 어머니 그리고 아이 자신의 대리인을 세워보도록 했다. 나는 의뢰인들에게 대리인들 사이의 거리와 방향의 중요성을 강조하면서 아주 주의 깊게 대리인을 세우도록 했다.

시간이 지남에 따라 아이들은 가족의 관계성에 대해 세밀한 부분까지 인식할 수 있을 만큼 감각이 계발되었다. 아이들 사이에서 "와, 너는 정말로 아빠로부터 그렇게 멀리 떨어져 있고 싶은 거니?"라거나 "네가 아빠(혹은 엄마) 쪽을 향해서 돌아서야 해. 그렇게 멀리 떨어져 있으면 안 돼. 너는 아직 어른이 아니잖아!"와 같은 표현이 자주 들렸다. 누가 시키지 않았는데도 이와 유사한 표현이나 지적이 세션이 진행되는 동안 아이들 사이에서 튀어나오곤 했다.

이제 교실 안에서 아이들과 함께 진행했던 가족세우기 사례 몇 가지를 살펴보자.

볼프강

세션에서 볼프강은 아버지와 자신의 대리인을 세웠다. 아이는 아버지가 아들인 자신에 대해서 어떤 느낌을 가지고 있는지 알고 싶어했다. 볼프강이 태어나고 얼마 되지 않아서 아버지는 가족을 떠나버렸고, 그 후 볼프강은 아버지를 거의 보지 못한 채 어머니하고만 살아가고 있었다.

처음에 두 대리인은 서로 상당히 떨어져 세워졌다. 볼프강의 대리인은 아버지의 대리인과 다른 방향을 바라보고 있었다. 의뢰인인 볼프강 자신은 "나는 엄마와 살고 있어요. 우리 아빠는 얼간이 같은 사람이에요."라고 말했다. 두 대리인이 이 상태로 꽤 오랫동안 서 있었는데, 갑자기 아버지의 대리인이 "내 아들을 보고 싶어요."라고 했다. 그 순간 볼프강의 대리인이 갑자기 아버지 쪽으로 몸을 휙 돌리더니 아버지를 향해 서너 걸음을 떼었다. 그러더니 아버지를 가리키면서 "이상하게 몸이 저쪽으로 끌려가고 있어요."라고 말했다. 그리고 다시 느리게 몇 걸음을 더 떼어 아버지 앞에 이르자 그대로 멈춰 섰다.

나는 지금도 그때 눈앞에 펼쳐지던 장면을 잊을 수가 없다. 아버지의 대리인은 아들의 대리인보다 두 살이 더 많은 열네 살짜리 남학생이었다. 이 학생은 성격이 온순해서 반 친구들 사이에서 인기가 많았다. 갑자기 아버지의 대리인이 두 팔을 내뻗더니 소년의 팔을 붙잡았다. 그런 다음 소년을 자신의 몸 가까이 잡아당겼다. 아주 빠르게 일어난 일이었다. 거의 몇 초 사이에 이루어진 것 같았다. 자리에 앉아서 세션을 지켜보던 볼프강은 마치 번개라도 맞은 듯 놀라서 얼굴이 하얗게 변해 있었다.

며칠 뒤 볼프강이 나에게 와서 질문을 던졌다. "그러니까 우리 아빠는 저를 사랑하고 있었던 거예요. 그런데 왜 저를 버린 걸까요?" 나는 이 질문에 대답을 하지 않았다. 단지 아빠가 자신을 사랑한다는 사실을 알게 된 것은 좋은 일이며, 지금보다 나이를 더 먹으면 스스로 그 이유를 찾아낼 수 있을 거라고 말해주었다.

가족체적으로 또는 가족의 장 안에서 즉각적으로 드러나는 현상에 의거하여 작업을 하기 위해서는 대리인들의 즉흥적이고 자발적인 표현에 세심한 주의를 기울여야 한다. 즉 그들의 내면에서 일어나고 있는 느낌을 담아내는 말들에 귀를 기울일 필요가 있다. 그러면서 가족체적 긴장 관계가 대리인들에 의해서 자발적으로 표현될 수 있도록 허용해야 한다.

볼프강은 아버지가 자신을 사랑하고 있음을 알게 되었다. 아마 볼프강의 어머니가 아이에게 아빠가 아들을 사랑한다고 말해주었다 해도 세션에서와 같은 효과를 기대하기는 어려울 것이다. 볼프강이 어머니의 말을 믿지 않았을 것이기 때문이다. 게다가 그때까지도 아이의 아버지에게 굉장히 화가 나 있던 볼프강의 어머니가 아이에게 그런 말을 하기로 마음을 먹을 것 같지도 않다.

나는 대리인 역할을 한 아이들이 자신들의 느낌, 특히 몸에서 일어나는 현상을 어른보다 훨씬 더 정확하게 표현해 주었다고 생각한다. 또한 아이들이 과거에 한 번도 경험해 본 적 없는 느낌들과 얼마나 빠르게 교감하는지, 그리고 그들이 감지할 수 있는 느낌이 얼마만큼이나 더 확장될 수 있는지 보면서 나 스스로도 놀라워했다.

힐데가르트

힐데가르트는 엄마와 둘이 살고 있었다. 처음에 아이는 자신과 엄마만을 세우고 싶어 했다. "저는 지금 제가 어떤지 보여주고 싶은 것뿐이에요." 아이의 요구에 따라서 두 명의 대리인이 세워졌다. 두 사람은 서로에게 아주 가까이 세워졌다. 그러자 힐데가르트의 대리인이 말했다. "너무 갑갑해요. 조금 더 떨어져 서 있으면 좋겠어요."

그때 갑자기 세션 밖에 있던 남학생 하나가 소리쳤다. "엄마 옆에 서 있는 게 너무 갑갑하면 아빠 옆에 가서 서면 되잖아요."

힐데가르트는 이 제안을 받아들이려 하지 않았다. 세션이 끝나고 아이가 내게 오더니 다음과 같은 말을 했다. "엄마는 제가 아빠와 연락하는 걸 원치 않아요. 그래서 저도 엄마 말을 따르고 있어요." 아이의 아버지는 뮌헨 근처에 있는 도시에 살고 있었다. 나는 아이의 말을 그대로 수긍해 주었다. 그리고 언젠가 때가 되면 모든 게 좋아질 거라고 말해주었다.

2주가 지난 뒤 힐데가르트의 어머니가 학교로 나를 찾아왔다. 나는 그녀에게 가족을 주제로 한 게임에서 딸의 상황이 어떤 식으로 표현되었는지 알려주었다. 어머니는 딸이 이미 대리인이 말한 내용을 자신에게 들려주었다며, 엄마로서 자신은 딸을 보호해야 할 의무가 있고 뮌헨 같은 대도시에 열두 살짜리 여자애를 남겨둔다는 건 자식을 위험 속에 내팽개쳐두는 게 될 거라고 말했다. 그러다 내가 힐데가르트의 아버지 이야기를 꺼내자 그녀가 자신의 전남편에 대해서 얼마나 화가 나 있는지 분명해졌다.

내가 그녀에게 말했다. "부모가 진정으로 아이를 위해 할 수 있는 일은 아이로 하여금 엄마와 아빠를 모두 사랑할 수 있도록 허락해 주는 것입니다. 어른인 두 분 사이에 무슨 일이 있었든 상관 없이 말이에요. 어쨌거나 부부 사이의 문제가 자식의 잘못은 아니지 않습니까?"

그러자 힐데가르트의 어머니가 수심에 찬 얼굴로 나를 물끄러미 쳐다보았다. 그러더니 이내 고개를 거세게 흔들면서 "안 돼요! 그 애가 제 아빠와 시간을 보낸다는 건 내 딸이 어미인 나에게 저지를 수 있는 최악의 불효가 될 거예요"라고 외쳤다.

그녀의 상황을 보면 충분히 그렇게 생각할 만도 해보였다. 나는 그녀에게 혼자서 자식을 키우느라 애써온 점에 커다란 존경심을 느낀다고 말했다. 그러면서 두 명의 아들을 혼자서 키워온 한부모 가정의 가장으로서 내 자신이 겪어온 일들에 대해서 들려주었다. 얼마 후 면담이 끝나고 내 방을 나서는 그녀의 모습이 한결 편안하고 안정되어 보였다.

6주쯤 지났을까, 힐데가르트의 어머니가 다시 학교로 나를 찾아왔다. 그녀는 딸이 그때 이후로 계속 징징대면서 아빠를 만나게 해달라고 요구한다고 했다. 그 문제로 나와 다시금 이야기를 나누고 싶다는 거였다. 사실 그녀는 부녀간의 만남에 대해 조금씩 마음을 열어가고 있었다. 나는 그녀에게 딸이 아빠를 만날 수 있도록 허락해 주라고 조언했다. 그러자 그녀는 전남편이 자신의 아파트에 한 발짝이라도 들여놓는 걸 원하지 않는다고 말했다. "그렇다면 힐데가르트를 전남편의 집으로 데려다주는 건 어때요?" 아이의 어머니는 내 제안을 듣고 그게 더 끔찍한 선택이라고 말은 했지만, 어쩌면 딸을 위해서는 그게 상황을 더 쉽게 풀어나가게 할 길이 될지도 모르겠다며 고개를 끄덕였다.

아빠와의 만남이 시작되면서 힐데가르트의 일상에도 변화가 일어났다. 아이는 생기로 가득했다. 지난 5년 동안 아빠를 한 번도 만날 수 없었던 아이는 이제 두 살배기 이복 여동생도 만났다. 그해의 마지막 학부모와의 밤에서 힐데가르트의 어머니는 나에게 고마움을 표시하며 이렇게 말을 했다. "내 아이가 그 집을 찾아가게 허락한 것보다 더 힘든 결정은 제 인생에 없었을 거예요. 하지만 딸아이가 자신감도 얻고 생기로 가득 찬 모습도 보이니 아이 걱정이 한결 줄었어요. 마치 아이가 엄마와 제 아빠 사이를 연결해 주고 있는 것 같아요. 한 번은 애 아빠와 셋이서 소풍을 가기도 했어요."

나는 입가로 번져가는 미소를 지그시 눌렀다. 이미 그 일에 대해 알고 있었기 때문이다. 어느 날 생기에 찬 모습으로 나를 찾아온 힐데가르트에게 "아이들은 엄마 아빠와 함께 가족 여행이나 뭐 그런 걸 함께할 때 더욱 튼튼해지는 거란다"라고 슬쩍 제안한 바 있었고, 가족 나들이를 다녀온 뒤 힐데가르트는 나에게 자기 두 다리가 얼마나 튼튼해졌는지 보라며 자랑을 했었다.

작은 가족세우기 세션을 하면서 아이들은 점차 가족 안의 질서가 제자리를 잡아간다는 게 얼마나 좋은 일인지 인식하기 시작했다. 이러한 변화와 함께 나는 아이들에게 변화란 때로 시간을 필요로 한다는 사실을 상기시키면서, 아빠 엄마와 함께 조화를 이뤄나가는 것이 얼마나 중요한 일인지 되새겨주었다. 자기도 몰래 아이들은 가족 안의 질서를 회복하는 데 필요한 에너지를 생산해 냈고, 이것은 그들이 맺고 있는 관계에 큰 변화를 가져다주었다.

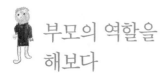 부모의 역할을
해보다

　물론 부모님을 중심으로 한 가족세우기를 해본 아이들 모두에게
극적인 변화가 일어났다고 말할 수는 없다. 하지만 가랑비에 옷이 젖
듯이 느리지만 분명한 변화가 일어나고 있음을 우리는 모두 감지할
수 있었다. 우리는 매번 가족 전체를 세션에 세우지는 않았다. 많은
경우 아이 자신의 대리인과 아버지나 어머니 중 한 사람의 대리인을
세우는 것으로 충분했다. 간혹 부모님은 세우지 않고 형제자매만 세
우기도 했다. 심지어 두세 명의 참여자가 잠깐 동안 주어진 자리에 서
있는 것으로 세션을 마무리 짓기도 했다.

　놀라운 것은 교실 안에 있던 모든 아이들이 세션이 펼쳐지는 장 안
에서 대리인들이 보여주는 모습에 변화가 일어나는 시점을 정확히
감지할 수 있었다는 사실이다. 이 시점에 이르면 주변이 고요해지면
서 평상시와 다른 깊은 차원의 침묵이 교실 안을 가득 채웠다. 이러한
현상을 관찰하고 표현해 준 것은 다름 아닌 아이들이었다. 그들은 매
번 이 순간이 자신들에게 그처럼 깊은 영향을 끼치는 방식에 놀라움
을 금치 못했다.

　한 가지, 아이들 사이에서 관심의 정도가 식을 줄 모르는 화젯거
리이자 토론의 주제가 있었는데, 바로 아버지와 어머니의 대리인이
되어 경험할 때의 느낌이었다. 그들은 하나같이 부모님의 대리인 역
할을 통해서 한 뼘쯤 더 성장한 듯한 느낌이 들고, 그러면서 생각도

더 깊어지고 진지해진 것 같다고 덧붙였다.

나는 자녀들이 부모에 대해 지녀야 할 올바른 태도는 '이 세상에서 가장 귀한 선물인 생명을 주신 것에 대한 존경심과 감사하는 마음'이라고 말했다. 그리고 이런 태도를 가진 아이들은 부모님이 자식에게 주고자 하는 다른 선물도 온전히 받아들일 수 있고, 결국 강한 사람으로 성장하게 된다고 강조했다. 삶에서 원하는 것을 모두 다 얻지는 못하더라도 부모님에 대한 존경심과 감사함으로 가슴이 채워진 사람에게는 그런 사실이 큰 문제로 여겨지지 않는다고 덧붙였다.

우리는 이런 마음을 잘 표현할 수 있는 위치나 동작을 찾아보고자 했다. 아이들은 부모님 앞에서 절을 하는 건 어떠냐는 아이디어를 내놓았다. 이후 우리는 어머니나 아버지 앞에서 절만 드리는 작은 가족 세우기 세션을 여러 차례 진행했다. 부모님 앞에서 절을 하는 세션의 대리인 역할을 하고 싶어서 아이들이 너도 나도 경쟁적으로 손을 드는 모습을 보는 건 정말이지 기분 좋은 일이었다.

"나는 네 엄마가 돼 보고 싶어."

"나는 네 아버지가 돼 보고 싶어."

"나는 네가 돼 보고 싶어."

서로 마주선 아이들이 한 사람씩 상대방을 향해서 몸을 낮추고 절을 하기 시작했다. 학생들은 이 의식을 아주 좋아했다. 가끔 대리인 중 한 명이 "이걸로 충분해" 혹은 "계속해!"라고 말을 하기도 했다. 자신의 대리인을 세웠던 아이가 아버지나 어머니의 대리인 앞에 직접 서보고 싶어 할 때도 많았다. 그 역시도 좋은 효과를 발휘했다.

어느 날 한 남학생이 아버지와 아주 심각한 싸움을 벌였다며 앞으로 다시는 아버지 앞에서 절을 하지 않겠노라고 선언을 했다. 아버지가 자기를 때렸기 때문이라고 했다. 우리는 이 문제를 가지고 가족세우기를 해보았다. 아이는 자신의 대리인도 아버지 앞에서 절하기를 거절할 거라는 걸 입증하고 싶어 했다. 그러나 아이의 대리인은 아버지의 대리인 앞에서 기꺼이 절을 했다. 이 모습은 소년으로 하여금 여러 가지를 생각하게 만들었다.

이 세션이 끝난 뒤 나는 아이들에게 가족을 세우면 우리 안에 감추어져 있던 정보가 표면으로 드러나게 되고, 반복되는 일상의 삶에서는 심각하게 생각해 본 적이 없을지라도 우리가 내면에 가지고 있는 '소속감'이 그 모습을 그대로 드러내게 된다고 설명했다. 소속감이란 집단에 속해 있는 모든 구성원이 갖고 있는 이른바 '속할 수 있는 권리'를 말한다. 학교나 회사 같은 일반 조직체에서는 입학이나 입사와 동시에 소속권을 얻고, 그 집단을 떠나면 상실하게 된다. 가족체의 경우는 이와 달리 태어나는 순간 소속권을 얻고 나면 그 유효성이 평생 동안 지속된다.

아이들은 부모님에게 화가 났던 과거의 사건들을 언급하곤 했다. 아울러 부모님이 아플 때 자기가 도움을 드리려고 했거나 그분들 곁을 지켜주었던 경험에 대해서도 일일이 말하기 시작했다.

그 다음날, 아버지와 싸웠던 소년이 가족세우기를 마친 날 저녁에 아버지에게 "아빠가 저를 때렸을 때 저는 마음에 상처를 입었어요"라며 자신의 느낌을 표현했노라고 알려주었다. 그러자 아버지가 어쨌거나 자신이 아버지인데 아들한테 상처를 주어 미안하다면서 자기를 꼭 안아주더라고 했다. 이야기를 전하는 소년의 눈이 반짝반짝 빛났다. 아이는 자신의 느낌을 존중했을 뿐만 아니라 상황을 변화시키기 위해서 자기가 먼저 한 걸음을 떼어놓았던 것이다.

언젠가 우리는 부모님이 자신을 부당하게 대할 때 아이로서 할 수 있는 일이 무엇인가를 놓고 논의한 적이 있다. 하루는 내가 칠판에 다음과 같은 글귀를 적어놓았다. "누군가 너에게 그릇된 행동을 하려고 들 때, 너는 너 자신을 지킬 수 있어야 한다." 하지만 아이들은 자신이 약자일 때에는 어떻게 해야 하느냐고 물었다. 우리는 다른 아이들과의 논쟁이나 싸움을 예로 들면서 그럴 때 취할 수 있는 여러 가지 선택권에 대해 생각해 보게 되었다. 또래 아이들과의 관계에서 자신을 옹호하는 것은 그다지 어려운 일이 아닌 것 같은데, 부모와 갈등을 빚는 상황에서 해결책을 찾기란 꽤 어렵게 여겨졌다.

위의 사례에서 소년은 아버지 앞에서 자신의 느낌을 표현하는 직접적인 방식으로 해결책을 찾았다. 세션의 결과가 머릿속에 또렷하게 남아 있었던 까닭에, 소년은 자신이 아버지를 사랑한다는 것과 아버지 역시 자신을 사랑한다는 확신을 얻을 수 있었다. 이 말은 곧 교실에서의 경험을 통해 아이들 내면에 새로운 이해가 생기고, 아이들이 이 문제를 꺼내놓을 정도가 되면 상황이 변화할 수 있다는 말이다.

아이들은 차츰 모든 부모님이 좋은 점도 있고 나쁜 점도 있는데 자녀인 자신들이 자주 그 사실을 잊어버린다는 점을 이해하기 시작했다. 부모님이 언제나 좋은 모습만 보여줬으면 하고 바랄 때, 상대적으로 나쁜 부분에 대해서는 입에 올리려고조차 하지 않는다는 사실도 받아들이게 되었다.

우리가 이러한 결론에 이르게 된 것은 언젠가 내가 한 남학생을 부당하게 대한 일 때문이었다. 그때 나는 내 행위가 지나쳤음을 인정하고 소년에게 사과를 했다. 이 일이 있고 나서 부모님 역시 자신들의 행위가 부당하다고 생각되면 그 사실을 인정할 준비가 되어 있는 것 같다고 말하는 아이가 제법 생겨났다. 아이들은 점차로 부모님 역시 남들처럼 '평범한 사람'일 뿐이며 그분들을 있는 그대로 바라보려고 노력하는 것이 중요하다는 걸 깨달아갔다.

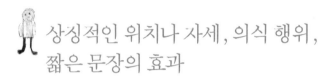

상징적인 위치나 자세, 의식 행위, 짧은 문장의 효과

시간이 얼마 지나지 않아서 아이들은 왜 우리가 이 작업을 하는지 좀 더 진지하게 생각해 보기 시작했다. "우리는 지금 놀이를 하고 있는 걸까, 아니면 이것이 정말로 무슨 효과가 있는 걸까?" 사실, 나는 아이들이 이 질문을 스스로 던질 때까지 기다리고 있었다. 질문에 대답하는 대신 나는 교실 안에서 작은 가족세우기를 시작한 이후 과거와 다른 차이점을 발견한 게 있느냐고 아이들에게 되물었다. 아이들은 이구동성으로 많은 변화가 있었다고 대답했다.

그 중에는 학교에서 하는 '가족 게임' 이야기를 집에 가서 한 적이 있다고 말하는 아이들이 많았다. 아이들의 말을 듣고 난 어머니들은 "너도 절을 할 수 있었어?"라고 묻기도 하고, 절을 하는 의미가 무엇이냐고 묻기도 했단다.

한 아이는 예전과 달리 부모님과 사이가 좋아졌다고 했다. 이 남학생은 집에서도 부모님 앞에서 절을 했다고 했다. 아버지가 소파에 등을 대고 비스듬히 누워 텔레비전을 보고 있을 때 그 앞에서 절을 했는데 처음에는 무슨 영문인지 모르겠다는 표정으로 아버지가 아이에게 뭘 하는 거냐고 물었다. 그러자 소년이 "아빠에게 절을 하고 있는 거예요. 왜냐하면 아빠는 저의 부모이고 저는 아빠의 자식이잖아요. 그리고 선생님이 그러셨는데, 무엇이든 시도를 해보는 건 나쁠 게 없다고 하셨거든요"라고 대답을 했다고 한다. 이어서 아이가 교실 안에서 이루어지고 있는 가족 게임 이야기를 하자, 아버지가 웃음을 터뜨리더니 발끝으로 아이를 살짝 밀면서 그만 일어나라고 했단다. 아이가 일어서자 아버지는 두 팔을 벌려 아들을 꼭 안아주었다고 한다.

아이들과 나는 처음으로 여러 가지 상징 혹은 상징적 행위를 주제로 이야기를 나누었다. 이 주제는 꽤 큰 관심을 유발해 냈다. 모두가 잘 아는 상징으로는 물건의 소유주를 나타내는 데 사용되는 가문의 이름 상징이 있었는데, 아이들 중에는 자기 가문의 상징을 가진 아이도 있었다. 우리는 국기의 상징성과 숫자들이 갖는 상징성에 대해서도 이야기했다. 그런 다음 다 같이 독일 출신의 시인 하인리히 하이네의 시 한 편을 읽었다. 나는 아이들이 이미 열두 살이 되긴 했어도, 문학의 한 장르인 시를 이해하기에는 조금 이른 감이 있다고 생각했다. 하지만 아이들은 의외로 이야기 속에 담긴 여러 개념, 예컨대 성배와 신성한 그릇 또는 신성모독 등에 대해서 제법 많은 것을 알고 있었다.

그뿐 아니라 상징적인 행위에 대해서도 아이들은 많은 것을 알고 있었다. 무슬림 소년 하나는 손과 팔 그리고 발을 물로 닦는 행위가 정화를 위한 의식이란 걸 잘 알고 있었다. 우리는 은총이라는 주제에 대해서도 이야기했다. 가톨릭 집안의 아이들은 이 분야에서 거의 전문가 수준이었다. 이들은 신부가 향을 피우는 방식과 자신들이 학교로 향하기 전에 어머니가 자신들 이마 위에 십자가를 그리는 것 등에 대해서도 언급했다.

토론이 끝나갈 무렵 아이들은 여태까지 논의된 상징적인 행위들을 일상에서 실천하는 것도 나름대로 효과가 있을 거라는 데 동의했다. 그리고 부모님 중 한 분을 나타내는 대리인 앞에서 절을 하는 것은 상징성이 아주 큰 행위로, 이런 절을 집에서 해도 그 효과가 확실히 보장된다는 결론을 내렸다. 어떤 아이들은 의뢰인을 대신해서 절을 하는 대리인들에게도 똑같은 효과가 나올 거라고 주장했다. 나 역시 그렇다는 확신을 가지고 있었다.

어느 날 수업 시간에 한 소년이 아버지가 아들을 축복해 주는 모습을 담은, 아주 오래된 사진을 가져온 적이 있었다. 사진 속에서 아들은 아버지 앞에 무릎을 꿇고 앉아 있었고 손에는 모자를 들고 있었다. 물론 대다수 아이들은 부모 앞에서 절을 한다는 게 무슨 의미인지 궁금해 했다. 그때쯤 우리는 이미 "모든 자녀는 부모를 사랑한다"는 부분에 대해서 아무런 의심도 하지 않을 정도가 되어 있었다. 그렇긴 하나 아이들은 여전히 '부모에 대한 사랑'과 '부모로부터 받은 상처'라는 두 극점 사이에서 심각한 혼란을 겪고 있었다. 단지 절을 하는 것으로 그 둘 사이에 가로놓인 모든 상처를 일소하고 싶어 하지 않았다.

나는 아이들에게 가족 안에서 우리가 꼭 인식하고 있어야 할 세 가지 사항을 알려주었다.

1. 절을 한다는 것은 곧 부모님이 너에게 주신 생명에 대한 감사함을 표현하는 의식 행위야. 그뿐만 아니라 절을 함으로써 생명 외에도 부모님으로부터 받은 모든 선물에 감사함을 느끼게 돼.

2. 가족 안에서 아버지와 어머니는 큰 사람들이고, 자녀인 너는 작은 사람임을 기억하고 있어야 해.

3. 부모님을 있는 그대로 받아들여야 해. 그리고 네가 부모님의 자녀라는 사실도 있는 그대로 받아들여야 해.

나는 교실 한쪽에 있는 작은 칠판 위에 이 내용을 적은 뒤 몇 주 동안 지우지 않고 두었다. 교직에 있는 동안 이 세 가지만큼 아이들에게 많은 반응과 다양한 관심을 일으킨 문구도 없었던 것 같다. 이제 작은 칠판이 세워진 교실 한켠에서는 수시로 심오하고 열띤 토론을 하느라 시간 가는 줄 모르는 아이들의 무리가 눈에 띄었다.

아이들은 자신이 부모님을 위해 지고 가야 했던 아픔과 슬픔에 대해서 인식하기 시작했다. 아이들은 또 엄마나 아빠가 가끔씩 얼마나 깊은 우울증에 빠지는지, 그리고 그럴 때마다 자신들이 집 안에 웃음을 불어넣기 위해서 어떤 노력을 해야만 했는지 등에 관해서도 이야기했다. 가끔 현재의 부모와 다른 부모가 생겼으면 좋겠다는 생각을 하기도 했다고 속내를 털어놓기도 했다.

아이들은 모두 이 세 가지 문구를 좀 더 진지하게 생각해 볼 필요가 있다고 여기는 듯했다. 매일 할머니 댁을 찾아가던 한 여학생은 "저에게는 엄마보다 할머니가 더 친엄마 같아요"라고 말했다. 남학생 중에는 자신을 낳아준 아버지를 거부하는 아이가 많았다. 그들은 현재의 아버지보다 더 나은 아버지가 생기길 바라며 현재의 가족에 대해서는 몽땅 잊어버리고 싶다고 말했다.

언젠가 한 소년이 이런 말을 한 적이 있다. "프랑케 선생님, 참 이상한 게 있는데요. 하루는 칠판에 적힌 이 세 문구가 모두 다 맞다는 생각이 드는데, 다음날은 당장 지우개로 지워버리고 싶기도 해요. 하지만 제가 여기 있는 내용을 지워버린다 해도 선생님께서 다시 적어놓을 거라는 걸 알아요. 왜냐하면 여기에 적힌 내용이 모두 맞다는 걸 저도 실은 알고 있거든요."

 ## 학부모 면담 : 학급에 새로운 활력을 불어넣다

새 학년이 시작되는 9월 중순과 10월 말 사이에 학급 안에서는 상당히 많은 일이 진행된다. 담당 교사는 일 년 내내 바뀌지 않지만 새로운 구성원들이 계속 승선을 하기 때문이다. 그러다 보니 학생들은 새로운 과목의 교사들과 새로운 친구들에 익숙해져야 한다. 처음 6주 동안은 한 학년 동안 필요한 모든 일을 준비해야 한다.

담임교사로서 또는 과목 담당 교사로서 나는 일주일에 최소 열다섯 시간의 수업을 맡았고, 가끔 열여덟 시간 수업을 할 때도 있었다. 각 학급별 수업이 개별적이고 독립적인 단위로 되어 있기 때문에 우리가 지속적인 토론 활동을 해나갈 수 있는 최상의 조건이 구비되어 있는 셈이었다.

학생들과 교사 사이의 신뢰 관계는 학년 초 첫 6주 동안에 형성된다. 이러한 신뢰감의 정도는 나를 만나기 위해서 교무실을 찾아오는 학부모들의 방문 빈도를 통해서 알 수 있다. 처음에 학부모들은 자녀를 통해서 담임교사를 간접적으로 만나게 된다. 학기 초, 나는 아이들에게 우리 교실 안에는 늘 부모님을 위한 자리가 있음을 여러 가지 방식으로 알려주었다. 이 접근법은 아이들에게 새로운 학급에 대한 흥미를 유발시켰고, 그러한 흥미는 학부모들의 호기심으로 이어졌다. 이제 학부모들은 호기심의 주인공인 담임교사를 직접 만나고 싶다는 생각에 학교를 찾아오는 것이다.

또 '학부모와의 밤'에 참석한 부모들의 높은 출석률을 봐도 그 신뢰감의 정도를 알 수 있다. 나는 자주 아이들에게 "네 부모님을 만나뵙고 싶구나"라는 말을 했다. 아이가 이런 뜻을 집에 가서 전달하면 대개 어머니가 학교를 찾아왔다. 이때 어머니들이 묻는 첫 번째 질문은 "아이에게 무슨 문제가 있느냐?"이다. 때로 학부모들은 서면으로 이 질문을 해오기도 했다. 그러면 나는 우선 그들을 안심시키고, 나는 단지 아이의 등 뒤에 서 계신 부모님을 만나뵙고 싶은 것뿐이라고 설명했다. 그렇게 함으로써 교사인 내가 아이들 각각의 부모님과 나름의 관계를 맺는 데 도움이 된다는 말을 덧붙였다.

차츰 부모들은 내가 자신들의 생활 방식이 그릇되었음을 입증하려 들거나 부모 역할을 잘 못하고 있다고 지적하려 드는 잠재적 적이 아니라는 사실을 받아들이기 시작했다. 나는 그들이야말로 최고의 부모라고 말했다. 이유는 우리 반 학생들이 바로 그들의 자녀이기 때문이라고 했다. 그들이 짊어지고 가야 할 운명의 무게와 무관하게 아이들은 내가 자신들의 가족을 존중하고 있음을 느끼기 시작했다.

이러한 나의 태도는 우크라이나와 시베리아 출신의 부모들, 그리고 세르비아와 크로아티아에서 온 피난민 부모들에게 더 없는 편안함을 주었던 것 같다. 1990년대만 해도 내가 맡은 반 아이들의 40퍼센트가 이들 지역의 난민 출신이었다. 그 밖에 부모가 자발적으로 고국을 떠나온 이민 2세대 아이들도 제법 많았다. 예컨대 터키 계 아이들은 1960년대에 일거리를 찾아 독일로 온 할아버지나 아버지를 둔 이민 2, 3세대가 대부분이었다. 또한 구동독에서 이주해 온 가정 출신의 아이들도 있었다.

대개 학생들의 절반은 이슬람교도였고, 3분의 1은 기독교 신자들이었으며, 나머지는 특정 종교를 가지고 있지 않았다. 이 말은 곧 한 교실 안의 아이들 속에 다양한 전통과 도덕 관념이 폭넓게 분포되어 있다는 뜻이다. 이러한 다양성은 우리가 여러 주제를 놓고 함께 다룬 토론에 생기를 불어넣어 주었다.

한 가족으로 하여금 고향을 등지게 만들었던 에너지 ─ 비록 그 일이 자발적인 선택이었든, 상황에 의해 어쩔 수 없이 발생한 상황이든 무관하게 ─ 는 아이들의 행동에 자주 반영되어 나타나곤 했다. 예를 들어 독일 바깥 지역 출신의 아이들 중에는 불과 며칠 되지도 않아서 자리를 바꾸고 싶다는 뜻을 밝히는 아이가 많았다. 특별히 어떤 아이의 옆자리에 앉고 싶기 때문이라면서 말이다. 이러한 요구는 며칠 간격으로 반복되었다. 처음에 나는 연이어 나오는 이 특별한 요청을 이해하지 못했다. 특히나 아이가 '이번'이 마지막이라고 맹세까지 하고 난 며칠 뒤 다시 자리 바꾸기를 요구할 때는 난감하기까지 했다.

몇 주가 지난 뒤에야 나는 자리를 바꾸고 싶어 하는 아이들의 강한 열망이 일종의 이주 행위를 상징한다는 것, 고향을 버리고 떠나온 그들의 내적인 상태를 표현한다는 사실을 깨닫게 되었다. 이건 마치 가족에게 일어난 상황을 아이들이 교실 안에서 계속 되풀이하는 것 같은 모습이었다.

이러한 연관 관계를 이해하고 나서 내가 느낀 내적인 안도감은 나에게 복잡한 퍼즐 하나를 완성시킬 수 있는 열쇠를 제공해 주었다. 그때 이후로 학생이 자리를 바꿔달라고 요청할 때마다 나는 그 아이의 가족적 운명을 자세히 들여다보기 시작했다. 시간이 지나면서 자리를 바꿔달라는 아이의 요구를 들어주는 횟수가 줄어들었다. 한 자리에 가만히 있지 못하도록 만드는 불안감으로부터 아이가 무조건 도망칠 게 아니라 그것에 대처하는 방법을 익혀야만 한다는 생각이 내게 들었기 때문이다.

나는 자리를 바꿔달라는 아이에게 가족이 고향을 떠나올 때 어땠는지 우리에게 말해달라고 부탁했다. 친구를 포함해 뒤에 남기고 온 가족 구성원들에 대해서도 알려달라고 했다. 처음에 아이들은 곤혹스러워하면서 입을 떼려고 하지 않았다. 마치 등 뒤에 남겨두고 온 일은 이미 기억 속에서 모조리 지워진 것처럼 행동했다. 하지만 차츰 그들의 가슴을 짓누르던 얼음이 녹기 시작했다.

나는 매일 아침 비독일 출신 학생들로 하여금 한 사람씩 돌아가면서 모국어로 학급 전체에 대고 아침 인사를 하는 시간을 마련했다. 세르비아에서 온 아이가 모국어로 인사를 하면 독일인 교사와 학생들이 그 인사말을 그대로 따라했다. 어느 날은 크로아티아어, 다음날은 페르시아 어, 아프가니스탄 어, 우크라이나 어, 터키 어 혹은 러시아 어 인사가 이어졌다. 여기서 나는 조금 기대치를 높여 이주민 학생들에게 모국어로 쓰인 동화책을 가져오게 했다. 우리는 이제 매일 독일어가 아닌 다른 언어로 쓴 옛날 이야기를 들을 수 있게 되었다.

많은 아이들이 "모국어 책 읽기가 그다지 좋은 학습법은 아닌 것 같다"는 부모님의 의견을 전해왔다. 오히려 독일어를 익히는 데 시간을 더 할애하는 게 낫지 않느냐는 것이었다. 나는 그런 아이들에게 자기 모국어를 제대로 구사할 줄 알고 거기서 재미를 느끼는 아이들은 사실상 잠을 자는 동안 독일어를 배우게 된다고 설명해 주었다.

나는 이를 사실로 입증하기 위해서 남다른 노력을 기울여야 했다. 즉 모든 비독일계 아이들로 하여금 학교에서 제공하는 모국어 강좌에 참여하도록 독려했다. 이 일로 인해서 이따금 부모와 학교 사이에서 갈등이 발생하기도 했다. 나의 이런 접근법이 방해를 받지 않게 되기까지는 꽤 긴 시간이 걸렸다. 학부모들 역시 점차로 아이들이 모국어를 완벽하게 익힐 때, 감정적 안정이라는 일종의 안전망을 얻게 된다는 사실을 인식하기 시작했다. 이 안전망이 아이들이 새로운 언어, 새로운 문화를 좀 더 분석적인 방식으로 대응할 수 있는 토대가 된다는 사실도 아울러 받아들이기 시작했다.

아프리카에서 온 한 남자아이가 있다. 그 아이는 여동생들과 함께 비행기로 뮌헨까지 왔다. 부모님 없이 타국 만리에 도착한 이 아이들은 시설이 잘 갖춰진 보육원에서 생활하게 되었다. 이 소년은 모국어를 단 한 마디도 쓰고 싶어 하지 않았다. 학교에 온 첫날부터 소년은 아이들의 인기를 한 몸에 차지했다. 사교성이 좋은데다 독일어의 기본 단어를 빠르게 익힌 소년은 일상 생활의 흐름을 이해하는 데 별다른 어려움을 겪지 않는 것 같았다. 그러다 갑자기 소년의 언어 습득이 정지점에 이르게 되었다. 그때부터 소년은 실망감의 빛이 역력해지면서 활기를 잃어버렸다.

이와 달리 저희들끼리 대화할 때면 모국어를 사용하던 여동생들은 쉽게 독일어를 습득해 나아갔다. 여동생들은 모국어 사용을 통해서 자신들의 느낌과 늘 교류할 수 있었다. 그들이 외국어를 익히는 속도는 가히 탄복할 만했다. 반면에 소년은 그렇지 않았다. 학교에서 보낸 3년 동안 아이는 언어적으로나 감정적으로 악화일로를 걷는 것 같았다. 학교를 마치고 직업 훈련 프로그램에 합류할 때도 간신히 빈자리를 찾을 수 있을 정도였다.

오랜 교직 생활을 통해서 이제 나는 모국어로 말을 한다는 것이 '부모 앞에 절을 하기' 위한 중요한 요소라는 사실을 알고 있다. 다시 말해서 모국어 사용은 한 개체가 태어나서 처음 만난 느낌이자 내면 가장 깊은 곳에 있는 느낌을 보존하는 최상의 방법임을 분명하게 깨닫게 되었다.

어느 날 세르비아 출신인 마리아가 나에게 오더니 들뜬 목소리로 오빠가 세르비아에서 4년간의 군복무를 마치고 뮌헨으로 돌아왔다고 알려주었다. 청년은 어린 시절과 청소년기를 독일에서 보냈다. 처음에는 가족 전체가 그의 귀국을 반가워했다. 그런데 얼마 지나지 않아서부터 마리아의 말수가 줄어들더니 얼굴에 늘 창백한 기운이 서려 보였다.

나는 마리아의 어머니에게 면담을 요청했다. 나와 만난 자리에서 어머니는 처음에 아들이 돌아왔을 때만 해도 식구들 모두가 몹시 기뻐했다며 이야기를 꺼내기 시작했다. 아버지는 아들을 위해서 직업 훈련 프로그램까지 신청해 둔 상태였다. 하지만 어쩐 일인지 아들은 독일의 환경에 다시 동화되지 못했다. 술을 입에 대기 시작하면서 직업 훈련 프로그램에서도 쫓겨났고, 급기야 상점에서 물건을 훔치다 걸리기까지 했다. 결국 처벌을 피하기 위해서 마리아의 오빠는 세르비아 군대에 재입대하게 되었다. 이 청년은 더 나은 삶을 찾아 모국을 떠나온 상황으로 인해 무의식적인 영향을 받고 그에 대해 매우 비싼 값을 지불한 셈이었다. 어쩌면 그는 경제적인 문제로 모국을 버리고 독일로 온 가족 전체를 위한 값까지 대신 치른 것인지도 모른다.

학부모와의 밤: 새로운 인식이 퍼져나가기 시작하다

가족 안에 존재하는 질서를 알아채는 것과 함께 아이들의 내면에서 새로운 인식이 생겨나기 시작했다. 처음에는 설렘으로 시작되었던 실험이 점차 자연스러운 일상이 되어갔다. 이어서 이는 다른 아이들의 운명을 존중하는 태도로 바뀌어 나아갔다. 동시에 가족세우기 세션의 대상이 될 수 없다고 여겨졌던 금기시된 주제들, 예를 들어 부모님의 이혼이나 죽음에 관해서까지 자유롭게 이야기하기 시작했다. 아이들은 친구를 잃은 슬픔뿐만 아니라 가족 안에서 발생한 비극적 사건이나 상실감 같은 문제도 중요한 주제로 여기기 시작했다. 결과적으로 '말해서는 안 된다는 부담감' 때문에 입을 다물게 하던 막이 제거되면서 부모님의 이혼 등으로 상처를 받은 아이들의 어깨가 가벼워졌다.

우리는 가족 게임으로 달라진 것들에 대해서도 이야기를 나누었다. 많은 학생들이 학업 성적이 올라갔다는 이야기를 했고, 급우들의 가족세우기 세션에 참여한 아이들 사이에 사랑의 숨결 같은 것이 자리 잡았다고 말하는 아이도 있었다. 그것은 마치 부드러운 그물망 같은 깊은 유대감이 서로 간에 형성되었다는 얘기이다. 이 특별한 수업이 거듭됨에 따라서 나는 이 작업이 한 학년 내내 아이들 모두에게 영향을 끼치는 것을 관찰할 수 있었다. 심지어 몇 년 동안 그 영향력이 지속되는 경우도 많았다.

학기가 시작되고 첫 6주가 마무리되는 10월 말쯤, 아이들은 이미 교실 안에 많은 변화가 일어났고 또 일어나고 있음을 감지한다. 아이들 스스로 이름을 붙인 것처럼 '이미 실재하는 현실성'을 더 이상 외면할 수 없었다. 이 '실재하는 현실성'이란 무엇인가? 버트 헬링거는 가족체를 이루고 있는 기본 재료는 '사랑'이라고 말했다. 가족에 버금간다고 말할 수는 없으나 교실 안에서도 사랑과 배려의 나무가 차츰 그 뿌리를 깊게 내려가기 시작했다.

사실 이 '실재하는 현실성'은 교실 안에 늘 존재해 왔다. 그리고 가족을 세우는 횟수가 늘어날 때마다 흰 도화지 위에 색깔을 입혀가듯 실재성이 그 모습을 구체적으로 드러내는 것 같았다. 아이들은 친구들의 가족세우기 세션에서 해본 대리인 역할을 통해 이러한 실재성을 경험했다. 서로의 앞에서 절을 하거나, 잠깐 동안 가족의 장 안에서 만나 서로의 눈물을 닦아주거나, 서로를 부둥켜안고 위로하면서 사랑과 이해의 그물망이 촘촘하게 그들 사이를 채워주고 있음을 인식하게 되었다.

물론 그렇다고 해서 아이들 사이에서 다툼이나 놀림 따위가 완전히 사라졌다는 말은 아니다. 하지만 교실 안에는 서로를 섬세하게 배려하는 마음이 존재했다. 진지함과 함께 내가 전에 경험하지 못했던 일체감이 교실 안에 가득했다. 그러다 보니 수업 분위기도 상당히 좋아졌다. 쉬는 시간이나 복도에서 아이 둘이 포옹하는 모습도 자주 눈에 띄었다. 나는 이런 현상이 지극히 놀라운 일이라고 여겼다. 열 살에서 열두 살짜리 아이들에게 이런 일은 결코 일상적인 모습이 아니다. 내가 이 현상의 이면까지 이해하는 데는 약간의 시간이 걸렸다.

가족세우기가 진행되는 동안 대리인으로 세워진 아이들이 나누는 짧은 포옹은 그들 내면의 중심을 흔들어놓았다. 비록 이러한 내적 충동이 지속된 시간은 몇 초에 불과하지만, 그들의 내면에서 뭔가 새로운 움직임이 시작되었음은 분명한 사실이었다.

우리는 이 부분에 관해 자주 이야기를 나누었다. 한 소년이 이렇게 말을 했다. "프랑케 선생님, 선생님과 하는 이 게임은 뭐랄까, 아주 이상해요. 우리는 선생님 말고 다른 사람하고는 해볼 엄두도 못 냈을 일들을 하고 있잖아요. 가끔씩은 좀 당황스러울 때도 있는데, 그렇긴 해도 굉장히 놀라운 느낌을 갖게 돼요. 이걸 어떻게 설명해야 할지 잘 모르겠어요."

내가 한 번 더 생각해 봐야겠다고 여긴 측면이 있다면 바로 학부모들의 반응이었다. 자칫 그들이 이 작업을 사생활에 대한 침해로 여길 수도 있다는 염려가 들었기 때문이다. 이 문제를 미연에 방지하기 위해서 나는 12월의 '학부모와의 밤'에 그들을 초대했다. 이날의 행사를 위해서 아이들과 나는 테이블마다 양초 장식을 하고 쿠키도 준비했다. 그리고 그날 모임에서 부를 크리스마스 캐럴을 연습하고 낭독할 시도 몇 편 골랐다.

하지만 이날 아이들은 부모님에게 다른 무엇보다도 가족 게임이 무엇인가를 보여주고 싶어 했다. 몇 차례 가족 게임을 하는 동안 절의 중요성을 깨닫게 된 아이들은 우선 절의 의미를 세 문장으로 요약해서 칠판에 붙였다. 그러면 학부모의 밤에 참석한 부모님들이 자연스럽게 그 내용을 읽어볼 수 있을 터였다. 모두들 크리스마스야말로 우리가 해온 가족 게임을 알리는 절호의 기회라고 여겼다. 무슬림 아이들 역시 크리스마스 때마다 듣는 똑같은 이야기들을 반복하는 것보다 우리가 준비한 프로그램이 훨씬 더 의미 있다고 말했다. 한 터키 소년은 이렇게 말하기도 했다. "이번에는 저희도 여느 때와 달리 크리스마스 행사에 즐겁게 참여할 수 있을 것 같아요. 이 프로그램 자체가 바로 우리 모두에 관한 것이니까요."

이날 아이들은 부모님이나 형제자매와 관련된 가족 그림을 하나씩 그려가지고 왔다. 부모 중 한 분이 안 계시거나 두 분 모두 돌아가신 아이들은 그분들의 모습까지 그려 넣은 가족 그림을 준비했다. 아버지나 어머니가 재혼을 한 아이들은 친부모 옆에 새로운 양부모의 그림을 그려 넣었다. 아이들은 가족 그림 만들기를 무척 재미있어했다. 완성된 그림은 교실 한쪽 벽에 걸었다. 아버지나 어머니 혹은 삼촌이나 형제들이 이미 사망한 경우에는 그림이 걸린 벽 옆에 낮은 책상을 하나 마련하고 그분들을 위한 촛불을 밝혔다. 전쟁에서 사망한 사람들도 마찬가지였다.

그런 다음 가족 중 누군가와 사별한 아이의 옆자리에 앉은 학생이 죽은 사람을 위한 낮은 탁자 옆에 서서 "허버트의 엄마도 우리 중 하나에요"라거나 "에바의 남동생도 우리 중 하나에요"라고 말을 했다. 우리는 죽은 가족들의 이름이 모두 거명될 때까지 이 의식을 계속했다. 이 모습을 보고 학부모들이 눈시울을 적셨다. 우리도 마찬가지였다. 우리는 이 의식이 가족 중 누군가를 잃은 아이들에게 얼마나 중요한 일인지 새삼 느낄 수 있었다. 죽은 사람이 포함될 때 아이들 역시 더 강한 소속감을 느끼게 되기 때문이다. 그러니까 내 말은 죽음과 함께 가족 구성원의 존재가 가족 안에서 잊혀지거나 그에 대한 언급이 금기시될 경우, 살아있는 아이들의 무의식 안에는 상실감과 함께 '나 역시도 언제든 가족 안에서 제외당할 수 있다'는 불안감이 자리를 잡게 된다. 이러한 불안감은 결과적으로 소속감을 약화시키고, 외적으로도 여러 가지 정서 장애나 행동 장애를 일으키게 만든다.

우리 반 아이 중 누구도 "나는 아빠가 없다"거나 "나는 엄마가 없다"는 표현을 쓰지 않았다. 나는 학기 초부터 아이들에게 이런 문장을 대신하는 새로운 표현을 해보도록 용기를 북돋아주었다. 즉 아이가 "우리 아빠는 돌아가셨어요"라고 말하면, 나는 거기에 "아빠는 언제나 너와 함께 계실거야. 아빠는 너의 한 부분이거든. 설사 아빠가 돌아가셨다 하더라도 말이야"라는 말을 덧붙여주었다. 얼마 지나지 않아서 아이들은 이러한 상실에 대해 말할 때 아주 주의 깊은 표현을 쓰기 시작했다. 동시에 "우리 아빠는 돌아가셨지만 언제나 저와 함께 계세요"라는 표현을 자연스럽게 사용하게 되었다.

가족 게임을 하기 시작한 첫해만큼 많은 아버지를 한꺼번에 만나 본 적은 없었다. 오랫동안 교직 생활을 했지만 그처럼 많은 아버지들이 학부모의 밤에 참석한 적이 없었다. 이러한 현상은 그 후에도 계속되었다. 나는 이런 현상이 바로 가족 게임의 직접적인 결과라는 걸 확신할 수 있었다.

크리스마스 캐럴과 시 낭독을 마친 다음 아이들이 각자 부모님 앞에서 절을 했다. 절은 단순히 예절바른 행동 이상의 의미를 가지고 있었다. 스물두 명의 아이들로부터 절을 받은 아버지 어머니 들의 눈시울이 다시 한 번 촉촉하게 젖었다. 그 어느 때보다 성스럽고 아름다운 크리스마스의 축복이 교실 안을 가득 채우는 듯했다.

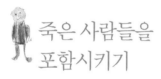

죽은 사람들을 포함시키기

독일에는 11월 1일의 '성자들의 날All Saints' Day' 전후로 가족의 묘지를 방문하는 종교 전통이 있다. 바바리아 주에서는 5, 6학년 학생들이 수업 시간에 이 날의 행사에 관해 토론을 하곤 했다. 이 기념일에 살아있는 사람들은 죽은 사람들을 위해 무덤 주변을 꽃으로 장식하고 기도와 함께 그들을 추도하는 시간을 갖는다. 나는 토론이 진행되는 동안 무슬림 아이들에게 그들 가족의 묘지 방문 의식에 대해 묻기도 하고, '성자들의 날'이 갖는 의미를 설명해 주기도 했다.

가족세우기 작업을 하기 전까지는 나 역시 학생들에게 우리가 어떤 식으로 죽은 사람들과 연관되어 있는지 이야기하는 데만 초점을 맞추었다. 하지만 교실 안에서 가족세우기를 한 뒤부터는 우리가 죽은 사람들과 어떤 식으로 교류할 수 있는지를 주로 다루게 되었다. 나는 아이들에게 우리가 요청하면 그들이 우리에게 에너지를 보내줄 거라고 말했다. 우리는 나이 어린 형제자매의 갑작스러운 죽음이 우리에게 큰 슬픔을 남기고 간 경우에 대해서 특히 더 많은 이야기를 나누었다. 우리 반 아이들 중에는 사산한 형제자매나 어린 나이에 죽은 형제자매를 둔 학생이 제법 있었다. 또 아버지나 삼촌이 일찍 돌아가신 경우도 있었다. 그뿐 아니라 아이들의 부모님 중에서도 그들이 어렸을 때 자신의 부모님을 잃은 경우도 많았다. 나는 그런 아이들에게 조부모님을 포함해 이미 죽은 사람들의 사진을 몇 주 동안 집 안에 걸어두라고 조언했다.

가족 중 누군가가 갑작스럽게 죽음을 맞으면 남은 사람들의 가슴속에는 커다란 슬픔의 웅덩이가 생기게 된다. 상실의 아픔으로 생겨난 이 웅덩이는 그를 위해 흘려야 할 눈물로 가득 채워져 있다. 흘리지 못하고 가둬둔 눈물은 사라지는 게 아니라 우리의 가슴속에 그대로 남아 있기 때문이다. 단지 그대로 남아 있는 것으로 끝나는 게 아니다. 가슴이 닫혀버림으로 해서 더 이상 다른 누군가에게 사랑이 흘러가지 못하게 가로막는 장애 요소가 되고 만다. 이제라도 그들의 사진을 걸어둔다는 것은 살아있는 사람들의 묵은 슬픔을 온전히 마무리 짓고 그들을 위한 자리를 우리의 가슴과 삶 속에 마련한다는 의미를 가지고 있다. 그리하여 다시금 사랑의 물줄기가 낮은 곳을 향하여 흘러갈 수 있도록 말이다. 이 일은 아이들에게 많은 변화를 가져다주었다.

‘성자들의 날’ 뒤인 11월 초의 어느 날 오후 나는 늘 하던 대로 5학년 학생들과의 토론 시간을 준비하면서 다음의 문구를 칠판 위에 적었다. "죽음 그리고 죽어감에 대하여."

나는 아무 말도 하지 않았다. 단지 아이들이 스스로 칠판에 적힌 문구에 대해 이야기를 꺼내놓기를 기다렸다. 곧 놀라운 일이 벌어졌다. 아이들이 하나둘씩 연필을 손에 쥐고 공책을 펼쳐드는 게 아닌가! 그리고 부지런히 무언가를 적어내려가기 시작했다. 더욱 놀라운 것은 아이들이 한 순간도 멈추지 않고 한달음에 글을 써내려가는 모습이었다. 이 주제가 그들의 관심을 사로잡은 게 틀림없었다.

아이들의 글은 나에게 아주 강한 인상을 남겼다. 그것이 여기에 그 내용을 옮겨 적는 이유이기도 하다.

잉고

어느 날 아침 잉고라는 이름의 남학생이 내 책상으로 다가오더니 자신의 가족을 세워보게 해달라고 간청했다. 나는 이 아이의 부모가 모두 약물 남용으로 사망했다는 사실을 알고 있었다. 잉고는 여섯 살배기 여아를 둔 삼촌네 가족으로 입양되어 부부의 따뜻한 보살핌을 받고 있었다. 그날 짧은 글에서 표현한 것처럼 잉고가 알고 싶어 하는 것은 자신이 수양부모를 사랑하는 것에 대해 돌아가신 부모님이 기뻐할지 아닐지 하는 것이었다. 아이는 자신이 친부모님을 훨씬 더 많이 사랑하고 있다는 사실을 보여주기 위해 뭔가를 해야 한다—아이가 표현한 대로—는 강박증을 느끼고 있었다.

심리 치료 훈련 과정에서 다뤘던 여러 연구 사례를 통해 나는 어린 시절에 부모를 잃은 사람들이 유난히 예민하고 상처받기 쉬운 성향을 지니고 있으며, 죽음의 영역에 발을 들여놓고자 하는 경향을 보인다는 것을 알고 있었다. 아마도 이러한 경향은 부모님에게 가까이 가고 싶은 내적 열망의 표현일 것이다. 그들의 영혼은 삶과 죽음의 차이를 구별하지 못하며, 쉽게 우울증에 빠지고, 생명 에너지 역시 그다지 강하지 못했다.

우리는 모두 잉고를 걱정하고 있었다. 잉고는 아이들과 놀이를 하다가도 갑자기 자리에서 일어나 한쪽 구석으로 가서 우두커니 앉아 있을 때가 많았다. 다른 아이가 곁에 와서 잉고의 어깨를 흔들 때까지 아이는 멍한 표정으로 어딘가를 바라보곤 했다. 마치 잠에서 깨어나듯 잉고가 다시 현실로 돌아온 것 같아서 말을 붙여보지만 과연 얼마 동안이나 이 아이가 대화에 집중할지는 아무도 알 수 없었다.

잉고의 눈을 바라본 나는 이 아이에게 가족세우기가 반드시 필요하다는 사실을 알 수 있었다. 나는 잉고의 요청을 즉시 받아들였다. 우리는 오전 수업의 나머지를 제쳐두고 잉고의 가족을 세우기 위해 준비하기 시작했다. 아이가 내면에서 진행되고 있는 갈등에서 벗어나 자유로워지기를 바라면서 말이다.

잉고는 부모님의 대리인뿐 아니라 수양부모와 그들의 딸을 대신할 대리인까지 선택했다. 모든 대리인이 자리에 세워지자 잉고는 자신에게 맞는 자리를 찾아서 직접 그 자리에 섰다. 아이는 먼저 삼촌 옆에 서서 부모님을 바라보았다. 가족이 세워진 모습에서 가장 극명히 나타난 점은 살아있는 사람들이 모두 죽은 사람들에게 시선을 고정시키고 있다는 것이었다. 살아있는 가족 구성원의 대리인들이 하나같이 잉고 부모의 대리인들에게 강력한 호감을 느끼고 있었다.

그때 갑자기 잉고가 현재의 가족에서 빠져나와 부모님 곁으로 가려고 했다. 그러다 걸음을 멈춘 뒤 삼촌의 대리인 손을 잡고 그와 함께 '무덤'을 향해서 걸어갔다. 소년은 처음 세워진 자리에 그대로 서 있는 부모님의 대리인들 옆에 꽃병을 가져다놓았다. 나는 아이에게 다음 단계를 어떤 식으로 진행하라는 말은 한 마디도 하지 않은 채 침묵 속에서 상황을 지켜보고 있었다. 부모님 앞에 선 잉고가 절을 하면서 "저는 두 분을 위해서 눈물을 흘리고 있어요. 아빠, 엄마, 저는 너무 힘이 들어요"라는 말을 하며 눈물을 훔쳤다.

삼촌의 대리인 역할을 하던 아이가 팔로 잉고의 어깨를 감싸 안았다. 그리고 잠시 후 소년이 스스로 무릎을 꿇고 자리에 앉았다. 나는 잉고에게 부모님을 바라보면서 그분들께 아들인 자신을 축복해 달라고 말씀을 드려보라고 제안했다. 아이는 그대로 따라했다. 내가 시키지 않았음에도 부모의 대리인들이 손을 아이의 머리 위에 올렸다.(우리는 이미 손을 머리 위에 올려놓는 행위의 상징성에 대해서 논의한 바 있었다.) 잠시 후 나는 삼촌과 함께 숙모와 사촌 여동생이 있는 곳으로 잉고의 자리를 옮겨주었다. 그런 다음 살아있는 네 사람의 몸을 돌려세웠다. 이제 잉고의 부모님은 아들의 등 뒤에 서 있었다.

잉고가 삼촌과 숙모에게 말했다. "제가 두 분과 한 집에서 살 수 있게 해주셔서 정말 감사해요." 처음에 이 표현은 잉고의 마음을 편안하게 만들어주었다. 하지만 아이가 가족세우기 후에 제출한 작문에서 알 수 있듯이 그 애의 내적 갈등이 해소된 것 같지는 않았다.

"선생님은 죽은 사람들을 중요하게 여겨야 한다고 생각하시죠?

Vom Sterben und vom Tod

Ich wünsche, daß ich meine Mutter und meinen Vater wieder sehen werde, weil sie schon gestorben sind. Ich könnte ihnen sagen, daß ich sie lieb habe. Manchmal sehe ich meine Eltern im Traum wieder. Dann würde ich meine Mutter und meinen Vater umarmen. Ich wünsche, daß ich im Bett liege und nicht mehr aufwache. Ich würde nach dem Tod gerne ein Mensch wieder werden dann würde ich meine Adoptiveltern besuchen und ihnen sagen: Ich habe euch ganz, ganz lieb, und danke euch.

Dat: 26.11.96

그렇죠?"나에게 작문 공책을 제출하면서 잉고가 물었다.

"그래, 맞아."

이 대답에 잉고의 얼굴이 환하게 밝아왔다.

"지난번에 가족을 세웠을 때 제가 아빠와 엄마 앞에서 절을 했잖아요. 그때 저는 두 분이 여기 이 안에 살고 계시다는 느낌이 들었어요."아이가 손바닥으로 가슴을 두드리면서 말했다.

> 죽음 그리고 죽어감에 관하여
>
> 나는 엄마와 아빠를 다시 만날 수 있었으면 좋겠다. 왜냐하면 그분들은 이미 돌아가셨기 때문이다. 두 분을 다시 만나게 되면 내가 두 분을 사랑한다고 말해드릴 수 있을 텐데. 때때로 나는 꿈속에서 부모님을 만나기도 한다. 그럴 때면 두 분을 안아드리고 싶어진다. 밤에 잠자리에 들고 난 뒤 다시는 깨어나지 않았으면 좋겠다. 내가 죽고 난 뒤, 나는 다시 사람으로 태어났으면 좋겠다. 그러면 나를 입양해 준 부모님을 다시 만날 수 있을 테고, 그 두 분에게 "저는 두 분을 정말 사랑해요. 그리고 저에게 해주신 모든 것에 대해서 감사드려요"라고 인사를 전하고 싶다.
>
> 1996년 11월 26일

멜리사

멜리사는 모성애가 강한 타입의 여학생이다. 이 아이는 4남매 중 첫째였다. 엄마가 직장에서 일을 하는 동안 멜리사는 집에서 동생들을 돌봐야 했다. 이 아이는 우리 학급에서 단 한 번도 가족을 세워본

Vom Sterben und vom Tod

Ich bin geboren worden wie alle
anderen Menschen auf der Welt,
aber nach vielen, vielen Jahren muß
ich leider, sterben.
Bevor ich sterbe, wünsche ich mir
meine ganze Familie und meine
Freunde noch einmal, ein letztes Mal
sehen zu können.
Erst dann kann ich sterben. Ich
möchte meiner Familie nicht weh tun.

26.11.96.

적이 없는 유일한 학생이었고, 동시에 다른 친구들의 어머니 역할로 가장 많이 세워진 학생이기도 했다.

1년 동안 소녀는 다양한 각도에서 이 역할을 실험해 보았다. 그리고 학기가 끝나갈 무렵, 이 실험을 끝마친 멜리사는 아이에서 젊은 여성으로 성장해 있었다. 심지어 학급의 한 남학생과 사랑에 빠지기까지 하였다. 급우들 중 누구도 이 둘의 관계를 놀림감으로 삼는 아이는 없었다. 멜리사는 모성애를 많이 그리워하는 안톤 옆자리에 앉았고, 이 남학생은 멜리사의 자애로운 태도와 관심 속에서 점차 강한 소년으로 변모해 갔다.

죽음 그리고 죽어가는 것에 관하여

이 세상의 다른 모든 사람들처럼 나도 세상에 태어났다. 하지만 불행히도 몇십 년의 세월이 지난 뒤, 나도 죽어야만 한다. 죽기 전에 나는 마지막으로 한 번 더 내 가족 모두와 친구들을 만나보고 싶다. 그렇게 하고 나면 죽을 준비가 될 것 같다. 나는 내 가족에게 상처를 안겨주고 싶지 않다.

1996년 11월 26일

허버트

허버트의 어머니는 보르네오 출신의 동양인이다. 어머니는 지난해 3년간의 암투병 끝에 사망했다. 허버트의 아버지는 바바리아에서 태어나 성장한 사람으로, 인도네시아에서 생물학을 공부하던 중 부안을 만나 결혼하게 되었다. 아버지는 아들에 대한 걱정이 많았다. 아이가 자주 아픈데다 제 잠재력을 충분히 발휘하지 못하고 있었기 때문이다. 허버트가 수업 시간에 던지는 지적인 질문들을 통해 나 역시 아이의 남다른 잠재력을 엿볼 수 있었다.

허버트는 가족 게임을 꽤 좋아했고, 곧 자신과 어머니를 세우게 되었다. 아이는 어머니의 대리인으로 선택된 여학생이 담요가 깔려 있는 바닥에 눕기를 바랐다. 그런 다음 분필을 손에 쥐고 담요가 펼쳐진 모양대로 금을 긋기 시작했다. 그리고 잉고가 한 것처럼 그 옆에 꽃병을 가져다놓았다. 허버트 자신의 대리인은 선택하지 않은 채, 아이는 이 임시로 만들어진 무덤에 자리를 잡고 누웠다. 그리고 잠시 후 어머니를 향해서 절을 했다. 아이의 분위기는 지극히 심각했다. 절을 마친 아이가 무릎을 꿇고 자리에 앉더니 이렇게 말했다. "엄마, 저는 언제나 엄마를 생각하고 있어요."

내가 다음과 같은 문구로 다시 표현해 보라고 제안한 최초의 아이가 허버트였다. "엄마, 부디 저에게 엄마의 강인함과 에너지를 주세요. 그래서 제가 잘살 수 있도록요."

자리에서 일어난 허버트는 내가 제안한 문구를 그대로 따라했다. 이 말을 들은 어머니의 대리인은 누가 부탁한 것도 아닌데 즉시 다음과 같이 대답했다. "물론이지. 이제 가거라. 그리고 잘 살아. 엄마는 잘 지내고 있어."

교실 안이 안도의 숨소리로 가득 채워졌다. 내가 덧붙였다. "네 엄마는 지난 십 년간 너를 사랑으로 키워주셨어. 비록 지금은 돌아가셨지만 엄마는 네가 아빠와 엄마에게서 받은 재능을 온전히 발휘하는 모습을 볼 때 무척 행복하실 거야. 그게 바로 네가 엄마의 사랑을 보

Vom Sterben und vom Tod

Ich stelle mir vor, dass ich in einer goldenen Rolltreppe hochfahre, und dass ich da oben im Himmel meine Mutter wieder sehe. Dann sehe ich vielleicht den lieben Gott wieder, und dass ich runter schauen kann und wie die Welt sich verändert. Ich möchte mit meiner Familie berühmt werden.

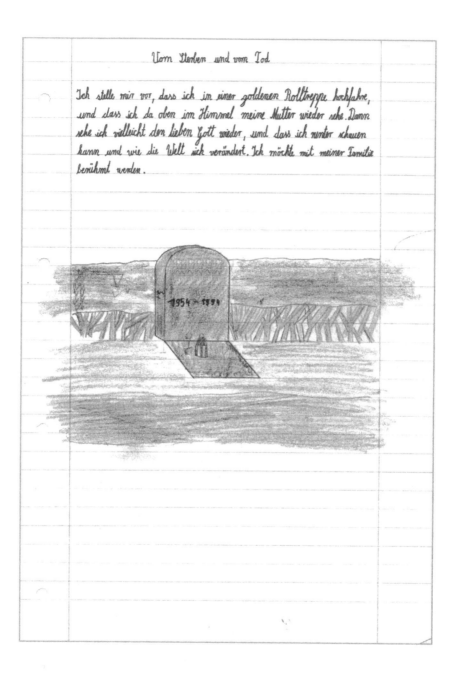

답하는 길이기도 하고 말이야."

이 말을 들은 아이의 얼굴에 미소가 번져나갔다. 아이는 내 말이 무슨 뜻인지 정확하게 이해하고 있었다.

그때 이후로 허버트는 활짝 핀 꽃처럼 생기가 가득해졌을 뿐만 아니라 소란스러운 악동으로 변하기까지 했다. 수학과 영어 그리고 생물학 점수도 아주 좋아졌다. 아이들도 이러한 변화를 알아채고 "너는 네 엄마에게서 아주 좋은 선물을 받았구나"라는 말을 서슴없이 했다. 내가 학생들에게 자주 쓰곤 하던 문장, "부모님이 주시는 훌륭한 선물을 받도록 해"라는 문구를 아이들 식대로 쓴 거였다.

"그 말이 맞아." 허버트가 대답했다. "하지만 생물학 쪽 선물은 우리 아빠한테서 물려받은 거야."

> 죽음 그리고 죽어가는 것에 관하여
>
> 나는 황금색 에스컬레이터를 타고 있는 상상을 해본다. 그걸 타고 올라가면 저 위에 천국이 있다. 그곳에서 나는 우리 엄마를 다시 만날 수 있다. 그때 아마 나는 신을 다시 만날 수도 있을 것이다. 어쩌면 천국에서 아래를 내려다보며 세상이 어떻게 변해가는지 볼 수 있을지도 모르겠다. 나는 우리 가족과 함께 유명해지고 싶다.

이반

이반은 발칸 반도에 위치한 코소보 출신의 알바니아 인이다. 소년은 어머니 그리고 나이 많은 새아버지와 같이 살고 있었다. 어머니의 두 번째 남편인 새아버지는 불치의 병을 앓고 있었다. 이반의 아버지는 전쟁터에서 사망했다. 이반의 학교 성적은 아주 뛰어났고, 특히 독일어에서 눈에 띄는 향상을 보였다. 학교에 입학한 지 얼마 되지 않았는데도 꽤 많은 단어를 익혀 독일어로 의사를 표현하는 데 아무 어려움이 없었다.

하지만 나는 이 아이를 김나지움에 진학해서 대학 입시를 준비해보라고 이끌 수가 없었다. 이반은 모국을 떠나온 뒤 피난 생활의 어려움을 겪고 가까스로 새 친구들을 사귀고 있었는데 다시 한 번 환경의 변화를 감당할 자신이 없다며 나의 제안을 꺼려했다.

이반이 아버지의 죽음에 이어 새아버지를 잃을지도 모른다는 두려움을 우리 앞에서 표현하기까지는 꽤 오랜 시간이 걸렸다. 아이가 가지고 있는 두려움에 대해 나는 이미 알고 있었다. 학부모 면담 때 이반의 어머니가 내게 가족 상황을 알려주었기 때문이다.

그런 맥락에서 보면 이반의 작문에 담긴 내용이 충분히 이해되었다. 이반은 부활절이 끝난 뒤까지도 자신의 가족을 세워보려고 하지 않았다. 어느 날 학생 몇 명이 나를 찾아오더니 이반이 자기 가족을 세워보고 싶어 한다는 말을 전해주었다. 나는 직접 이반에게 가족을 세워볼 의향이 있느냐고 물었다. 대답을 하지 못하고 머뭇거리는 모습에서 이 아이에게는 가족을 세우는 게 아직도 어려운 일임을 알 수 있었다.

그 후 6주쯤 지난 어느 날 이반은 가족을 한번 세워보고 싶다는 의사를 표현해 왔다. 가족을 세우던 날, 아이는 아버지의 사진을 학교로 가지고 왔다. 이반은 아버지의 사진을 바닥에 내려놓더니 그 앞에 절을 했다. 그렇게 세션이 끝났다. 보통 가족 게임이 진행되는 동안 "무릎을 꿇고 앉아" 또는 "아빠에게 네가 아빠를 위해서도 잘 지내고 있

26.11.96. Vom Sterben und vom Tod

Ich wünsche mir wenn ich tot bin
daß ich hinterher noch lebe. Aber
ich weiß nicht was ich glauben
soll. Jemand spricht, daß wenn
man tot ist, man nicht mehr
lebt, andere sagen, daß man
noch lebt. Ich möchte, wenn
ich tot bin, daß ich nochmal lebe
und ein Mensch bin, daß ich
sehr reich und glücklich bin

다고 말씀드려" 같은 문구로 훈수를 들곤 하던 아이들 모두 이 짧은 의식이 진행되는 동안 아무 말도 하지 않고 침묵을 지켰다. 절을 마친 이반은 다시 아버지의 사진을 집어 들더니 제 가슴에 꼭 품은 채 자리로 돌아갔다. 그리고 사진을 다시 가방에 집어넣었다. 잠깐 동안 교실 안에는 깊은 침묵만이 흘렀다.

학기가 끝나갈 무렵 이반은 허버트와 아주 친한 사이가 되어 있었다. 그 당시 나는 허버트에게 김나지움으로 진로를 전환해 보도록 강력하게 권했었는데, 나중에 알게 된 바에 따르면 이 두 아이는 다음 해에 함께 김나지움 쪽으로 진로를 바꿨다고 했다.

> 1996년 11월 26일, 죽음 그리고 죽어가는 것에 관하여
> 내가 죽은 다음에도 나는 여전히 살아있었으면 좋겠다. 하지만 나는 뭘 믿어야 할지 잘 모르겠다. 어떤 사람들은 일단 죽게 되면 더 이상 살아있지 못하게 된다고 말한다. 하지만 어떤 사람들은 죽은 뒤에도 여전히 살아있게 된다고 말하기도 한다. 나는 죽은 뒤에도 다시 살 수 있기를 바란다. 그리고 다시 사람이 되기를 바란다. 그러면 나는 정말로 부유하고 행복한 사람으로 살 수 있을 테니 말이다.

마리아

어느 날 마리아가 할 말이 있다며 내 책상으로 왔다. 그 아이는 엄마가 가장 사랑하는 자식이 바로 자신이라고 말했다. 마리아에게는 두 살 위의 언니가 있는데, 엄마는 언니보다 자기를 '더 중요한' 딸로 여긴다고 말했다. 그런데 이제 이 상황을 좀 진지하게 생각해 보게 되

었다고 했다. 어쩌면 자신이 두 번째 자리를 차지하는 게 더 낫지 않을까 하는 생각이 든다는 거였다. 실제로 자신에게 맞는 자리는 첫 번째가 아니라 두 번째 자리라고 하면서 말이다. 나는 마리아의 말에 동의하면서 언니를 향해 이런 문구를 써보라고 제안했다. "나는 언니가 첫 번째이고 내가 두 번째라는 사실을 알고 있어." 만일 이 간단한 방법이 효과가 없거든 그때 가족을 세워보자고 했다.

2주 후 마리아가 다시 나를 찾아왔다.

"선생님, 이미 해결되었어요."

처음에 마리아가 언니와 대화를 하려고 하자, 언니는 비판적인 모습을 보이면서 동생의 말을 못 들은 척했다고 한다. 그러더니 다음날 점심 식사 자리에서 언니인 우르술라가 늘 동생 마리아가 앉곤 하던 엄마 옆자리를 차지하고 앉았다. 그것은 일종의 시험이었다. 마리아는 아무 말 없이 두 번째 자리에 앉았다. 그날 두 자매 사이에 새로운 관계가 시작되었다. 마리아에 따르면, 이후로 언니가 자신을 스포츠 클럽에도 데려가고 어려운 숙제도 도와준다고 한다.

여기서 잠깐 가족체 내에 존재하는 서열의 법칙에 대해서 알아보자. 가족체 안에도 다른 조직체와 마찬가지로 서열이 존재한다. 아버지와 어머니의 자리는 동등하면서 동시에 서열상 약간의 차등을 지닌다. 대개 아버지가 어머니보다 앞자리 혹은 조금 더 높은 자리를 차지하는데, 대부분 가족의 안전과 생계를 위한 경제 활동의 주체가 아버지이기 때문이다. 자녀들 사이에도 태어난 순서에 따라서 서열상의 차등이 생긴다. 먼저 태어난 자녀는 나중에 태어난 아이보다 윗자리를 차지한다.

마리아의 경우, 언니보다 나중에 왔음에도 불구하고 가족 안에서 언니보다 더 높은 자리를 차지하고 있었다. 서열의 법칙의 파괴에 해당되는 이 모습은 마리아가 자신보다 이전 세대에 속한 누군가, 가족 내에서 잊혀졌거나 제외당한 사람과 무의식적인 동일시를 하고 있음을 암시해 준다. 어느 날 나는 마리아의 어머니와 면담을 하면서, 마리아의 어머니가 어렸을 때 손위 언니가 트렉터 사고로 죽었다는 사실을 알게 되었다. 그리고 마리아가 죽은 언니를 꼭 닮았다는 사실도 말이다.

에바

에바는 죽음과 죽어가는 것에 관하여 글을 쓰기 위해 연필을 집어든 첫 번째 학생이었다. 그때까지만 해도 에바는 학교에서 집안일에 관해서는 별다른 말을 한 적이 없었다. 아이는 수줍음을 꽤 많이 탔는데, 근시라서 늘 앞자리에 앉기를 원했다. 에바의 얼굴은 언제나 창백했고, 자주 감기에 걸렸으며, 피부 알레르기로 인한 질환을 가지고 있었다. 이 아이의 내면에는 단순한 즐거움이나 일상 생활의 기쁨이 존재할 만한 공간이 없어 보였다. 나름대로 학업에 열심히 임하긴 했지만, 학교 생활에 그다지 집중하지도 못했다.

에바가 쓴 글을 읽고 난 뒤 나는 그 아이에게 작문에서 언급한 할아버지가 어떤 할아버지를 말하는지 물었다. 에바는 그분이 외할아버지를 가리키며, 에바의 어머니가 열두 살 때 돌아가셨다고 했다. 그 순간 어른들과 함께했던 가족세우기 세션들이 떠올랐다. 그 중에서도 부모 중 한 사람이 어린 시절에 자신의 원래 가족인 부모님(두 분 모두이든 한 분이든)의 죽음을 경험한 사례들이 생각났다. 세션이 진행되는 동안 나중 세대인 자녀들(조부모의 입장에서 보면 손자들)이 부모가 지고 있는 상실감이라는 힘든 짐을 기꺼이 나누어 지고자 하는 모습을 여러 차례 보았다.

에바의 메시지를 통해서 나는 이 아이가 무의식적으로 엄마를 대신해서 할아버지를 위한 애도의 눈물을 흘리고 있음을 직감할 수 있었다. 에바는 단 한 번도 할아버지를 만나본 적이 없었음에도 "나는 결코 그분을 잊지 않을 것이다"라고 글에 적고 있었다.

가족세우기에서 의뢰인의 가족사를 들어보면 무의식적인 애도(에바처럼 무의식적으로 어머니에게 속한 운명의 짐을 대신 지려고 하는 경우)가 자칫 그 중 한 사람의 힘을 약화시키는 경우를 많이 본다. 나는 에바의 여동생에 대해서 생각해 보았다. 에바보다 두 살 아래인 동생은 통통한 볼에 두껍고 윤기 있는 머릿결을 가진 소녀였다. 어느 모로 보나 건강미 넘치는 소녀의 모습 그대로였다. 에바의 어머니 역시 두 딸 중 왜 에바만 유독 약한 체질인지 설명할 길을 찾지 못했다.

에바의 그림은 에바가 천국으로 올라가기를 염원한다는 인상을 주기에 충분했다. 어쩌면 아이는 엄마를 대신해서 죽은 할아버지에게 가려고 하는 것은 아닐까? 나는 에바에게 어머니와 할아버지를 중심으로 한 가족세우기를 해보자고 제안했다. 아이는 이 제안을 흔쾌히 받아들였다.

에바는 아버지와 어머니의 대리인을 같은 선상에 세웠다. 두 사람 사이의 간격은 약 1.5미터쯤 되었다. 여동생은 부모님 사이에 세워졌다. 하지만 에바는 자신의 대리인을 어머니의 대리인 뒤, 그러니까 젊은 나이에 돌아가신 할아버지의 옆자리에 세웠다. 부모의 등 뒤에 아이가 서 있는 경우는 아직까지 우리가 본 적이 없는 상황이었다. 여동생의 대리인이 두 팔을 흔들면서, 부모님이 서로 가까이 서 있어야만 할 것 같은 생각이 든다고 말했다. 그러더니 언니인 에바의 대리인에게는 자기 옆에 서라며 손짓을 했다. 여동생이 가족 내의 중심에 서 있을 뿐만 아니라 감독관 역할을 하고 있음이 명백했다. 내가 이 점을 지적하자 에바가 말했다. "예, 맞아요. 집에서도 똑같아요. 동생은 언제나 누가 뭘 어떻게 해야 하는지 알려주는 역할을 해요."

에바의 대리인은 할아버지 옆자리가 편하다고 말했다. 나는 에바의 대리인을 여동생 옆자리에 옮겨 세웠다. 여동생은 언니가 옆에 있어서 아주 좋다며 언니의 어깨를 감쌌다. 그러자 에바의 대리인이 "그러면 엄마가 너무 슬프잖아요. 제가 다시 할아버지 옆자리로 가야만 해요"라고 말했다. 나는 할아버지의 대리인을 맡고 있는 아이에게 에바의 어머니 옆자리로 옮겨가서 서보라고 요청했다. 그 순간 에바의 어머니로부터 약 1.5미터 떨어진 지점에 서 있던 에바 아버지가 부인 옆으로 자연스럽게 다가왔다. 두 소녀의 얼굴에 행복감이 번져갔다.

내가 에바에게 말했다. "지금 우리가 여기서 보는 그림은 치유의 그림이란다. 아빠와 엄마는 서로 나란히 서 계시고 할아버지는 엄마 옆에 서 계시지? 그리고 너희 두 자매는 부모님을 마주보면서 서 있고 말이야. 할아버지께서는 너에게 아주 많은 힘을 주고 계셔. 네가 너희 가족 안에 함께 머물 수 있도록 하려고 말이야."

에바는 대리인 대신 자신이 치유의 그림 속에 직접 서보고 싶어 했다. 에바가 그렇게 자기 표현을 하자마자 아버지와 어머니의 대리인이 딸을 향해서 두 팔을 활짝 벌렸다. 부모님의 품 안에는 두 딸 모두를 위한 충분한 자리가 있었다. 내가 굳이 제안할 필요도 없이 네 사람은 서로를 부둥켜안았다. 에바의 얼굴이 붉게 달아올랐다. 소녀는 이 모든 상황을 약간 당황스러워하긴 했지만 그럼에도 얼굴에는 기쁨이 가득했다.

나는 아이에게 집에 가거든 방 안에 할아버지 사진을 당분간 걸어놓으라고 제안했다. 그리고 사진을 보면서 수시로 할아버지에게 "할아버지, 지금 천국에 계시지요? 저희는 지금 여기 땅 위에 살고 있어요. 우리 가족에게 힘을 주셔서 고맙습니다"라고 말해보라고 권했다.

다음날 에바의 어머니가 학교로 찾아왔다. 그녀는 에바가 할아버지에 대해서 우리에게 어떤 이야기를 했는지 알고 싶어 했다. 나는 그녀에게 아는 대로 대답을 해준 뒤 에바가 쓴 글을 보여주었다. 딸의 글을 본 어머니가 눈물을 흘리기 시작했다. 그녀는 열두 살 나이에 아버지를 잃는다는 게 딸인 자신에게 얼마나 큰 상실이자 슬픔으로 남아 있었는지 미처 깨닫지 못했다고 말했다.

"하지만 죽은 분들은 편안하세요. 그분들은 우리가 이제 그만 애도하기를 원하세요. 그래야 그분들께서 우리에게 힘을 줄 수 있으니까요." 내 말에 그녀가 울음을 멈추더니 가지고 온 아버지의 사진을 내게 보여주었다.

어쩌면 크리스마스 전에 계획된 '학부모의 밤'에 에바의 아버지가 참석한 것은 그다지 놀랄 일도 아니었다. "저는 이번이 처음입니다." 에바의 아버지가 말했다. "전에는 한 번도 학교에 와본 적이 없어요. 선생님께 그저 감사드릴 따름입니다. 이곳은 정말 멋진 곳이네

Vom Sterben und vom Tod

In der Religion habe ich gehört, Gott bestimmt wann Menschen sterben müssen und wann nicht. Mein Onkel sagt immer, ich möchte fröhlich sterben. Manchmal habe ich Angst vorm Sterben. Aber Gott möchte es so. Unser Leben ist wie ein Kreislauf, es werden Menschen geboren, es sterben Menschen. Mein Opa ist meine Seele und mein Leib. Ich werde ihn nie vergessen.

요. 느낌이 아주 좋아요."

학부모의 밤이 끝난 뒤 그는 나와 다른 몇몇 학부모들에게 맥주를 대접하고 싶다며 뒤풀이 자리에 초대했다. 그 초대는 나에게 더할 나위 없는 영광이었다. 모두가 음식점에 자리를 잡고 앉자, 그는 지난 몇 주 동안 에바가 다른 때에 비해서 더 자주 아빠를 찾았다며 이 점이 그를 몹시 행복하게 만들어주었다고 말했다.

죽음 그리고 죽어가는 것에 관하여
종교 수업 시간에 나는 사람들이 언제 죽어야 하고 죽지 않아도 되는지 결정하는 건 신이라는 말을 들었다. 우리 삼촌은 언제나 내가 행복한 죽음을 맞이해야 한다고 말씀하신다. 가끔씩 나는 죽는 게 무섭다. 하지만 신이 원하는 바를 따를 수밖에 없다. 우리의 생명은 바퀴와 같다. 사람들은 태어나고 또 죽는다. 우리 할아버지는 나의 영혼이자 나의 몸이다. 나는 결코 할아버지를 잊지 않을 것이다.

스베츠다나

스베츠다나는 급우들보다 한 살이 더 많은 여학생이다. 소녀의 가족은 코소보에서 온 피난민이었다. 이들은 여섯 명이나 되는 식구가 겨우 방 하나에 모여 살고 있었다. 독일로 오고 난 뒤 스베츠다나의 아버지는 병을 얻어 몸져눕는 바람에 일을 할 수 없었다. 결국 어머니가 가장으로서의 짐을 모두 짊어져야만 했다. 그러다 보니 집안일은 스베츠다나의 몫이 되었다. 이 아이의 학업 성적이 썩 좋지 않은 것도 충분히 이해가 갔다. 아이는 수업 시간에 몽상에 빠지기 일쑤였다. 이

Vom Sterben und vom Tod 26.11.9...

Ich wünsche mir wenn ich sterbe, dass
ich noch einmal die Menschen sehen kann
die mich kennen und lieben.
Ich will noch einmal nach **Kosovo** fliegen um dort
meine Freunde und meine Familie zu sehen.

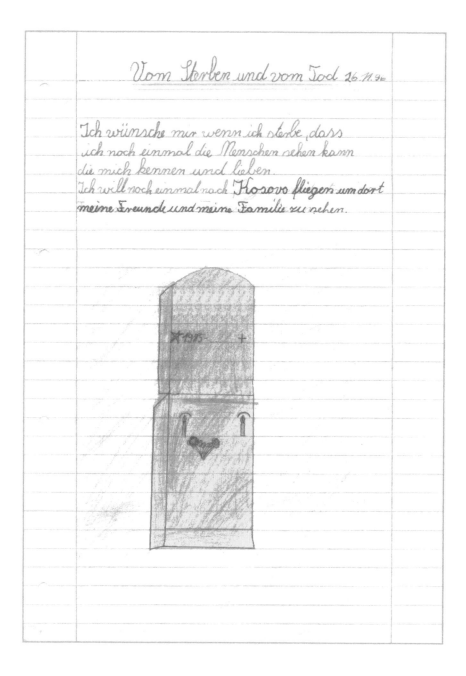

해력도 떨어졌다. 성품이 온순하고 상냥하긴 했지만, 아이의 눈가에는 늘 슬픔과 어두운 그림자가 드리워져 있었다.

소녀의 짧은 작문은 이러한 가족 상황을 잘 반영하고 있었다. 다른 피난민 아이들처럼 스베츠다나에게도 고향을 잃은 깊은 슬픔이 서려 있었다. 물론 고향에서 탈출한 부모는 힘든 현실로부터 벗어날 수 있었던 행운에 감사하며 새로운 일거리를 찾아 돈을 벌 희망에 부풀어 있을지는 모르지만 말이다. 대개 피난민 아이들은 고향을 잃은 상실감과 향수병으로 학교 생활이 부진하고 우울증을 겪기도 한다. 나는 과거 동독 출신의 피난민 아이들에게서 이런 모습을 본 적이 있었다. 그것은 모국을 떠났다는 사실에 대해 그에 합당한 값을 지불하려는 무의식적인 보상 욕구였다. 고향을 떠난 것이 자의에 의한 것이든 타의에 의한 것이든 무관하게 말이다.

스베츠다나를 비롯해 피난민 가정의 아이들을 다루면서 나는 그들이 모국과 잃어버린 모든 것을 향해 어떤 말을 해야 하는지에 중점을 맞추어 작업을 했다. 그렇게 해야 이 아이들이 가슴속에 맺혀 있는 슬픔을 직접적으로 만날 수 있고, 마침내 종료할 수 있기 때문이다. 많은 경우 이 과정을 통해서 삶 속에서 기쁨을 재발견하는 방법까지 익히게 된다.

죽음 그리고 죽어가는 것에 관하여, 1996년 11월 26일
내가 죽게 되거든, 나를 알고 있고 나를 사랑하는 사람들을 다시 만날 수 있었으면 좋겠다. 나는 언젠가 코소보로 다시 날아가고 싶다. 그곳에서 친구들과 가족을 다시 만나고 싶다.

에브루

시간이 지날수록 에브루는 나에게 이해하기 어려운 아이가 되어 갔다. 이 소녀는 이란 출신으로 5남매 중 셋째였다. 우리가 가족 게임을 할 때마다 에브루는 불행한 여성이나 아이의 대리인으로 선택되곤 했다. 차츰 다른 아이들도 이에 대해 의구심을 갖기 시작했다. 과연 이게 무슨 의미일까? 소녀의 가족 상황과 특별한 연관성을 가지고 있는지 어떤지 알 수는 없지만, 나는 아이들에게 이 부분에 대해서 더 이상 생각하지 말자고 당부했다.

이 외에도 고자질과 험담 등 에브루와 관련된 뒷소문이 무수히 많았다. 에브루가 쓴 글을 읽고 나서야 나는 그 아이에 대해서 조금 더 이해할 수 있었다. 작문 공책 속에 자신의 무덤을 그려 넣은 아이. 내 가슴이 먹먹해졌다. 아이가 자라온 무슬림 양육 환경은 소녀로 하여금 집안일을 밖에서 이야기해서는 안 된다는 강한 금기를 심어주었다. 아이가 마음속에 떠오른 대로 잡다하게 써놓은 이야기를 읽은 뒤에야 나는 아이가 감당해야 할 엄청난 압박감에 대해서 이해할 수 있었다.

상황은 이랬다. 아이가 아무리 애를 써서 뭔가를 해도 결코 부모님을 기쁘게 해줄 수 없다는 부담감이 소녀의 가슴을 짓누르고 있었다. 에브루의 아버지는 나와 이미 면담을 한 적이 있었다. 그는 나에게 아이를 엄격하게 대해달라는 요청을 했다. 그는 딸이 졸업 후에 반드시 김나지움에 입학할 수 있어야 한다고 강조했다. 이 외에 다른 것은 그에게 중요하지 않았다.

하지만 에브루는 독일어 실력이 좋지 않았다. 그럴 수밖에 없는 것이 방과 후 종일 집에서 생활해야 하는 아이가 잘 쓸 수 있는 언어는

Vom Sterben und vom Tod

Mein Wunsch ist, dass ich schneller sterbe. Davor will ich aber ein ganz nettes und ein hilfsbereites Mädchen sein und ein paar Menschen zum Glück bringen. Ich möchte vor meinem Tod ein paar schöne Dinge machen. Ich möchte meiner gestorbenen Oma sagen: „Ich habe dich sehr lieb und denke an dich." Manchmal denke ich, wenn ich sterbe werde ich eine große Strafe bekommen. Ich habe viele schlimme Sachen gemacht und dafür nicht schuldig sein und will ein neuer Mensch werden. Mein größer Wunsch ist, in das Gymnasium zu gehen. Damit mache ich mir und meiner Mutter und der ganzen Familie eine Freude. Meine Mutter sagt: „Bevor ich sterbe soll ich ins Gymnasium gehen." Das ist für sie und für mich eine große Freude. Danach will ich schneller sterben, weil ich wissen will, wie es im Himmel ist.

26.11.96

오직 모국어뿐이었기 때문이다. 주말이 되면 소녀는 코란을 읽는 학교에 가야 했다. 그러니 김나지움 입학 허가를 얻는 데 필요한 독일어 실력을 갖추기란 소녀에게는 완전히 비현실적인 일이었다. 불행히도 이 부분에 대해서 나는 소녀의 아버지와 의견 차이를 좁히지 못했다. 아이가 그린 그림을 통해서 소녀와, 죽음에 대한 강한 욕망 사이의 연관성을 그려볼 수 있었다.

죽음 그리고 죽어가는 것에 관하여

나는 빨리 죽고 싶다. 하지만 죽기 전에 나는 아주 착하고 쓸모 있는 아이가 되고 싶다. 그래서 몇 사람에게 행복을 가져다주고 싶다. 죽음 전에 나는 몇 가지 멋진 일을 해내고 싶다. 우선 이미 돌아가신 할아버지에게 "저는 정말로 할아버지를 사랑해요. 그리고 늘 할아버지를 생각하고 있어요"라고 말씀드리고 싶다. 간혹 나는 죽은 다음에 아주 심한 벌을 받게 될 거라는 두려움을 느낄 때가 있다. 나는 나쁜 짓을 아주 많이 저질렀다. 나는 거기에 대해서 책임을 지고 싶지 않다. 나는 새사람이 되고 싶다. 지금 나에게 가장 큰 소원은 김나지움에 들어가는 것이다. 그래야만 나는 물론 엄마와 가족 전부를 행복하게 만들 수 있기 때문이다. 엄마는 말한다. "내가 죽기 전에 김나지움에 가야 한다." 그렇게만 된다면 나는 정말로 기쁘겠다. 그리고 엄마에게도 큰 기쁨을 줄 것이다. 그런 다음에는 빨리 죽고 싶다. 왜냐하면 나는 천국이 어떤 곳인지 보고 싶기 때문이다.

1996년 11월 26일

부르한

부르한이 공책에 쓴 몇 줄 역시 놀라움을 금하기 어려운 내용이었다. 에브루처럼 이 아이도 공책에 자신의 무덤을 그려 넣었다.

학기 초반부터 부르한의 행동은 비정상적이었다. 소년은 수업이 좋은 분위기에서 원활하게 진행되는 것을 견디지 못했다. 그럴 때마다 아이는 소리를 지르거나 의자를 걷어차곤 했다. 게다가 반 아이들을 폭행하기도 해서 학급 전체가 부르한을 적대적으로 대했고, 이 아이와 대면하는 것 자체를 두려워하게 되었다. 8주가 지난 뒤 교실 분위기는 이러한 행동을 더 이상 간과하기 어려울 정도가 되었다.

부르한과 관련한 아이들의 불평을 종합해 본 결과 이 아이가 실은 상당히 명석하다는 게 분명해졌다. 독일어 실력도 출중했고, 사고 능력은 물론 그에 따른 평가도 아주 뛰어났다. 하지만 아이의 학업 성적은 형편없었다. 나는 아이가 거의 공격적으로 돌변한다고 표현할 만한 상황, 그러니까 평상시에 비해 눈에 띌 만큼 창백한 얼굴로 과잉 행동하는 모습을 보일 때, 도대체 이런 모습 이면에 감춰져 있는 게 무엇인지 가늠조차 할 수가 없었다. 그런 때는 누구도 이 아이를 제지하지 못했다. 이런 일이 벌어질 때면 아이의 앞이마를 덮던 머리카락이 모두 쭈뼛 일어서는 것 같았다. 그리고 매번 이런 상황이 끝나고 나면 아이는 그대로 주저앉아 버리기 일쑤였고, 양손으로 이마를 움켜쥔 채 머리에 끔찍한 통증이 느껴진다며 소리를 질러댔다.

나는 부르한의 아버지에게 면담을 요청했다. 그는 아들의 행동에 대해서 알고 있었고, 몹시 미안해했다. 그러면서 내가 아이를 더 이상 맡지 못하겠다고 해도 이해한다고 말했다. 우리는 소년을 행동 장애를 가진 아이들을 위한 특수 학급으로 옮길 수도 있다는 이야기까지 나누었다. 하지만 어쩐지 이것이 부르한을 위한 올바른 해결책이라고는 생각되지 않았다.

"어쩌면 부르한이 모르고 있는 어떤 비밀이 있는 게 아닐까 하는 생각이 드는데요, 아이가 그걸 알고 나면 문제가 해결될 수도 있겠다는 생각이 드네요." 내가 말했다. 그 순간 나는 내가 한 말에 스스로 놀라고 있었다. 내 말을 듣고 나서 부르한의 아버지는 부인과의 결혼 생활은 원만한 편이라고 대답했다. 나는 학부모의 사적인 일에 간섭할 생각은 없지만, 이 부분이 어쩌면 문제 해결의 열쇠를 찾는 데 도움을 줄 수도 있지 않을까 싶어 묻는다며 질문을 던졌다. "아버님께서 언제 그리고 왜 독일에 오게 되셨는지 알고 싶군요."

부르한의 아버지가 잠깐 생각에 잠기는 듯하더니 다음과 같은 이야기를 들려주었다. 결혼을 하고 5년 뒤, 자신의 형제가 1년 사이에 두 명이나 사망했다고 한다. 한 명은 스물세 살의 남동생으로 간질 발작을 일으켜 죽었고, 다른 한 명은 열여덟 살 된 여동생으로 뇌 동맥류로 죽었다고 했다. "그 일이 일어난 게 15년 전이었지요. 그 사건이 있은 뒤 우리는 독일로 왔습니다." 부르한의 아버지는 이 두 죽음에 대해서 더 이상의 비애를 느끼지 않는다고 말했지만, 그 순간 그의 두 눈은 붉게 충혈되어 있었다. 그들 부부가 독일에 오고 4년 뒤에 부르한이 태어났기 때문에, 부르한은 이 두 죽음에 대해 아는 바가 전혀 없었다. 아니, 아이는 자신에게 젊어서 죽은 고모와 삼촌이 있다는 사실조차 들어본 적이 없었다.

다시 한 번 우리 사이에 침묵이 찾아왔다. 내면 깊은 곳에 숨겨져 있던 감정이 표면으로 드러날 때면 나타나는 그런 침묵 말이다. 그의 가족사를 들은 나는 마치 눈앞에서 불이 환히 켜지는 듯한 느낌이 들었다. 나는 부르한의 아버지에게 이제 모든 게 명료해졌다고 말했다. 그리고 그에게 오늘 두세 시간 정도 일찍 일터에서 나와 아들과 함께 산책을 가보는 게 어떠냐고 제안했다. 내 생각에 산책을 하면서 아이에게 죽은 고모와 삼촌의 이야기를 들려주는 게 좋을 것 같다면서. 그런 다음 이 두 사람의 사진을 사진틀에 넣어 집 안에 걸어두는 게 좋겠다고 말했다.

부르한의 아버지는 이 제안에 상당히 놀라는 눈치였다. 이 두 죽음이 아들의 문제를 해결하는 데 무슨 관련이 있는지 의아하다는 표정이었다. 나는 그에게 더 이상 아무것도 설명하지 않았다. 나는 부르한의 아버지에게 지금 교실로 가서 아이를 데리고 나와도 좋다고 말했다. 부르한에게는 이미 아버지와 면담을 하니까 교실 안에서 나의 신호를 기다리라고 말을 해둔 터였다. 아버지의 얼굴에는 여전히 뭐가 뭔지 모르겠다는 표정이 역력했지만 더 이상 질문을 던지지는 않았다. 그는 순순히 내 제안을 따라주었다.

잠시 후 손을 꼭 잡고 계단을 내려오는 아버지와 아들의 모습을 본 나는 사뭇 놀라고 말았다. 현재 아들이 보이는 문제와 아버지의 원래 가족 안에서 있었던 사건 사이의 연관성에 대해서 구체적인 설명을 해주지 않았음에도 부르한의 손을 잡고 내려오는 아버지의 얼굴에서 환하게 빛이 뿜어져 나오고 있었다. 대개 가족세우기 세션에서 혼돈이 이해로 바뀔 때 의뢰인의 얼굴에서 보게 되는 그런 밝은 빛이었다.

다음날 부르한은 결석을 했다. 그 다음날도 아이는 학교에 나오지 않았다. 단지 아이의 어머니가 내게 전화로 아들이 며칠째 고열에 시달리고 있다고 알려주었을 뿐이었다. 그 다음 주 월요일이 되자 부르한이 교실로 돌아왔다. 좀 야윈 듯한 모습의 소년이 내 책상으로 오더니 제법 힘이 실린 목소리로 아버지가 자신에게 모든 것을 이야기해 주었다고 말했다. 자기가 알지 못하는 고모와 삼촌이 있었는데, 삼촌은 간질병을 가지고 있었다는 것, 두 사람 다 이미 죽었다는 것, 그리고 아버지가 동생들에 대한 추억을 회상하면서 엉엉 울었다는 이야기를 전해주었다. 그리고 그 두 사람의 사진을 찾아냈다는 것도.

"그래, 그럼 이제 모든 게 제자리를 찾은 셈이구나."

내 말을 들은 부르한이 고개를 끄덕이더니 몸을 돌려서 천천히 자기 자리로 걸어가 앉았다. 이 모습을 본 나는 겉으로 표현하지는 않았지만 속으로는 깜짝 놀라고 있었다. 내가 제자리로 돌아가라는 말을 하지 않았는데도 아이가 스스로 알아서 자리로 돌아가 앉은 것은 이번이 처음이었기 때문이다. 이때부터 부르한에게 많은 변화가 일어났다. 3주가 지난 뒤 교실 안 모든 아이들이 이러한 변화에 반응을 보이기 시작했다. 한 소년이 말했다. "부르한이 정말로 바뀌었어요. 제 생각에는 부르한을 혼자 앉아 있지 않게 하는 게 더 좋을 것 같아요."

그때까지만 해도 부르한의 옆자리에 앉고 싶어 하는 아이가 한 명도 없었고, 소년 역시 혼자 앉는 게 편하다고 말하곤 했었다. 그 다음 주가 되자 한 소년이 자발적으로 부르한의 옆자리로 가서 앉았다. 두 사람은 곧 친한 친구가 되었다. 그날 이후 둘은 학교에서 내내 붙어 다녔다. 부르한의 행동만 바뀐 게 아니었다. 성적도 향상되었다. 이내 부르한은 학급에서 가장 우수한 학생 중 한 명이 되었다.

Vom Sterben und vom Tod

26.11.86

Ich glaube, daß ich Himmel Gott eine Tod Frage stellen darf: Ich würde ihn fragen: Wie bist du entstanden? Der Weg zum Himmel muß wahrscheinlich fast das Schönste sein. Wahrscheinlich darf man sich seine Welt wünschen. Als mein Vater mir von seinen verstorbenen Geschwistern erzählt hatte, war es sehr traurig.

그러던 몇 달 뒤 과거 모습의 부르한이 다시 나타났다. 나는 부르한을 가까이 불렀다. 그리고 현재보다 과거의 부르한으로 지내는 게 더 나은 것 같으냐고 물었다. 그런 다음 이미 돌아가신 삼촌과 고모에게 자신의 후퇴한 모습을 말씀드린 뒤 두 분은 이에 대해 어떻게 생각하는지 여쭤보라고 제안했다. 그 순간 아이의 얼굴이 환하게 밝아졌다. 부르한이 말했다. "아빠와 제가 아직 다 끝내지 못한 것 같아요. 아직 더 사진을 걸어두어야 할 것 같네요. 집에 돌아가거든 아빠와 같이 꼭 그렇게 하도록 할게요."

이 대화가 있고 난 뒤 소년과 이 주제로 이야기를 다시 나눈 적은 없었다. 학기가 끝나갈 무렵 그는 우리 반에서 네 번째로 우수한 학생이 되었고, 급우들 모두가 좋아하는 친구가 되었다.

> 죽음 그리고 죽어가는 것에 관하여, 1996년 11월 26일
> 나는 천국에 가게 되면 하느님에게 한 가지 질문을 할 수 있을 거라고 믿고 있다. 나는 하느님에게 이렇게 물어볼 생각이다. 당신은 어떻게 해서 신이 된 건가요? 천국의 모습은 아마 가장 아름다운 모습일 게 틀림없다. 어쩌면 내가 소원하는 대로 나 자신만의 세상을 갖도록 허락해 주실지도 모른다. 우리 아빠가 이미 죽은 남동생과 여동생 이야기를 해주었을 때 나는 너무 슬펐다.

아지자

아지자의 가족은 아프가니스탄에서 온 피난민이다. 소녀는 어머니 그리고 여동생과 함께 독일로 왔다. 아이의 어머니에 따르면 아지

Vom Sterben und vom Tod

Ich will mit meiner Mutter und
mit meinen Geschwistern sterben:
so wie mein Opa, Onkel und meiner
Tante. Manchmal denke ich
darüber nach wenn ich schlafen
will, hab ich Angst und weine
ein bisschen. Wenn ich tot bin,
oder dass jemand mich in meinen
Träumen umbringen will.

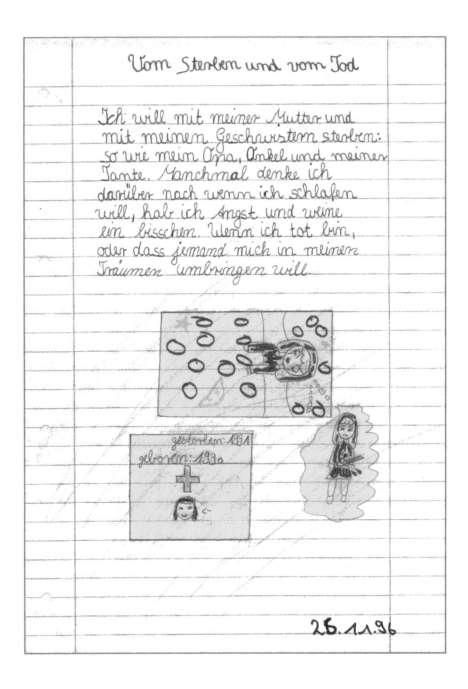

gestorben: 1991

geboren: 1990

26.11.96

자는 페르시안 아프간 어를 구사할 수 있을 뿐만 아니라 아버지의 모국어인 우즈벡 지방의 방언도 사용할 수 있다고 했다. 아이의 아버지는 저항 운동에 참여하다 사망했다. 아지자의 그림을 보면, 아버지의 경험들이 딸의 꿈 속에 반영되고 있을 뿐만 아니라 여러 가지 환상으로 나타나고 있음을 알 수 있다. 아지자는 잠들어 있는 자신을 그려넣은 뒤, 그 옆에다 꿈을 꾸고 있는 모습을 하나 더 그려 넣었다. 꿈 속에서 소녀는 총을 들고 있었다.

아지자는 빠르게 독일어를 익혔다. 하지만 주변에 친한 여자 친구가 한 명도 없었다. 남자 아이들은 이 소녀를 '뛰어난 싸움꾼'이라고 불렀다.

> 죽음 그리고 죽어가는 것에 관하여
>
> 나는 우리 엄마 그리고 우리 오빠들, 언니들과 함께 죽고 싶다. 우리 할아버지, 우리 삼촌 그리고 우리 고모처럼 말이다. 간혹 잠을 자고 싶을 때, 나는 두려움을 느끼면서 조금 울기도 한다. 내가 죽거든, 아니 어쩌면 누군가 내 꿈 속에서 나를 죽이고 싶어 할지도 모른다.
>
> (왼쪽 하단 그림 속의 문구: 사망: 1991년, 출생: 1990년)
>
> 1996년 11월 26일

야신

'성자들의 날' 직전, 보스니아 출신의 야신이라는 소년이 '금요 토론'의 연장선상에서 자신의 가족을 세워보게 되었다. 그 일은 다음과 같은 방식으로 전개되었다.

"우리 엄마는 나를 제일 예뻐해." 야신이 자신 있게 말했다. 열한 살에서 열두 살짜리 스물네 명이 원형으로 앉아 있었다. 그날 토론의 주제는 "에리카에게 조만간 동생이 생기게 될 거야"였다. 우리는 가족 안에서 자녀들의 위치와 형제들 간에 갖는 느낌의 차이점이 어떤 것인지 이야기를 나누고 있었다.

"내가 보여줄게." 야신이 주변을 둘러보더니 급우들 중에서 아버지와 어머니 그리고 형과 자신의 역할을 대신할 대리인을 선택했다. 이미 가족의 대리인 역할을 여러 차례 해본 아이들이라 자신이 무엇을 해야 할지 잘 알고 있었다.

네 명의 가족 구성원이 모두 세워졌다. 어머니의 대리인이 야신의 대리인을 강렬한 눈빛으로 쳐다보았다. 나는 어머니의 대리인에게 남편과 다른 자식도 눈에 들어오느냐고 물어보았다. 처음에 어머니의 대리인은 피식거리며 웃더니 보이지 않는다고 대답했다. 점차 어머니가 응시하는 범위가 확장되더니 야신을 통과하여 다른 누군가를 바라보고 있는 것처럼 보였다.

'어머니는 누구를 보고 있는 걸까?' 나는 스스로에게 물어보았다. 그리고 야신에게 어머니의 가족 중에 죽은 사람이 있느냐고 물어보았다. 그러자 야신이 학급 아이들을 바라보면서 이렇게 말했다. "외삼촌이요. 엄마의 동생인데요, 외삼촌은 죄수들을 위해서 음식이 든 접시를 날랐어요. 수용소는 공터 뒤에 있었는데 외삼촌은 거기서 총에 맞아 죽었어요. 그때 외삼촌은 열아홉 살이었고요." 야신과 어머니가 부엌의 창문을 통해서 외삼촌(어머니의 남동생)이 살해되는 모습을 목격한 것은 소년이 여섯 살 때였다.

야신이 들려준 이야기에 따라 나는 남학생 하나를 어머니의 옆에 세우고 야신의 대리인을 가족이 세워진 영역 밖으로 나오게 했다. 나중에 대리인 대신 야신이 직접 어머니와 삼촌 앞에 자리를 잡고 서게 되었다. 한동안 삼촌을 응시하던 소년은 더 이상 눈물을 참지 못하겠다는 듯 큰소리로 울음을 터뜨렸다. 바닥을 쳐다보면서 아이는 눈물을 훔쳤다.

나는 소년에게 외삼촌을 보면서 "저를 지켜주세요"라는 말을 해보라고 제안했다. 내 생각에 외삼촌이 아무런 보호 장치 없이 야영지를 건너다가 죽었다면, 이 문장이 그 상황에 적합하다고 여겨졌기 때문이었다.

"삼촌, 저를 지켜주세요." 야신이 말했다.

외삼촌을 대신하고 있던 아이가 갑자기 손을 야신의 머리 위에 올려놓더니 이렇게 말했다. "내가 너를 안전하게 지켜줄 거야."

그런 다음 나는 야신에게 어머니 앞으로 가서 서보라고 했다. 그리고 어머니에게 "엄마, 저는 단지 엄마의 자식일 뿐이에요"라고 말해보라고 제안했다. 소년은 이 문장을 세르보-크로아티아어로 말했다. 그의 어머니를 대신하던 소녀가 즉각적으로 두 팔로 아들을 안아주었다. 소녀는 유고슬라비아 출신으로 야신이 한 말을 알아들을 수 있었다. 이 문장은 야신 자신은 물론 어머니에게 상황을 명확하게 인식시키기 위한 목적을 가지고 있었다. 즉 야신의 어머니는 아들인 야신을 볼 때마다 죽은 동생을 보고 있었다. 비극적 환경 속에서 죽임을 당한 동생을 떠나보내지 못한 어머니는 무의식적으로 아들에게서 동생을 찾고 있었던 것이다.

아들의 말을 들은 어머니의 대리인이 갑자기 둘렀던 팔을 얼른 풀었다. 이 행동을 통해서 어머니가 아직도 동생의 죽음을 인정하지 못하고 움켜쥐고 있음을 알 수 있었다. 그리고 이러한 역학은 가족 내에서 아들 야신에 대한 집착으로 드러나고 있었다. 어머니와 아들 두 사람 다 이 상황을 당황스러워했다. 나는 어머니와 아들을 번갈아보면서 이 두 사람을 자세히 관찰했다.

가족세우기가 끝난 뒤 두 아이는 서로 다정한 사이가 되었다. 어머니의 대리인으로 섰던 소녀는 꽤 성숙한 데 비해 야신은 나이보다 키가 작았지만, 둘 사이에는 무언가 새로운 교감이 형성된 듯했다.

그 후 몇 달 동안, 충동적이고 자신감에 넘치던 야신은 불안한 모습을 보이더니 성적도 형편없이 떨어졌다. 무언가 부정적인 일이 내면에서 진행되고 있는 게 틀림없었다. 이 시기 동안 나는 계속 야신의 곁에 머물면서 용기를 잃지 않게 격려하곤 했다.

차츰 야신은 가족 내에서 새롭게 얻은 이 작은 역할(부모님의 둘째 아들이자 형의 동생이라는 자리)을 받아들이기 시작했다. 그리고 다시 몇 달이 흐르면서 아이는 활기를 되찾아갔다. 하지만 예전과는 사뭇 달랐다. 뭐랄까, 비로소 열한 살짜리 소년이 된 것 같았다고나 할까?

아들과 함께 동생의 살해 광경을 목격한 뒤부터 어머니는 아들을 볼 때마다 죽은 동생을 보게 되었다. 설사 이러한 무의식적 실재성에 대해서 알지 못한다 하더라도, 야신과 어머니에게 일어난 사건과 같은 상황에서 아이가 무의식적으로 가족 내의 제외당한 사람 역할을 대신할 거라는 건 자명한 일이다. 가족세우기에서는 이러한 현상을 '무의식적 동일시'라고 표현한다. 비극적인 환경에서 갑작스러운 죽음을 맞게 된 가족 구성원을 나중 세대 가운데 누군가가 동일시하는 현상으로, 그때부터 이 사람은 더 이상 자기 자신으로만 온전히 존재할 수 없게 된다. 마치 한꺼번에 두 사람 몫의 인생을 살게 되는 것과 같다. 혹은 무의식 속에 두 개의 주민증이 생기기라도 한 것처럼, 그는 내적 정체성의 혼돈에 빠지게 된다.

특히나 그가 동일시하고 있는 사람이 가족체 내에서 자신보다 서열이 더 높은 사람인 까닭에, 자녀는 이제 몇 계단을 훌쩍 뛰어넘어 승진한 사람처럼 형제들과의 관계에서도 강한 우월감을 나타내게 된다. 마치 '공기로 가득 채워진 것처럼' 그는 실제의 자신보다 훨씬 더 큰 사람인 양 살아가게 되는 것이다.

자녀가 동일시에서 벗어나 본래의 자기 자리로 돌아오도록 하기 위해서는 그에 합당한 의식 절차를 거쳐야 한다. 가장 먼저 가족 안에서 제외당한 사람을 가족 내에 포함시켜야 한다. 야신의 세션을 보면, 어머니가 바라보는 곳이자 둘째아들인 야신이 서 있던 자리는 어머니의 남동생이 서 있어야 할 자리였다. 야신이 본래의 자리로 돌아가도록 하기 위해서는 "지금 이 아이가 누구를 대신하고 있는가?" 혹은 "가족 안에서 제외당한 사람이 누구인가?"를 찾아내야만 한다. 그런 다음 그 사람을 가족의 장으로 들어오게 해 그를 포함시켜야 한다.

그리고 가족세우기의 장을 빌려 동일시를 하고 있는 자녀로 하여금 동일시의 대상이 되고 있는 이전 세대와 마주보게 한다. 서로의 눈을 마주보는 동안 "그와 내가 하나가 아니라 둘이다"라는 메시지가 자녀의 무의식에 전달되면서 자녀는 이제 본래의 크기로 줄어들게 된다. 즉 자기 자신에게 적합한 자리로 돌아오게 되는 것이다. 야신의

Vom Sterben und vom Tod

Wenn ich manchmal im Bett liege,
denke ich über das Sterben nach.
Manchmal hab ich auch Angst und
denke, dass ich auf eine neue Welt komme.
Ich wünsche mir, dass ich sehr reich und
sehr glücklich werde.

Es tut mir sehr leid, daß der Bruder
von meiner Mutter im Krieg gestorben
ist. Ich wünsche mir, dass du mich schützt.

26.11.96

경우 어머니의 동생이 아니라 아들, 그 중에서도 둘째아들의 자리로 돌아오게 된다.

죽음 그리고 죽어가는 것에 관하여
침대에 누워 있을 때, 나는 가끔씩 죽음에 대해서 생각하게 된다. 때로 두렵기도 하고 때로는 새로운 세계 안으로 입장하게 될 거라는 생각도 든다. 나는 아주 부유한 사람이 되어 정말로 행복하게 살았으면 좋겠다. 나는 엄마의 남동생이 전쟁에서 죽었다는 게 너무나 안타깝다. 나는 삼촌이 저를 안전하게 지켜줬으면 좋겠어요. 나는 부유하다.

1996년 11월 26일

나는 아주 신중한 태도로 아이들의 작문을 대했다. 나는 아이들에게 글을 읽으면서 얼마나 기뻤는지 모른다고 말했다. 그런 다음 전쟁이나 질병, 사고로 젊은 나이에 죽은 가족 구성원을 위한 애도가 필요한 아이들이 누구이며 그 가족이 어떻게 그 일을 극복했는지 이야기를 나누었다. 뒤이어 나는 아이들에게 전쟁이나 사고 등으로 갑작스럽게 생명을 잃은 가족 구성원 뒤에는 커다란 공백이 남게 된다고 말했다. "간혹 가족 내의 다른 사람이 이 공백을 채우려는 시도를 하게 되는데, 이러한 무의식적 시도를 하는 사람은 자신이 마치 이미 죽은 그 사람인 것 같은 느낌을 갖게 돼."

이는 아이들로서는 상상하기 어려운 내용이었다. 오직 한 아이만이 그 말에 공감을 표현한다는 의미로 고개를 끄덕였는데 바로 야신이었다. 우리는 또한 애도에는 몇 단계가 존재하는데 어른들 가운데는 결국 그 마지막 단계까지 도달하지 못하고 끝나는 경우가 많다는 이야기도 했다. 마지막 단계에 도달한 사람은 마침내 애도를 마무리 짓고 죽은 사람들이 편히 쉴 수 있도록 그들을 떠나보내며, 이로써 그와 자신을 동일시하던 사람도 다시 웃는 법을 배우고 자신의 삶을 살아가기 시작한다고 덧붙였다.

이어서 아이들은 부모님이 일가친지의 죽음에 대해서 어떤 식으로 대응했는지 이야기를 나누었다. 아이들의 말을 종합해 보면, 부모 중에는 죽은 사람에 대한 이야기를 종종 꺼내는 분도 있고, 자신들 가슴속에 그들의 이미지를 간직한 채 살아가는 분도 있으며, 그들에 대해서 언급하기 꺼리는 분도 있었다.

죽은 일가친지 이야기가 나올 때 가족 안에 어떤 분위기가 만들어지는지에 대해서도 우리는 이야기를 나누었다. 켐이라는 이름의 남학생은 전쟁터에서 죽은 외삼촌 이야기를 꺼냈다. 나는 아이에게 집에 돌아가거든 "오늘 학교에서 케난 삼촌 이야기를 했어요"라고 자연스럽게 삼촌 이야기를 꺼내보는 것도 좋겠다고 제안했다.

다음날 소년은 전날 저녁 식사 때 내가 제안한 대로 학교에서 외삼촌 이야기를 나누었다는 말을 꺼냈고, 그 순간 식구들 모두가 충격을 받았다고 전했다. 어머니는 그 자리에서 울음을 터뜨리고 말았단다. 하지만 그 순간이 지난 다음에는 모든 게 쉬워졌다고 한다. 어머니는 아들이 학교에서 자신의 남동생에 대해서 어떤 내용을 말했는지 알고 싶어 했다.

며칠 뒤 켐의 어머니가 학교로 나를 찾아왔다. 그녀는 독일어를 그다지 잘하지 못했다. 그녀는 지갑에서 검정 리본이 둘러쳐진 켐의 외삼촌 사진을 꺼냈다. 사진은 제법 컸다. 나는 그녀에게 그 사진을 점심 시간 때까지만 교실 벽에 걸어두어도 되겠느냐고 물었다. 왜냐하면 이미 학급 내의 모든 아이들이 켐의 외삼촌 이야기를 알고 있기 때문이었다. 어머니는 흔쾌히 고개를 끄덕였다. 우리는 켐의 삼촌 모습이 담긴 사진을 교실 벽에 걸어두었다. 그날 아침은 모든 아이들이 다른 날보다 훨씬 조용하게 오전 시간을 보냈다.

월터

월터는 네 살 때 사고로 아버지를 잃었다. 5학년이 된 월터는 학급에서 가장 말 없는 아이로 통했다. 그러다 6학년 끝 무렵, 마침내 껍질을 깨고 나왔다. 다른 아이들에게 지극히 비판적인 태도를 보이고 친구들과 끊임없이 말다툼을 벌이기 시작했다. 사춘기에 접어들면서 일련의 변화들을 극명하게 보이기 시작한 것이다.

나는 월터의 어머니를 학교로 불러 면담을 했다. 어머니 역시 월터의 변화가 달갑지 않은 듯했다. 그녀가 말했다. "아들에게는 아버지가 필요해요."

나는 어머니에게 혼자서 아들을 키우느라 애쓰신 점에 경의를 표한 뒤, 아이와 아버지의 관계에 관한 내 생각을 털어놓았다. "비록 남편께서 돌아가셨지만, 아들의 가슴속에는 아빠가 그대로 살아있습니다. 그렇게 본다면 부인의 남편은 언제나 가족 안에 함께하고 있다고 말해야겠지요."

그녀는 한참 생각에 잠겨 있더니, 이윽고 남편이 사고로 죽은 뒤로는 월터에게 아버지 이야기를 거의 하지 않았다는 사실을 인정했다. 그렇게 하는 게 아들이 아버지의 부재를 받아들이는 데 도움이 될 거라 여겼기 때문이었다. 아들이 하루라도 빨리 아빠를 잊는 게 좋다고 생각해서, 산소에 갈 때도 월터를 데려가지 않는다고 했다.

월터의 어머니는 나에게 남편 이야기를 하는 것만으로도 안도감이 든다고 말했다. 그녀는 여전히 남편을 떠나보내지 못한 채로 그의 죽음을 슬퍼하고 있었다. 사고 직후에 아들의 존재는 엄마에게 위로가 되었지만, 지금은 매사에 거친 태도로 덤벼드는 탓에 가슴을 짓누르는 짐이 되고 있었다. 그녀는 아들에게 일어나고 있는 변화 앞에서 무력감을 느낄 수밖에 없었다.

나는 월터의 아버지를 두 사람의 삶 속에 포함시켜야 한다고 조언했다. 그리고 아들을 데리고 산소를 찾아가라고 권했다. '아버지 앞에서' 아빠와 엄마가 월터를 얼마나 자랑스러워하는지 말해달라고 요청했다. 비록 아빠가 돌아가셨지만, 월터는 여전히 그리고 영원히 두 사람의 아들이라는 사실도 상기시켜 주어야 한다고 말이다. 덧붙여서, 나는 월터의 아빠가 살아계셨다면 반드시 허락했을 만한 일들을 월터가 할 수 있도록 허용해 주라고 제안했다. 그 순간 그녀의 두 눈이 반짝거리더니 몇 가지 아이디어가 떠오른다고 했다. 월터의 아빠라면 아들이 늦게까지 축구를 하고 들어와도 허락했을 것이며, 컴퓨터도 사주었을 거라고 말했다.

아울러 나는 그녀에게 아들과 어떤 문제로 대화하건 거기에 아빠의 의견을 덧붙이면 좋겠다고 말해주었다. 이런 문구와 함께 말이다. "아빠가 계셨다면, 네가 축구 경기에 이겼다는 사실에 굉장히 기뻐하셨을 거야." "아빠가 계셨다면, 너의 지금 목소리 톤을 좋아하지 않으실 거야.” 남편을 가족의 일상 생활 속에 포함시킴으로써, 아들의 성장 과정에서 필요한 안식처를 아빠와 엄마 사이에 형성할 수 있을 뿐만 아니라 월터의 행동에도 분명한 선을 그을 수 있게 된다. 그러나 월터의 엄마는 내 제안을 받아들이길 주저했다.

그러던 어느 날 월터가 나를 찾아와 엄마와 함께 아빠 산소에 다녀왔다고 했다. 그리고 처음으로 엄마가 아빠에 관해 많은 이야기를 들려주었다며, 변성기로 들어선 월터의 목소리가 아빠의 목소리를 고스란히 닮아간다고 했다는 말을 전할 때는 얼굴에 기쁜 빛이 역력했다. 그 후 몇 달이 지나지 않아서 월터는 안정을 찾아가기 시작했다.

아이들이 교실 안에서 다른 아이들과 맺고 있는 관계는 물론 자기 자신을 대하는 태도를 보면, 부모님 중 한 분의 부재가 가족 사이에서 결핍으로 취급되고 있는지 아니면 일상 생활 속에 포함되고 있는지 단번에 알 수 있다.

한번은 월터가 나를 찾아오더니 아버지의 죽음에 대해서 처음으로 슬픈 감정을 느꼈다는 말을 했다. 그 전에는 내가 ‘죽은 가족에 대한 애도’가 필요하다고 말할 때면 늘 한갓 ‘쓰레기 다발’ 같은 이야기로 생각했다고 덧붙이면서 말이다.

트린

트린은 베트남 가정 출신으로 네 아이 중 둘째아들이다. 소년은 얌전한 성품에 공부도 열심히 했다. 독일어 구사 능력도 그다지 긴 시간이 걸리지 않고 습득했다. 어느 날 소년이 나에게 오더니 스물네 살 된 형 이야기를 했다. 형 역시 독일에서 살았는데 오토바이 사고로 죽었다고 했다. 형의 죽음에 대해 이야기할 때 트린은 온몸이 경직된 채 여전히 충격에서 헤어 나오지 못하는 것처럼 보였다.

몇 주 뒤 나는 트린이 전과 다른 수업 태도를 보이고 있다는 걸 깨달았다. 트린의 행동은 거칠었고, 수업을 자꾸 방해했으며, 과제도 제대로 해오지 않았다. 학급 토론에도 참여하기를 거부했다. 나는 아이에게 뭐가 문제냐고 물어보았다. 소년은 어깨를 들썩이는 것으로 대답을 대신했다. 나는 소년에게 가족과 함께 형의 무덤을 자주 찾아가는지 물었다. 소년은 일요일마다 무덤을 찾아간다고 대답했다. 나는 다음번에 형의 무덤을 찾아가거든, 형에게 자신이 뭘 해야 하는지 물어보라고 했다. 그러면서 형이 죽고 난 지금 모든 게 달라졌기 때문에 자꾸 형의 의견을 묻는 게 좋겠다고 덧붙였다.

다음 주 월요일, 트린이 나를 찾아왔다. 소년은 미소를 띠고 있었다. 아이는 형과 이야기를 나눴는데 형이 말하길, 여태까지 해왔던 것처럼 계속 해나가라는 말을 하더라고 했다. 당연히 며칠 안에 소년은 과거의 제 모습을 되찾았다.

가족 치유 작업은 우리에게 자녀가 무의식적으로 이미 죽은 형제자매의 자리를 대신하려는 경향이 있다는 것을 보여준다. 마치 살아 있는 동생이 이미 죽은 형의 옷을 대신 걸쳐 입은 것처럼 말이다. 예전에 트린과 나누었던 대화에서 나는 형이 불안정하고 말대꾸를 잘했으며 부모님과 잦은 언쟁을 벌였다는 사실을 알고 있었다.

형의 무덤에 찾아가 형에게 앞으로 어떻게 하면 좋겠느냐고 물어봄으로써 트린은 가족 내에, 자신의 가슴속에 형을 위한 자리를 마련할 수 있었다. 비록 형이 죽었지만 가족 안에서 여전히 첫째아들이요

동생을 돌봐주는 형으로서 영원히 남아 있을 것이라는 메시지가 트린의 무의식에 전달됨으로써, 트린은 더 이상 가족 안에서 형을 대신할 필요가 없어졌다. 또한 트린은 형의 도움이나 힘이 필요할 때마다 형과 만날 수 있게 되었다. 이제 소년에게 형은 가족 안에 그리고 자신의 가슴 한가운데 살게 되었기 때문이다.

게하드

이 시점에서 나는 게하드의 이야기를 해야만 할 것 같다. 게하드의 사례가 형제 중 누군가가 사망하더라도 살아있는 이들과 여전히 연결되어 있음을 잘 보여주기 때문이다. 게하드와의 작업은 열네 살에서 스무 살 사이의 젊은이들과 함께했던 '자기 경험 그룹' 안에서 진행되었다.

당시 열일곱 살이던 게하드는 꽤 감성적이고 다정다감한 젊은이처럼 보였다. 그는 뭔지 모르게 정체되어 있는 것 같다는 느낌을 모임에서 여러 차례 표현한 바 있었다. 이러한 상황은 특히 게하드의 학업과 장래 설계에서 고스란히 드러났다. 그는 어떤 분야의 직업 훈련 프로그램에 참여할지 결정을 내리지 못한 채 갈팡질팡했다. 그렇다고 대학 진학에 뜻이 확고한 것도 아니었고, 김나지움에 계속 다닐 만한 충분한 에너지도 없어 보였다.

매주 한 번씩 집단 작업을 위해 모였는데 그때마다 게하드는 똑같은 이야기를 늘어놓곤 했다. 여섯 차례의 세션 작업이 진행되고 난 뒤에야 게하드는 자신이 직면해 있는 문제를 직접 다루어볼 용기를 냈다. 그는 자신이 이전에 세웠던 가족세우기를 통해서 한 가지 결론에

도달하게 되었는데, 가족 내의 어떤 사건으로 인해서 그의 삶이 180
도 바뀌게 되었다는 거였다. 그 사건이란 바로 형의 죽음이었다. 형은
네 살 때 자동차 사고로 목숨을 잃었고, 그때 게하드는 두 살이었다.

사고가 일어난 배경은 이랬다. 어느 날 브레이크가 고장 난 버스
가 차선을 벗어나 옆 차선의 게하드네 자동차를 들이받고 말았다. 그
당시 게하드의 아버지가 운전하고 있었고 어머니와 두 아들도 함께
탄 상태였다. 길은 눈으로 뒤덮여 있었다. 일가족 네 명은 즉시 병원
으로 옮겨졌고, 이틀 후에 게하드의 형이 사망했다. 여러 명의 자녀를
둔 아버지이기도 했던 그 버스 운전기사는 자신의 잘못을 인정했다.

오늘, 몇 년 만에 처음으로 게하드는 죽은 형에 대해서 생각해 보
게 되었다고 말했다. 그러면서 어쩌면 이제 형과의 관계를 다루어볼
수 있을 것 같다고 덧붙였다. 나는 게하드에게 이 문제의 핵심 인물인
형의 대리인을 선택하여 세운 다음, 형과의 관계성을 염두에 두고서
자신의 자리를 찾아보라고 말했다. 그는 형의 대리인으로부터 약 1.5
미터 정도 떨어진 곳에서 형 쪽을 바라보고 자리를 잡았다.

나는 형의 대리인과 동생인 게하드에게 서로에 대한 각도와 거리
를 바꾸고 싶은 마음이 들 때까지 충분한 시간을 갖고 느낌을 지켜보
라고 요청했다. 얼마 뒤 두 사람이 서로를 향해서 천천히 움직이기 시
작했다. 마치 배우들이 느린 속도로 움직이는 영화 속의 한 장면을 보
는 것 같았다. 움직임이 완료되기까지 5분이 넘게 걸렸지만, 모임에
참석한 사람 중 누구도 이 움직임이 어느 방향으로 전개될지 예측하
기 어려웠다. 시간이 제법 흐른 뒤 두 사람 사이의 느린 움직임은 포
옹으로 마무리가 되었다. 두 형제는 서로를 부둥켜안은 채 흐느껴 울

기 시작했다. 모임에 참여한 다른 젊은이들도 함께 눈물을 흘렸다. 소리 내 우는 사람도 있었고, 조용히 눈물을 삼키는 사람도 있었다.

잠시 후 나는 게하드의 오른손이 단단한 주먹으로 변하는 모습을 보았다. 그는 움켜쥔 주먹으로 형의 대리인의 등을 누르고 있었다. 이처럼 사랑이 넘치는 포옹 속에서 어떻게 이런 장면이 연출될 수 있단 말인가? 나는 형의 죽음을 유발한 사람에 대한 게하드의 무의식적인 분노가 표면으로 드러난 게 아닐까 의심했다. 당장 게하드에게 버스 기사의 대리인을 세워보게 했다. 그는 버스 기사를 두 사람으로부터 아주 멀리 떨어진 곳에 세웠다. 그런 다음 다시 형의 곁으로 돌아갔다. 이제 게하드의 양 손은 단단한 두 개의 주먹으로 변해 있었다.

나는 게하드에게 누군가의 죽음과 아주 긴밀히 연결되어 있는 사람은 이미 죽은 그 사람과의 연결고리를 유지할 수밖에 없는 운명을 가지고 있다고 말했다. 그리고 이렇게 덧붙였다. "우리 모두는 언젠가 죽음과 만나게 돼. 단지 그 만남의 때가 각자 다를 뿐이야. 설사 그 죽음이 누군가 다른 사람에 의해서 비롯된 것이라 해도, 궁극적으로는 그때가 바로 그 사람이 자신의 죽음을 겪어야 할 때라는 사실을 바꾸어놓지는 못해. 그러니까 우리는 그 사람에게 찾아온 죽음의 때를 존중해야 해. 그래야만 남아 있는 주변 사람들이 편안해져."

이 시점에서 나는 버스 기사의 대리인을 형의 대리인 옆에 세웠다. 게하드도 그 두 사람 앞에 세워졌다. 마치 줄에 연결되기라도 한 것처럼 게하드의 손이 아주 느리게 위쪽으로 움직이기 시작했다. 한참 후 게하드의 손이 버스 기사의 대리인에게 가 닿았다. 두 사람은 아무 말 없이 서로의 눈을 오랫동안 바라보았다.

잠시 후 게하드가 형에게로 가까이 가더니 두 팔로 형을 감싸 안으면서 말했다. "형의 죽음은 나를 너무 슬프게 했어. 하지만 이제 그 때가 바로 형의 죽음이 찾아올 수밖에 없었던 때라는 걸 알겠어. 형, 언제나 내 가슴속에 형에 대한 기억을 담고 있을게. 그리고 형의 몫까지 잘 살게. 형을 위해서라도 행복하게 살아갈게."

그런 다음 게하드는 천천히 두 사람으로부터 멀어졌다. 이제 그는 두 사람을 등 뒤에 남겨둔 채 눈앞에 펼쳐진 자신만의 삶을 향해서 돌아설 수 있게 되었다.

플로리안

플로리안은 너무나 쉽게 마음의 상처를 받았다. 한마디로 예측불허의 소년이었다. 그 아이는 수시로 울음을 터뜨렸고, 또래 아이들 집단의 일원이 되기를 원하지 않았다. 어느 날 나는 옆자리에 앉은 아이가 플로리안의 손을 잡고 놓지 않자 플로리안이 몹시 화를 내는 모습을 보게 되었다. 옆자리에 앉은 아이에 따르면, 플로리안이 자꾸만 만년필로 자신의 눈을 찌르려고 해서 가만히 두고 볼 수가 없어 그 애의 손목을 잡은 거라고 말했다. 플로리안은 소년의 말이 맞긴 하지만, 자신이 왜 그런 행동을 했는지는 설명할 수 없다고 대답했다.

그 일이 있고 일주일쯤 후 체육 선생님이 나를 교무실 한쪽으로 데리고 가더니 플로리안이 체육 수업 후 집으로 가다가 큰길 한복판에 드러누워 버렸다는 말을 전해주었다. 나는 플로리안의 어머니에게 면담을 요청했다. 그리고 플로리안에게 일어난 두 가지 사건을 어머니에게 알려주었다. 그녀는 깜짝 놀랐지만 어떻게 해야 플로리안의 이런 행동을 멈추게 할지는 알지 못했다.

"혹시 가족 중에 아이에게 뭔가 영향을 끼쳤을 만한 사람이 있나요?" 내 물음에 어머니는 자신의 남동생이 목을 매고 자살을 했지만 플로리안이 태어나기 전에 일어난 일이라고 말해주었다. 어머니는 아들이 혹시라도 똑같은 행위를 할까봐 두려워서 아이에게는 삼촌 이야기를 전혀 해주지 않았다고 했다.

"플로리안에게 삼촌 이야기를 해주세요. 삼촌이 스스로 목숨을 끊었다는 사실도 말이에요. 이 사건은 가족의 수치가 아닙니다. 동생분은 절망에 빠져 있었고, 더 이상 살아갈 힘이 없었을 뿐이에요. 그의 고통과 죽음을 플로리안이 알아야만 해요." 그리고 잠시 후 나는 이렇게 덧붙였다. "삼촌 이야기를 듣고 나면 플로리안도 비로소 삼촌의 영향에서 놓여날 거예요."

몇 주 후 나는 플로리안에게 많은 변화가 일어났음을 감지할 수 있었다. 아이는 전보다 훨씬 더 안정되고 개방적으로 보였다. 특히 체육 시간에 다른 소년들과 어울려 함께 시간을 보내는 걸 좋아했다. 몇 달 지나지 않아서 플로리안이 삼촌에 관해 알고 있는 내용을 학급 친구들에게 이야기해 주는 모습을 볼 수 있었다.

 ## 우리는 헤어짐과 이혼의 문화 속에 살고 있다

교직에 머물면서 내가 가르친 아이들을 총망라해서 살펴보면 해마다 부모가 별거나 이혼을 하는 가정이 늘어나는 추세를 보였다. 나는 부모의 별거나 이혼을 감추고 싶어 하는 아이들이 어떤 식의 노력을 하는지 잘 안다. 더 이상 아버지와 함께 살 수 없게 된 아이들이 느끼는 아픔은 사회가 이들에게 붙이는 '불완전한' 가정 출신의 아이라는 이름표 때문에 더욱 가중된다. 또 가족에 대한 신의loyalty로 인해서 이 아이들은 대개 부모의 별거나 이혼에 대해서 입을 다물어버린다. 이러한 현상은 결국 가정과 학교 혹은 친구들 사이의 소통을 막고, 그 결과 또 다른 형태의 분리를 만들어낸다.

나 역시 오랫동안 별거 상태로 살다 나중에 이혼을 했기 때문에 이 '헤어짐의 문화'에 관해 많은 생각을 하게 되었다. 어떻게 하면 이런 상황에서 아이들에게 상처 주는 일 없이 최상의 환경을 만들어줄 수 있을까? 이 문제를 고심해 오던 중 나는 별거나 이혼으로 빚어진 힘든 상황을 학부모와 아이들이 좀 더 편하게 헤쳐 나갔으면 하는 바람으로 '우리의 아이디어와 생각'이라는 내용의 유인물을 만들게 되었다. 그리고 일주일에 한 번씩 진행하던 학급 토론 시간이나 학부모와의 면담 때 그 복사본을 나눠주었다.

1. 가족체는 언제나 완전하다. 부부 사이에서 낭만적인 남녀 관계가 끝났다고 해서 가족체가 붕괴되는 것은 아니다. 부모님은 언제나 부모님으로 남아 있다. 의식적으로도 그렇고 무의식적으로도 그렇다. 네가 살아있는 동안 아버지와 어머니는 여전히 부모로서의 관계를 이어가게 된다. 그리고 자녀인 너는 이 관계의 한 부분이다. 어쩌면 이런 식으로 생각할 수도 있다. 두 분이 더 이상 함께 살지 않는다 하더라도 너에

게는 언제나 완벽한 부모님으로 남아 있을 거라고. 이것은 진실이며, 너를 편안하게 만들어줄 것이다.

2. 모든 자녀는 자신의 아버지와 어머니를 사랑할 권리가 있다. 그리고 아버지 혹은 어머니와 함께 머무르며 두 분으로부터 배울 수 있는 권리를 가지고 있다. 자녀가 어리기 때문에 부모의 도움을 필요로 하는 동안에는 부모가 아이에게 가장 좋은 것이 무엇인지 결정해 준다.

3. 부부 두 사람 사이의 문제는 자녀들이 상관할 바가 아니다. 만일 부모님이 너에게 중재자 역할을 요구하거나 어떤 식으로든 두 분 사이의 문제에 끼어들기를 원할 때, 너는 어머니에게 "엄마를 사랑하는 것처럼 저는 아빠도 사랑해요"라고 말하는 것으로 상황에서 벗어날 수 있다. 혹은 "저는 오직 엄마만을 사랑해요"와 같은 표현을 하지 않는 것만으로 상황이 개선되는 데 도움이 될 수 있다. 네가 나이가 들면, 부모님 두 분의 자녀로 남아 있는 게 얼마나 좋은지 분명히 인식할 수 있을 거다. 그리고 네가 어느 한쪽의 편을 들지 않고 두 분이 부부 사이의 헤어짐이라는 문제를 해결해 나가도록 비켜서 있는 것이 너에게 훨씬 안도감을 준다는 걸 알게 될 거다. 이것이 어쩌면 가장 어려운 일일 수도 있다. 그러나 자녀들이 성장하여 어른이 되면 이런 일이 대부분 가능해진다.

학부모를 위한 밤이나 나와 면담중에 이 글을 읽고 난 뒤 어머니들은 한동안 깊은 생각에 잠기곤 했다. 그들은 자녀들이 부모의 문제로부터 자유로워지기를 원했다. 그럴 때마다 나는 어머니들에게 이렇게 내 생각을 표현했다. "어머니께서 아이를 자유롭게 해줄 수 있는 방법이 있습니다. 예를 들어 저녁 식사 때 가끔씩 아이에게 이렇게 말을 하는 겁니다. '내 앞에 앉아 있는 너를 볼 때면 네 아빠 생각이 절로 나는구나. 건강하고 생기로 가득한 네 모습은 영락없이 네 아빠를 닮았어. 엄마는 너를 이루고 있는 한 부분으로서의 네 아빠를 아직도 사랑한단다'라고 말입니다. 물론 여기서 '비록 네 아빠가 나에게 상처를 주었지만 말이야'와 같은 문장은 넣지 않는 게 더 낫습니다. 사실이 그렇다 하더라도 말입니다."

거기에 덧붙여 자녀들이 표면적으로 어머니 혹은 아버지 편에 선다 하더라도 내면에서는 다른 쪽 부모를 지지하게 된다는 사실을 기억해야 한다고 말했다. 설사 아버지가 술을 많이 마시거나 배우자를 부당하게 대했더라도, 심한 경우 감옥에 갔다 하더라도 이 사실은 바뀌지 않는다. 이러한 역학으로 말미암아 나중에 자녀가 성장해 약자인 부모처럼 되는 경우가 많다. 그 반면에 부모 중 누군가의 편에 서기를 강요받지 않고 두 분을 자유롭게 사랑할 수 있는 환경에서 성장한 자녀들은 스스로의 영역을 넓혀가면서 자신의 삶을 살아간다.

크리스티안

조용한 성격의 크리스티안은 학습에도 매우 열심히 임했다. 학교 수업을 잘 따라갔기 때문에 다들 아이가 6학년을 마치고 나면 당연히 레알슐레 쪽으로 진로를 정할 거라고 믿어 의심치 않았다. 하지만 진학에 필요한 수료증 취득 시험에서 크리스티안은 실패하고 말았다.

이후 아이의 학교 생활은 여러 면에서 곤두박질을 쳤다. 자격 시험을 치르게 하는 것 자체가 시간 낭비로 여겨질 정도였다. 크리스티안은 위기를 맞았다.

크리스티안의 어머니는 활기차고 현실적인 여성이었다. 학교로 나를 찾아온 그녀는 크리스티안 자매를 혼자서 키웠다고 말했다. 애들 아버지는 크리스티안이 네 살 때 가족을 떠나고 없었다. 그는 알코올 중독이었고, '자금 횡령'으로 감옥살이를 하기도 했다. 그때까지 남편은 두 딸의 양육과 관련하여 아무것도 해준 게 없었다.

"두 아이는 아빠와 연락조차 하고 싶어 하질 않아요." 크리스티안의 어머니가 말했다. 나는 왜 크리스티안이 레알슐레 입학에 필요한 수료증 획득에 실패했는지 이유를 알 것 같았다. 이 일은 아버지와의 관계 단절이 외적으로 드러난 결과 중 하나였다. 내가 어머니에게 이 점을 언급하자 그녀는 딸이 아빠 쪽으로 눈길을 두지 못하도록 하기 위해서라면 자신은 어떤 일이라도 다 할 거라고 했다. 남편은 단지 부인인 자신만 실망시킨 게 아니라 두 딸까지 실망시켰다면서 말이다. 그리고 애들이 아버지를 만난다고 해봤자 두 딸에게 최악의 인간으로 비쳐질 게 뻔하다고 쐐기를 박았다.

나는 크리스티안의 어머니에게 그 심정을 충분히 이해할 수 있다는 말로 대화를 마무리 지었다. 학부모와의 면담에서 가족 문제로 논의할 때 가장 중요한 규칙 하나는 그들로 하여금 교사인 내가 그들의 처지를 충분히 이해하고 있다는 걸 알게 한 뒤에 면담을 마쳐야 한다는 것이다. 실제로 나는 그녀의 심정을 충분히 이해할 수 있었고, 그녀의 아픔도 깊이 공감할 수 있었다. 그녀의 논점도 받아들일 만한 것이었다. 면담 도중에 가족체적 질서들(서열의 법칙, 소속의 법칙, 그리고 주기와 받기 사이의 법칙)이 지켜졌을 때 어떤 효과가 있는지 주장하는 것은 적합하지 않은 접근법이었다.

하지만 나는 이 질서들 혹은 법칙들이 다른 방식으로도 가족의 삶에 영향을 끼칠 수 있다는 것을 알고 있었다. 그리고 그 일은 이런 식으로 이루어졌다. 내가 자주 경험하는 현상이기도 한데, 그 자리에 함께 있던 크리스티안이 무의식적으로 어머니와 나 사이에 진행된 대화의 기본적인 물줄기를 흡수한 것이다. 몇 주 뒤 크리스티안이 나에게 아버지를 만나보고 싶다는 뜻을 밝혔다. 게다가 크리스티안의 아버지도 아이 엄마에게 다시 연락을 해와 딸과의 만남을 주선해 주길 원했다.

"엄마는 아빠에게 우리를 만나기 전에 먼저 양육비를 보내야 한다고 말했어요." 크리스티안이 말했다. "하지만 제 생각에는 아빠가 그렇게 할 것 같지 않아요." 말을 마친 소녀의 얼굴이 침울했다. 나는 아이에게 오늘 저녁 잠자리에 들기 전, 문제가 전부 해결되어 모든 게 원만해진 모습을 상상해 보라고 말했다. 설사 그 일이 어떻게 가능한지 알지 못하더라도 말이다. 소녀는 그렇게 하겠다고 하면서 다음날 이 방법이 과연 효과가 있었는지 알려주겠다고 했다.

며칠 뒤 크리스티안이 다시 나를 찾아왔다. 아이에 따르면 아버지가 두 딸을 봄맞이 카니발에 초대했고, 어머니도 허락해 주었다는 것이다. 그 다음 주 월요일, 교실에 들어선 아이의 얼굴에서 광채가 났다. 이전의 크리스티안은 찾아볼 수 없었다. 아이는 아버지가 선물로 주었다는 거대한 생강빵을 가지고 학교에 왔다. 그때 이후 아이는 어머니의 허락을 받고 정기적으로 아버지를 만날 수 있었다.

학기가 끝나갈 무렵, 크리스티안의 성적은 크게 올라 있었다. 학교장의 특별 추천장을 가지고 9월에 다시 시험에 응시해, 결국 원하는 학교에 입학할 수 있었다.

많은 경우, 이혼한 어머니들은 자녀가 부부간의 문제로부터 자유롭기를 원한다고 말한다. 어머니들은 무언가 중대한 결정을 내려야 할 때나 뭔가 특별한 요구가 있을 때 아이들을 아버지에게 보낸다고 했다. 이렇게 하면 아이들의 삶 속에 아버지의 자리가 유지될 수 있을 거라고 생각했다. 내가 이 방법이 썩 좋지 않은 생각이라고 하면 어머니들은 하나같이 놀라움을 금치 못한다. 그렇다면 더 나은 방법은 무엇일까?

나는 어머니가 먼저 아이의 요구에 귀 기울일 필요가 있다고 말한다. 그 내용을 가지고 아이의 아버지와 논의해서 결정을 내린 뒤에, 그 결과를 아이에게 알려주는 것이다. 이렇게 함으로써 아이들은 여전히 부모님으로부터 보호받고 있다는 느낌을 갖게 되며, 부모 중 한 사람과 더 이상 갈등을 되풀이하지 않아도 된다.

별거나 이혼을 한 부부 사이에는 계속해서 긴장감이 존재하게 마련이다. 이 긴장의 영역에 놓여 있는 아이들 역시 그 영향을 받을 수밖에 없다. 아이들을 그 상황에서 벗어나게 해주는 방법은 아주 간단하다. 자녀가 학교에 다니는 동안은 부모가 최소한 1년에 서너 차례 혹은 주기적으로 만나서 대화를 나누는 게 좋다. 둘 사이의 개인적인 갈등은 옆으로 비켜두고, 아이에게 초점을 맞추어 부모로서 도움을 줄 수 있는 부분이 무엇인지 논의를 한다.

내 개인적인 경험으로 보면 헤어진 아버지와 어머니가 만남을 가질 때면 아이들은 독수리처럼 날카로운 눈으로 이 상황을 관찰한다. 그들은 부모가 무슨 이야기를 주고받았는지 세세한 내용까지 알고 싶어 한다. 헤어진 부모가 자녀와 관련된 주제를 가지고 만남을 갖는다는 것은 궁극적으로는 자녀들에게 자신들이 보호받고 있다는 안도감과 안정감을 가져다준다. 자녀가 성인이 될 때까지 부모는 그들의 울타리가 되어주어야 한다. 자녀들의 성장, 외적 성장은 물론 내적 성장을 위해서 무엇보다 중요한 것은 부모가 한 집에서 같이 사느냐의 여부보다 아이의 부모로서 서로를 존중하고 자녀들과 교류의 끈을 놓치지 않고 유지하는 것이다.

물론 우리 학급에도 아버지 쪽에서 아이와의 관계를 잠정적으로 혹은 영원히 끊겠다고 결정한 경우도 있었다. 그런 경우 나는 어머니들에게 볼프강(이 책 57쪽 참조)의 이야기를 들려주곤 했다. 그리고 그들에게 언젠가 때가 되면 아버지와 아이의 관계가 재개될 가능성을 염두에 두고 있어야 한다고 말했다. 관계란 계속해서 변화하는 유기체와 같기 때문이다. 지금 도달한 지점이 반드시 끝을 의미하지는 않는다. 자녀들은 언젠가 아버지와 다시 만날 수 있을 거라는 희망을 결코 버리지 않는다.

그 외에 나는 학부모와의 면담에서 한부모 가정에서 자라는 아이의 어깨 위에 얹혀 있는 어려움, 다시 말해 '아버지의 부재' 혹은 '어머니의 부재' 속에서 성장해야 하는 자녀의 운명에 관해 많은 이야기를 나누었다. 물론 헤어짐의 형태가 어떻든 배우자와의 이별은 어른인 그들에게도 큰 충격을 안겨준다. 하지만 자녀들에게 부모는 그들 존재의 뿌리나 마찬가지이다.

나는 이 부분과 관련하여 학부모들에게 자녀가 지고 가야 할 운명을 애정 어린 눈빛으로 바라봐 주어야 한다고 강조하곤 했다. 그러니까 자신이 배우자와 맺고 있는 부정적인 관계성 때문에 아이에게도 부정적인 태도를 심어주어서는 안 되고, 아이로 하여금 자신만의 방식으로 헤어진 부모와 내적인 관계를 맺을 수 있도록 해주어야 한다는 것이었다. 가능하다면 자신은 중립적인 위치를 유지하는 게 가장 좋다고 덧붙이기도 했다.

물론 부부 사이의 문제가 결국 부모 자녀 간의 단절로 이어진다는 점에서 자녀의 운명에 무의식적으로 개입할 수밖에 없는 부모의 입장에서는, 모든 것을 자녀의 몫으로 남겨둔 채 그저 지켜보기만 한다는 것이 쉬운 일은 아니다. 아이가 겪는 어려움을 바라보면서도 죄책감의 늪에 빠지지 않고 자기 자리에 머물러 있어야 한다는 것은 한부모 가정의 부모가 지고 가야 할 또 하나의 과제인 셈이다.

잘 알려진 부부 치유 전문가 요르크 빌리Jorg Willi는 부모가 갖추어야 할 미덕의 하나로서 '책임 질 수 있는 능력'을 언급한 바 있다. 그것은 한마디로 "자녀들이 자신의 운명대로 잘 살아가도록 바라되, 그들의 운명에 영향을 끼치려 하거나 바꾸려 들어서는 안 된다"는 것이다. 또 그 위에 광택제를 바르려고 해서도 안 된다.

예컨대 어머니의 두 번째 남편은 결코 아이의 친아버지를 대신할 수 없다. 그는 언제나 '아버지 같은 친구'로 남아 있을 뿐이다. 또한 그가 아이의 친아버지의 존재를 인정하면 아이가 그를 받아들이기도 더 쉬워진다. 둘 사이의 관계도 더욱 친밀해질 수 있다. 그 상황에서 어머니가 할 일은 단지 아이들 곁에 서서 사실을 있는 그대로 수긍하며 관계에서의 정직함을 유지하는 것뿐이다.

이 점을 좀 더 강조하기 위해서 가족세우기 워크숍에 참여한 한 의뢰인의 이야기를 옮겨보고자 한다. 이 이야기에 제목을 붙인다면 아마도 '마침내 진실' 정도가 적합할 것 같다.

한 여성 의뢰인이 결혼 생활이 온통 무관심으로 가득하다며 세션을 하고 싶어 했다. 그녀는 이러다 자신이 미쳐버릴지도 모른다는 심각한 두려움에 사로잡혀 있었다. 그녀에 따르면 친어머니가 생후 6개월 된 딸인 자신을 버렸다고 했다. 그때부터 이 여성은 아버지와 살았고 먼 친척뻘 되는 고모가 그녀를 키워주었다. 친어머니는 멀리 떨어진 도시로 가버렸고 단 한 번도 딸을 만나려고 한 적이 없었다. 어렸을 때 주변 사람들로부터 친어머니가 그녀를 사랑했었다는 말을 듣긴 했지만 그녀로서는 믿을 수 없었다.

열여덟 살이 되자 이 여성은 어머니가 어떤 사람인지 알고 싶은 마음에 어머니를 찾아가게 되었다. 놀랍게도 어머니는 지극히 정상적인 사람이었다. 이 자리에서 어머니와 딸은 무언가 사적인 관계를 형성해 보려고 무진 애를 썼다. 하지만 성공하지는 못했다. 딸은 어머니와의 관계 형성을 위해서 두 번 더 만남을 시도했으나 결국 포기하고 말았다.

워크숍에서 이 여성이 하고 싶어 한 유일한 소망은 그저 어머니의 대리인 앞에 서보는 것뿐이었다. 세션이 시작되면서 의뢰인이 어머니의 대리인 앞에 서게 되었다. 그녀는 어머니에게 꼭 묻고 싶은 게 있는데 말해도 되느냐며 내게 허락을 구했다. 나는 그녀에게 원하는 대로 하라고 했다. 그녀가 어머니를 보면서 입을 뗐다.

"왜 저를 버리신 거예요?"

그러자 전혀 망설임 없이 어머니의 대리인이 이렇게 대답했다.

"왜냐하면 나는 네가 싫었거든."

워크숍에 참석해 있던 사람들이 그 순간 긴 한숨을 내쉬었다. 이 냉혹한 진실은 너무도 가혹하게 들렸다. 방 안에 침묵이 흘렀다. 그런데 잠시 후 놀라운 일이 벌어졌다. 어머니와 딸, 두 여성이 서로에게 팔을 뻗어 포옹을 하는 게 아닌가! 의뢰인이 눈물을 훔치면서 흐느낌에 찬 목소리로 말했다. "아, 마침내 진실을 알게 되었어요."

1년 뒤 나는 그녀로부터 편지 한 통을 받았다. 편지에서 그녀는, 현실과 이어진 끈을 놓치게 될 거라는 불안감, 그리고 미쳐버릴지도 모른다는 두려움은 워크숍에서의 대면 이후 완전히 사라졌다고 적었다. 최고의 결과는 그녀가 다시 한 번 어머니를 만나러 갔을 때 나왔다. 그녀가 편지에 쓴 바에 따르면 두 사람은 그때 지극히 단순하고 평범한 만남을 가질 수 있었다고 한다. 편지에 적힌 표현을 옮겨보면 이렇다. "제가 기차에서 내리자마자 어머니가 제게로 왔어요. 그리고 우리 두 사람은 서로에게 두 팔을 두른 채 포옹을 했어요."

요쉬

요쉬는 어머니 그리고 세 명의 이복 형제들과 함께 살고 있었다. 요쉬는 집에 관한 이야기를 거의 하려 들지 않았고 어머니와 아버지에 관한 것도 이따금씩 언급하는 정도였다. 우리가 가족 게임을 시작하게 되면서 요쉬도 자신의 가족을 세워보고 싶어 했다.

"지금 잠깐 동안 저는 제가 아빠에게 속해 있다는 느낌을 가졌어요. 하지만 저는 현재 엄마와 살고 있어요." 요쉬가 말했다. 이 말을 꺼내는 것조차 이 아이에게는 용기가 필요한 일이었음을 우리 모두는 알고 있었다.

아이는 가족을 한 줄로 나란히 세웠다. 우선 어머니를 세운 뒤 그 옆에 두 명의 형을 세웠다. 두 형의 아버지는 거기서 좀 더 떨어진 곳에 세워졌다. 그 다음으로 요쉬는 자신의 대리인을 세웠다. 친아버지는 전체로부터 약 2미터쯤 떨어진 곳에 몸이 60도 정도 돌려진 채 세워졌다. 모든 대리인이 세워지고 나자 요쉬의 아버지의 대리인이 먼저 말을 꺼냈다. "요쉬는 저에게 속해 있어요!" 그러자 요쉬 어머니의 대리인이 팔을 내뻗으면서 말했다. "저는 저 애가 제 옆에 서 있기를 원해요."

이 모습을 지켜보던 요쉬가 고개를 끄덕였다. 아이는 입을 꼭 다문 채 마치 관객이라도 된 듯이 그 상황을 지켜보고 있었다. 나는 요쉬의 대리인에게 어머니와 형들 옆으로 가서 서보라고 제안했다. 거기에 서서 아버지를 향해 "저는 아빠를 사랑해요. 저는 아빠에게 속해 있어요. 그리고 지금 현재는 아직 엄마와 살고 있어요"라고 말해보라고 제안했다.

이 문구는 문제 해결을 위한 문구였다. 요쉬의 대리인이 이렇게 말하고 난 뒤, 나는 다시 어머니를 바라보면서 "엄마, 저는 아빠에게 속해 있어요. 그리고 지금 현재는 아직 엄마와 같이 살고 있어요"라고 말해보라고 했다.

'아직'이라는 표현을 쓴 것은 소년이 언제 아버지에게 가게 될지 정확하게 알 수 없기 때문이었다. 그럼에도 이는 언젠가 소년이 어머니의 영향권을 떠나 남자인 아버지의 세계로 들어서게 될 거라는 사실을 명료하게 만들어주었다. 또한 이렇게 함으로써 아이가 어떤 부모와 얼마나 머물러야 하는가와 같은 문제에서 벗어날 수 있었다.

가족세우기가 끝나고 내가 요쉬에게 말했다. "남자로서 너는 남자들의 세계에 속해 있단다. 너도 남자들 중의 하나야." 그러자 소년이 웃음을 터뜨리면서 두 주먹으로 가슴을 퉁퉁 두드렸다.

그 일이 있고 나서 몇 주 뒤에 요쉬의 어머니가 학교로 나를 찾아왔다. 어머니는 학교에서 가족세우기를 한 사실을 모르고 있었다. 아이가 집에서 아무 말도 하지 않았던 것이다. 그렇지만 면담 자리에서 어머니는 자신이 요쉬에게 얼마나 집착하고 있는지 이야기하기 시작했다. 그래도 괜찮은 건지 모르겠다며 한숨을 내쉬었다. 그녀가 말했다. "사실 아이가 제 아빠와 살고 싶다고 하면, 아이의 요구를 기꺼이 들어줄 마음이 저에게 있는지 잘 모르겠어요." 나는 그녀에게 나 역시 두 아들을 애들 아버지에게 보낼 때 힘들었지만, 모든 면에서 그때가 적합한 때였고 그곳이 적합한 곳이라고 여겼다고 말해주었다.

버트 헬링거는 부모와 자녀의 관계를 설명할 때 간혹 '아버지의 딸'이나 '어머니의 아들'이라는 표현을 쓸 때가 있다. 자녀가 아직 어린 나이일 때는 대개 반대편 성의 부모와 더 친밀한 관계를 형성한다. 딸은 아버지의 영향권에, 아들은 어머니의 영향권에 속하는 것이다. 그러다 자녀가 열두 살 정도가 되면 이 관계가 바뀌어야 한다. 즉 딸은 어머니의 영향권으로 옮겨가고, 아들은 아버지의 영향권으로 옮겨감으로써, 딸은 여자로서 살아가는 데 필요한 힘을 어머니에게서 얻고, 아들은 남자로서 살아가는 데 필요한 힘을 아버지에게서 취해야 한다. 그러니까 아들은 '아버지의 아들'이 되고 딸은 '어머니의 딸'이 되어야 바람직하다.

그렇지 못하고 딸이 여전히 아버지의 영향권에 머물거나 아들이 어머니의 영향권에 남아 있으면, 성인이 된 후 그들이 남녀 관계를 맺을 때 여러 가지 문제를 겪게 된다. 그러므로 아들이 일정한 나이에 이르면 아버지와 긴밀한 관계를 형성하도록 해야 그가 자연스럽게 남자들의 세계에 편입될 수 있다.

앞서 언급한 것처럼 갈수록 이혼 가정의 자녀가 늘면서 나는 한부모 가정의 아이들이 이 문제를 좀 더 쉽고 편하게 받아들일 수 있도록 하기 위해서 한 가지 실습을 고안해 냈다. 즉 부모가 이혼한 가정의 아이들에게 교실 안에서 두 분 부모님을 나란히 세워보도록 하는 기회를 자주 가진 것이다. 설사 두 분이 떨어져 살고 있다 하더라도 아이가 두 분을 자기 앞쪽에 나란히 세워봄으로써 자신이 여전히 아버지와 어머니의 자녀임을 확인할 수 있도록 한 것이다.

"아버지와 어머니가 바로 너희의 뿌리이고 너희는 거기서 자라난 이빨과 같아." 나는 이 표현을 자주 사용했다. 이 실습을 할 때마다 나는 칠판에 두 개의 뿌리를 가진 커다란 이빨을 그려놓곤 했다.

이제 부모님의 대리인을 세우고 난 아이는 그 앞에서 절을 한다. 그리고 다음과 같이 말한다. "저는 두 분이 떨어져 사는 게 상관없다고 생각해요. 비록 제 마음이 아프긴 하지만 말이에요. 저는 언제나 두 분의 자식으로 남아 있을 거예요."

어느 날 한 아이가 부모가 세워진 자리에서 이런 말을 한 적이 있

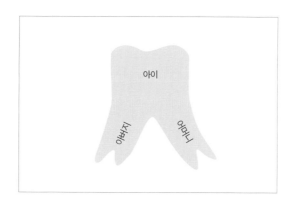

다. "두 분이 헤어진 건 괜찮아요. 이제 두 분이 더 이상 전처럼 자주 싸움을 하진 않을 테니까요. 그리고 저도 전처럼 엄마를 많이 걱정하지 않아도 되잖아요." 아이가 한 말은 진실을 담고 있었다.

절을 함으로써 아이는 부모와 자녀인 자신이 겪은 힘든 상황을 있는 그대로 인정받을 수 있게 된다. 언젠가 한 아이가 "이 절이라고 하는 게 별로 쓸모가 없는 짓인 것 같아요. 그렇지만 절을 하고 나면 기분이 좋아지고 좀 강해진 것 같은 느낌이 들어요"라고 자기 생각을 말한 적이 있다. 이것이 바로 아이들이 자신의 힘든 상황을 해결해 나아가는 방식이다.

 부모 각자의
가치관

부모들은 아이의 교육과 관련해서 배우자와 의견 일치에 도달하기가 힘들다고 말하곤 한다. 무언가 합의에 이르지 못하고 의견 충돌만 거듭하다 결국 대화가 다툼으로 끝나고 그럴 때마다 좌절감을 느낀다는 것이다. 그와 관련해 내가 하는 말은 이렇다. "저는 두 분이 반드시 의견의 일치에 도달해야 할 필요는 없다고 생각해요."

부모들은 그래서야 어떻게 해결책을 찾을 수 있겠느냐는 표정으로 나를 쳐다보곤 한다. 그러면 나는 아이들은 이미 아버지와 어머니 각자가 중요시하는 가치가 무엇인지 정확하게 알고 있다고 말한다. 실제로 부부가 배우자의 가치관에 따르려고 쏟아 붓는 노력이 오히려 둘 사이의 힘겨루기에 기름을 끼얹는 역할을 할 때가 많다. 그 대신 배우자의 가치관을 있는 그대로 인정해 주는 게 무엇보다 중요하다. 우리가 아이들에게 줄 수 있는 가장 중요한 삶의 교훈은 '다른 사람의 가치관을 있는 그대로 인정하고 존중하는 것'이다. 그리고 아이들로 하여금 자신이 아버지와 어머니 두 분의 자녀이며 두 분에 의해서 양육되고 있음을 인식시켜 주는 것이다.

실제로 아이와 관련된 문제를 결정할 때 부모가 차례를 정해 아이에게 방향을 제시해 줄 수 있다면 이보다 더 효과적인 문제 해결법은 없을 것이다. 이 말은 먼저 부부 사이에서 이 문제와 관련해서는 남편의 의견을 기준으로 삼고 저 문제와 관련해서는 부인의 의견을 기준으로 삼는다는 합일이 이루어져야 한다는 뜻이다.

혹은 이런 식으로 접근해 볼 수도 있다. 예컨대 어머니가 아이에게 이렇게 말을 한다. "엄마라면 네가 이 일을 어떤 식으로 해나가길 원하는지 너는 잘 알고 있을 거야. 하지만 오늘은 아빠가 원하는 방식으로 일을 풀어가 보자." 어머니가 자녀에게 이렇게 말할 수 있다면, 아이는 어머니가 아이에게 기대하는 개인적인 생각을 어떤 식으로 내려놓는지 볼 수 있게 될 테고, 이보다 더 훌륭한 가르침은 없을 것이다. 아버지의 경우도 마찬가지이다.

이때 아이들은 부모 사이에서 안전한 느낌, 보호받고 있다는 확신을 얻는다. 아이들은 더 이상 아버지의 원래 가족에서 기인한 가치관을 거부해야 하는 상황을 겪지 않아도 되고, 마찬가지로 어머니의 가치관에서 기인한 요구를 저버릴 일도 발생하지 않는다. 이때 자녀들은 부모 모두에게서 배울 수 있다. 더 이상 자녀들은 부모 중 한 사람의 가치관을 따름으로써 두 분 사이의 관계를 적대적으로 만든다는 함정에 빠질 필요가 없어진다.

이 원칙을 잘 지키면 '부모 역할 훈련' 효과를 볼 수 있다. 즉 자녀 양육과 관련한 두 사람의 의견이 차례대로 반영됨으로써 자신의 생각이 온전히 반영되는 경험을 할 수 있으며, 배우자의 의견이 온전히 반영되도록 하면서 자신의 개인적인 통념을 옆으로 밀쳐두는 법도 배울 수 있다.

물론 자녀의 진학과 관련된 문제처럼 부모 두 사람의 합의가 요구되는 경우도 있다. 또 부부가 별거나 이혼을 하는 상황에서 자녀가 부모 중 어느 쪽과 머무르는 게 더 나은지를 결정할 때도 두 사람의 의견이 동시에 반영되어야 한다. 쉽지는 않겠지만, 부모 훈련이 잘된 부부라면 이런 상황에서도 아이에게 적합한 해결책을 함께 찾아낼 수 있을 것이다.

이처럼 부모 양쪽의 가치관의 차이를 가지고 이야기하다 보면 늘 새로운 방향이 제시되곤 한다. 토론을 마치고 나면 뭔가 제약을 준다고 느끼던 것이 사라지고 좀 더 자유로워진 것 같다고 말하는 부모가 많았다. 토론을 통해서 중요한 가치를 새로 깨달았다는 말도 잊지 않았다. 이 부분과 관련해서 나는 교실에서 아이들과 다음 두 가지 질문을 놓고 토론하는 시간을 자주 갖는다. "우리 아빠가 중요시하는 가치관은 어떤 것이 있는가?" "우리 엄마가 중요시하는 가치관은 어떤 것이 있는가?"

아울러 두 분 모두 중요시하는 가치관이 무엇인지도 빼놓지 않는다. 아이들은 별 어려움 없이 부모님 각자가 중요시하는 가치관을 우선순위에 따라 열거했다. 우리는 토론에서 얻은 내용을 근거로 목록을 만들어보았다. 한 예를 보면 다음과 같다.

아빠

① 저녁 식사를 하는 동안은 잡담을 하지 않는다.

② 엄마의 말씀을 잘 듣는다.

③ 친구가 괴롭힐 때 맞서 싸워야 한다.

④ 학교 수업에 집중한다.

⑤ 운동을 열심히 한다.

⑥ 관심 있는 일이나 취미 생활은 끈기 있게 오래 하는 것이 좋다.

엄마

① 동생들을 잘 돌본다.

② 텔레비전을 너무 많이 보는 건 좋지 않다.

③ 싸움이 되기 전에 먼저 양보하는 게 낫다.

여기에 덧붙여 우리는 '아빠는 허락하지만 엄마는 허락하지 않을 일들'에 관한 목록도 작성해 보았다. 어떤 학급에서는 이런 식의 목록 작성을 숙제로 내주기도 했다. 짐작컨대 이 숙제가 돌 한 개로 두 마리 새를 잡는 역할을 한 가정이 많았으리라. 실제로 학생들이 써온 내용을 봐도 그러한 상황을 짐작해 볼 수 있었다. 과제물을 내던 날 아이들은 부모 간의 시각차를 그처럼 꼼꼼하게 관찰했다는 사실에 아빠와 엄마가 몹시 놀라워하더라고 말했다. 개중에는 이 과제물을 계기로 부모 역할이나 서로 다른 가치관에 관한 논의가 아빠와 엄마 사이에서 벌어진 경우도 있었다.

홀어머니와 사는 아이들, 아버지나 어머니가 사망한 아이들에게는 이러한 목록 작성이 더 중요한 의미를 띠었다. 이 아이들에게 준 과제 가운데는 "우리 아빠 혹은 엄마가 살아계셨다면 내가 어떤 일을 하도록 허락하셨을까?"라는 주제도 있었다. 새아버지와 사는 아이들의 경우는 칸을 세 개로 나누어 목록을 완성하도록 했다. 한 칸은 엄마, 한 칸은 아빠, 나머지 한 칸은 새아버지에 대해 쓰게 했다.

아이들에게 이러한 숙제를 냄으로써 나는, 아버지가 설사 돌아가셨거나 함께 살지 않는다 하더라도 아이는 여전히 아버지의 아이로 남아 있을 수밖에 없다는 사실을 어머니들에게 상기시켜 주고 싶었다. 아이가 어머니의 새로운 배우자를 '아버지'라고 부른다고 해도 친아버지는 오직 한 분뿐임을 새롭게 인식시켜 주고 싶었다.

아이들이 작성한 목록을 보면 아이와 새아버지가 불화를 겪고 있는지 어떤지 금방 알 수 있었다. 그런 경우 나는 어머니와 면담 때 이 자료를 보여주며 아이와 새아버지 사이의 문제를 해결하는 데 도움이 되도록 했다. 친아버지의 존재 그리고 그가 중요시하는 가치는 표면적으로 인식되지 않을 뿐, 아이의 내면에 고스란히 살아남아 있다. 아이의 삶 속에서 우선시되는 가치관은 친아버지에게서 비롯된다고 말할 수 있다.

아이들은 자신들이 언제 어머니보다 아버지의 말에 귀를 기울이게 되는지 알고 있다. 또 언제 어머니의 의견을 따르는 게 나은지 알고 있다. 학부모 면담 시간에 찾아온 부모들에게 나는 가정 내에 존재하는 규칙을 투명하게 유지하는 게 좋다고 조언하곤 했다. 아울러 남편이나 부인이 아이에게 이미 특정 규칙을 적용했는지 아닌지 주의를 기울일 필요가 있다고 당부했다. 아이가 이미 아버지나 어머니가 제안한 규칙을 따르고 있을 경우, 다른 한쪽이 그것에 어긋나는 새로운 임무를 아이에게 준다면, 이는 규칙의 투명성을 떨어뜨릴 뿐만 아니라 자칫 아버지나 어머니가 상대방의 가치관을 존중하지 않는 것으로 아이에게 비칠 것이다. 이와 반대로 부모가 일관된 태도로 규칙을 적용하는 모습을 보이면 아이는 즉각 부모가 상대방의 가치관과 사고방식을 존중하고 있음을 인식한다.

어느 날 나는 남편이 자살한 후 세 아들을 혼자 키우며 힘겹게 살아가는 한 어머니와 면담을 한 적이 있다. 아이들이 사춘기와 청년기로 들어서면서 혼자서 세 아이를 키우기는 더 힘든 일이 되었다. 나는 그녀에게 만약 남편이 살아있다면 세 아들과 어떤 것을 공유했을 것 같은지 물었다. 그러자 그녀는 남편이 있다면 아이들과 컴퓨터를 가지고 함께 재미있는 시간을 보냈을 거라고 대답했다. 그리고 그녀 역시 금요일 밤에는 아이들이 마음껏 컴퓨터를 가지고 놀게 내버려두었을 거라고 덧붙였다. "남편이라면 분명히 그렇게 했을 거예요." 잠깐 틈을 둔 뒤 그녀가 말을 이었다. "하지만 제가 아이들에게 그렇게 하도록 허락하기는 쉽지 않네요."

면담 후 그녀는 천천히 아이들과의 타협 지점을 찾아갔다. 그 다음 면담에서 그녀는 아들 하나가 학교에서 왕따를 당하고 있다고 말했다. 하지만 전과 달리 그 일을 그렇게 심각하게 받아들이지는 않는다고 했다. 아마 남편이 살아있었다면 자신과 똑같이 "괜찮아"라고 말했을 게 틀림없다면서 말이다.

 동료
교사들에게

가족이 세워질 때마다 아이들이 보인 반응은 놀랍기 그지없었다. 내가 내심 머뭇거리면서 던진 문구조차 아이들은 소중하게 받아 안았다. 자기 가족을 비롯해 다른 아이들의 가족이 세워질 때마다 아이들 내면에서는 가족체에 대한 존경심이 커갔다. 이 새로운 시각에 대해 더 많이 알고 싶어 하는 아이들의 열망은 가족체적 접근법이 일군 놀라운 결실이었다. 그리고 상상력을 이용한 심상화의 힘을 실험해 보고 그것을 근거로 다양한 게임을 창조해 보고 싶어 했다.

내가 교실에서의 가족세우기 경험을 책에 담은 이유는 결코 모든 교사가 반드시 이 방법으로 아이들을 교육해야 한다고 설득하기 위해서가 아니다. 교사가 이 접근법을 직접 적용해 보고 싶다면, 먼저 버트 헬링거의 가족세우기 기법과 다른 가족 치료법을 활용한 워크숍에 여러 차례 참여해 보아야 한다. 그리하여 자기 치유 과정을 우선 경험해 볼 필요가 있다. 또 트레이닝 과정에도 참여하고 다양한 실습 경험도 쌓아보아야 한다. 그래야 이 접근법을 적용했을 때 드러나는 방대한 효과를 읽을 수 있는 능력이 생긴다.

내가 책을 통해 개인적인 경험을 나누고자 한 이유는 가족체적 법칙들이 교실 안에서 어떤 식으로 드러나는지 보여주고 싶었기 때문이다. 물론 이러한 법칙들은 학생들을 대상으로 한 교실 안에서의 가족세우기뿐만 아니라 어른들을 대상으로 한 가족세우기 작업에서도 예외 없이 그 모습을 드러낸다.

어찌 보면 교실 안에서 내가 해온 모든 시도는 오직 한 가지 목적을 위한 것이었다고 말할 수 있을 것 같다. 바로 각각의 가족체를 인정하고 존중할 수 있는 이해의 눈을 아이들이 갖게 하는 것이다. 아울러 교실에서의 가족세우기가 아이들 상호간에 존중하는 마음을 키워주고 상대방을 세심히 배려하도록 만들어준다는 점도 빠뜨릴 수 없다. 그뿐 아니라 이는 아이들에게 혼자서 혹은 여럿이 함께 배움의 세계를 향해 나아가는 새로운 기회를 제공한다.

학부모들도 자녀에게서 교실 안에서의 작업에 대해 들으면서 자극을 받고 생각이 바뀌는 경우들이 생겨났다. 이를 통해 그들 자신을 더욱 존중하게 되었다고 말하는 학부모도 있고, 더 이상 아이들에게 폭력적인 가정 환경을 조성하지 않게 되었다고 말하는 학부모도 있었다. 이는 아주 중요한 점이 아닐 수 없다.

3. 조직체적으로
사고하기

조직체적 사고를
교실 안으로 가져오기

하루를 시작하기

시간이 지나면서 나는 학교 생활의 '형태'를 더 중요하게 바라보게 되었다. 특히 하루를 시작하는 시점과 마무리하는 시점을 중요시했다. 수업이 시작되는 시점도 여기에 포함된다. 나 개인적으로는 교무실에서 동료 교사들과 일상적인 대화를 나눌 수 있는 시간을 희생해야 했다. 첫 번째 수업 종이 울리기 25분 전에 교실에 들어가 있으려면 다른 방법이 없었다. 아이들도 얼마 지나지 않아 내가 수업이 시작되기 꽤 전부터 교실에 앉아 있다는 것을 알아차리고, 일찍 교실 안으로 들어오기 시작했다.

나는 교실에 앉아서 아이들이 낸 과제물을 하나하나 세심하게 살폈다. 이때 아이들은 내 책상 주변으로 모여들면서 서로 밀고 당기는 과정을 통해 서로간의 일체감을 경험하기도 했다. 이런 모습은 수업이 시작되기 직전까지 계속되었다. 이 25분 동안 나는 굉장한 집중력을 가지고 아이들이 제출한 과제물을 살펴보았다. 상당한 에너지를 쏟아 과제물을 작성한 아이가 누구이며, 양심에 가책을 느끼고 있는 아이는 누구인지 과제물을 통해 극명하게 알 수 있었다. 이 시간에 나는 과제를 하지 않았다는 사실을 감추려 드는 아이에게 새로운 과제를 내주기도 했다.

아침 8시가 되면 과제와 관련된 논의가 끝나고 모든 아이들은 말

그대로 새롭게 하루를 시작할 수 있었다. 그 시간 이후로는 단 1분도 과제를 해온 아이와 해오지 않은 아이 사이에 구분을 짓지 않았다. 그러니까 수업 종이 울리면 모든 아이는 똑같이, 누구 하나 앞서거나 뒤처지는 일 없이 배움의 영역 안으로 발을 들여놓게 된다는 뜻이다.

몸짓으로 배우기

열한 살에서 열세 살짜리 아이들로 이루어진 교실에서 우리는 수업 시작 전에 먼저 노래를 부르기도 하고 시를 낭송하기도 했다. 그렇게 1년이 지나고 나서 우리는 학교 일과가 시작될 때마다 한 특정한 몸짓이 어떤 효과가 있었는지 이야기했다. 가족 게임에서 경험한 것처럼, 이 몸짓들은 수많은 낱말의 조합보다 훨씬 더 강력한 표현력을 가지고 있었다. 이 몸짓들에는 절과 간단한 감사의 표시 외에 터키와 인도 출신 아이들이 제안한 두 손을 한데 모아 인사하기와 상체를 살짝 굽혀 절하기 등도 들어 있었고, 공손하게 한쪽으로 비켜선 뒤에 동시에 한 손으로 학급 전체를 가리키는 행위도 들어 있었다.

어쨌거나 매일 아침 한두 명의 학생이 모든 아이들을 대신해서 학급 전체를 향해 가벼운 절을 했다. 그때마다 일종의 존경심이 담긴 에너지가 교실 안을 가득 채우는 것을 우리 모두 감지할 수 있었다. 그러면서 우리는 시를 읽었다. 나는 우리가 배우고 있는 시의 제목과 처음 한두 행 정도를 한 아이가 읽어주는 것으로 충분하다고 생각했지만 아이들의 생각은 달랐다. 일단 첫 번째 아이가 낭독을 끝마치면 두 번째 아이가 그 뒤를 이어받아 다음 구절을 낭독했다. 아주 길지 않은 시는 한 주가 끝날 무렵이면 모든 아이가 시 전체를 가슴으로 기억할 수 있게 되었다.

보통 다른 반 아이들은 여타 과목을 익힐 때처럼 끙끙대며 시를 배워야 했다. 우리 반에서처럼 가슴으로 시를 만난다는 건 그 자체로 굉장한 도전거리가 아닐 수 없었다. 이 소문은 이내 학교 전체로 퍼졌다. 가끔 신입생 중에는 우리 반에서 학급 전체에 대고 절을 하면서 시를 배울 수 있다는데 그게 사실이냐고 묻는 아이도 있었다. 그러면 나는 이렇게 대답해 주었다. "당연하지. 네가 직접 와서 보면 알 거야."

새로운 전통 만들기

나는 우리 반에서 새로운 전통을 만들기 시작했다. 매달 1일이면 우리는 그 시기에 맞는 노래를 부르면서 복도를 지나갔다. 우리가 노래를 하면서 지나가면 다른 반 교실 문들이 저절로 열리기도 했고, 교실 안에서 진행되던 쪽지시험이 방해를 받는다고 불평을 듣기도 했다.

우리 반 아이들은 복도의 처음부터 끝까지 교실 문들을 모두 지날 때까지 5분 동안 노래를 불렀다. 그 5분 사이에 다른 반과 우리 반 아이들 사이에서 아주 짧은 만남이 이루어졌고, 무엇을 하고 있든 다른 반 아이들은 우리 반 아이들 때문에 방해를 받았다. 우리는 우리 노래가 다른 반을 깜짝 놀라게 해주기를 바랐다. 다른 반 아이들도 참신한 아이디어를 가지고 나와 학교라는 공동체에서 보낼 하루를 멋지게 장식하는 데 한몫해 주기를 바랐다.

깜짝 만남을 위한 이 아침맞이 놀이가 우리에게는 무척 흥미로운 일이었지만, 다른 반에게는 그렇지가 않았다. 교장선생님은 우리가 이 '작은 여행'을 사전에 아무런 보고도 없이 했다며 나를 질책했다.

"나에게 사전에 알리지 않고 이런 행위를 하는 건 명백히 규칙에 위배되는 일입니다. 선생님의 의도가 좋은 것은 알지만, 내가 이 학교의 결정권자라는 사실을 잊지 않기를 바랍니다." 나는 교장선생님의 말씀이 옳다는 걸 인정했다. 그분은 나에게 이런 말도 한 적이 있었다. "나는 선생님이 여러 면에서 남들과 상당히 다른 생각을 가지고 있다는 걸 압니다. 혹시 무슨 신흥 종교의 신도인가요?"

교장선생님이 지적하고자 한 것은 나의 조직체적 시각에 관한 것이었다. 나는 실제로 가족체를 존중했고, 상황을 한 가지 잣대가 아닌 여러 가지 시각에서 바라보고자 했다. 어찌 되었든 대화가 끝나갈 무렵 교장선생님은 나를 긍정적으로 대해주었다. 내가 자신을 교장선생님으로서 존중하고 있다는 사실을 그분이 알았기 때문이었다.

관점이 변하면 사고도 달라진다

심상화 작업을 통해서 우리는 '학습 능력 부진'을 점차 새로운 시각으로 바라보게 되었다. 이로써 아이들은 공부의 압박감에서 벗어나게 되었고, 실제로 학업 능력이 향상된 모습을 보여주었다.

나는 이 책의 초반부에서 가족 중 누군가가 곁에 있다고 상상하면서 수학 문제를 풀 때와 그렇지 않을 때를 비교해서 이야기한 바 있다. 이 방법은 아이들에게 목적의 전환을 경험하도록 해주었다. 대개 시험이 경쟁심을 유발하고 아이들에게 누가 가장 우수한 학생인가를 확인시켜 주기 위한 수단으로 사용되었다면, 이 연습은 다음과 같은 질문을 던지게 했다. 즉 내가 숫자를 잘 계산할 수 있도록 도움을 줄 수 있는 사람은 누구인가? 이 실험이 수학을 잘 못하는 아이들에게도 도움이 될까?

　나는 아이들에게 부진한 과목에 대해 보충 수업을 받을 수도 있지만, 그보다 먼저 무언가 다른 것을 배울 필요가 있는 것 같다고 말했다. 먼저 아이들은 무언가 새로운 일을 할 수 있게 되었을 때 느끼는 성취감 또는 기쁨이 어떤 것인지 경험해 볼 필요가 있었다. 교실 안에서의 배움 역시 그러한 성취감과 기쁨의 연속선 위에 있어야 한다는 게 나의 생각이었다. 아이들에게 새로운 것을 익히는 기쁨을 알려주기 위해서 나는 우선 '내가 잘할 수 있는 것'이 무엇인지 항목별로 나누어 이야기해 보도록 했다. 축구나 그림 그리기, 색칠하기 등 아이들이 잘할 수 있는 거라면 뭐든 다 해당되었다.

　내가 확신에 찬 목소리로 말했다. "너희가 춤을 출 때나 그림을 그릴 때, 축구를 할 때 더 자주 더 의식적으로 그 순간에 하는 놀이에서 기쁨을 느낄 수 있다면 수학이나 맞춤법도 더 쉽게 익히게 될 거야." 아이들은 내 말이 무슨 뜻인지 즉각 이해했다.

　우리 반 아이 중 한 남학생은 받아쓰기 시험을 몹시 어려워했다. 받아쓰기를 처음 시작할 때는 깔끔하고 크기도 고르게 글자를 써나가다가 갈수록 글자가 작아지면서 끝에 가서는 거의 휘갈겨 쓰다시피 해서 읽기가 불가능할 정도였다. 나는 이 아이에게 다른 친구들처럼 맞춤법에 맞게 잘 쓸 수 있는데 단지 아직 그 방법을 모를 뿐이라고 말해주었다. 만일 같은 크기로 끝까지 글자를 써나갈 수 있다면 맞춤법에서 좋은 점수를 얻게 될 거라는 말도 덧붙였다.

　처음에 아이는 내 말을 받아들이지 않았다. 자기한테 독서 장애가 있다는 사실을 내가 믿지 않는다며 짜증을 냈다. 이전에 아이는 학교의 상담 교사한테 검사를 받고 독서 장애 판정을 받았고, 아이의 할머니는 소년을 난독증 아동을 위한 특수 과정에 집어넣을 생각을 하고 있었다. 나는 소년에게 그렇더라도 글씨를 조금만 더 크게 쓴다면 스스로 문제를 해결할 수 있을지 모른다고 말했다. 글씨를 작게 쓸 때만 난독 증세를 보이니 글씨를 조금만 크게 써보라고 제안했다.

다음 번 받아쓰기 때 아이는 아주 극적인 변화를 보여주었다. 아이는 열 개의 줄이 그어진 종이에 제법 큰 글씨들로 빼곡히 채운 시험지를 제출했다. 시험지를 제출하는 순간까지도 아이는 쓰기를 멈추지 않았다. 틀린 글자 수도 반 평균에서 크게 벗어나지 않았다. 내가 아이에게 "이제부터 받아쓰기 문제 중 몇 문제까지 쓸 것인지는 네가 스스로 결정할 수도 있겠구나"라고 말해주자 아이의 눈에서 광채가 났다. 한 달이 지난 뒤 소년은 다른 아이들처럼 받아쓰기를 해보겠다고 결심했고, 결국 받아쓰기 시험에서 평점 C를 받았다.

이 경험은 "아이들은 자신이 배우고자 하는 것을 해낼 수 있는 능력을 이미 가지고 있다"는 내 믿음을 더욱 깊게 해주었다. 교사는 단지 아이들에게 자신의 능력을 사용할 것인지 아닌지 결정할 수 있는 자유가 바로 아이 자신에게 달려 있다는 느낌을 심어줄 수 있으면 된다. 나는 소년에게 받아쓰기를 더 잘해야 한다고 말하지 않았다. 오히려 아이가 원한다면 잘할 수 있다고 알려주었을 뿐이다.

모국어를 사용하기

독일어 습득을 어려워하는 외국 출신 아이들을 지도하면서도 나는 이와 유사한 경험을 했다. 독일에서는 부모가 독일인이 아닐 경우 아이가 독일 땅에서 태어났다 하더라도 독일 국적을 갖지 못한다. 또 스위스나 다른 유럽 국가들처럼 이중 국적을 허용하지도 않는다. 그러다 보니 여러 세대에 걸쳐 독일에서 거주해 온 많은 사람들이 독일 시민권이 없는 상태로 살아간다. 우리 학교에도 이러한 처지에 있는 이민 2, 3세대 아이들이 많이 있었다.

이 아이들의 가정에서는 독일어가 아닌 모국어가 생활 언어로 사용되고 있었다. 나는 이 아이들의 부모에게 집 안에서 모국어를 쓰더라도 그와 별도로 학교에서 제공하는 모국어 수업에 아이들이 계속 참석할 수 있게 해달라고 당부했다. 비독일계 부모들 중에는 아이들이 모국어인 터키 어나 세르비아 어를 잊고 독일어 습득에만 매진하도록 하는 게 아이의 장래를 위해 더 나은 일이 아니냐고 주장하는 사람이 많았다. 학교에서 제공하는 모국어 수업에 참여하면 오히려 아이에게 좋지 않은 결과가 올 거라는 게 이들의 생각이었다.

나는 오히려 그 반대여야 한다고 생각했다. 어린아이가 경험하는 최초의 친밀감은 모국어를 배우면서 형성된다. 마찬가지로 주변에 대한 인식 능력도 모국어 습득 과정에서 경험된다. 어른들이 외국어를 배울 때처럼 낱말의 뜻을 익히고 난 뒤에 단어를 암기하는 식으로 배우는 것이 아니라, 특정 낱말과 관련된 느낌이나 감정적 경험을 통해서 단어를 습득하는 것이다. 아이의 내면에 느낌의 세계가 형성되어 가면서 언어 사용 능력도 성장해 간다. 그러므로 아이에게 모국어란 곧 어린 시절 내면에 형성된 느낌의 세계를 의미한다.

성장기의 아이에게 모국어를 '잊어버리고' 새로운 언어 체계를 받아들이도록 강요하는 것은, 어린 시절 형성된 익숙한 세계로의 문에 빗장을 지르고 낯선 세계에 익숙해지라고 강요하는 것이다. 이로써 아이들은 자신의 느낌과 감정이라는 내면 세계에 심각한 손상을 입을 수밖에 없다. 또한 아이들의 언어 습득 능력을 마비시켜 결과적으로 유아기적 감정 상태에 고착되도록 하는 부작용을 낳기도 한다. 앞에서 적은 바 있는 아프리카 출신 소년의 이야기가 좋은 예일 것이다.(이 책74쪽 참조)

이러한 사실을 염두에 두고서 나는 아이들에게 급우들 앞에서 세르비아의 동요를 부르게 하거나 터키 동화책을 큰소리로 읽게 했다. 처음에는 아이들이 이 상황을 어려워했다. 아무래도 급우들 앞에서 모국어를 사용한다는 게 부끄럽게 여겨졌던 것 같다. 내가 아이들에게 "크로아티아 어로 엄마에게 오늘 오후에 달리기 연습을 했다는 걸 어떻게 표현하니?"라고 물어볼 때도 마찬가지였다.

그럴 때면 나는 아이들에게 이렇게 말을 했다. "굳이 특별 수업까지 받으면서 독일어를 배우려고 할 필요가 없어. 네가 모국어에서 편안한 기분을 느끼게 되면 독일어는 저절로 익혀질 거야. 어쨌거나 지금까지도 그랬고 앞으로도 너의 첫 번째 언어는 독일어가 아니라 네 모국어잖니?" 그러면서 나는 그 아이들이 2개 국어를 구사하면서 얻게 되는 경험이 부럽다고 말해주었다.

모서리마다 접혀 있는 공책은 이제 그만

공책과 교과서를 깔끔하게 사용하지 못하는 아이가 있었다. 이 아이는 한 달도 못 가 가지고 있는 책이나 공책이 너덜거리곤 했다. 공책도 모서리마다 접히고 찢어져서 마치 안으로 말려 들어간 개의 귀를 연상시켰다. 독일의 학생들은 수업 시간에 만년필을 사용하도록 되어 있다. 이 남학생의 공책은 온통 잉크 자국 범벅이었다. 학교 숙제를 제대로 해오지 않는 건 말할 필요도 없었다.

더 심각한 문제는 아이가 조금이라도 자신을 혼내면 유치할 정도로 강한 반발을 보인다는 거였다. 오랫동안 나는 아무 말도 하지 않고 이 상황을 지켜보려 했다. 하지만 어느 날 결국 내 분통이 터지고 말았다. 급기야 나는 아이의 공책을 내던지며 그 동안 참았던 불만을 한꺼번에 터뜨리고 말았다.

그러나 이 갑작스러운 감정 분출은 뜻밖의 결과를 이끌어냈다. 그 다음날 아침, 소년이 내 책상 앞으로 다가왔다. 천진난만한 표정이 평상시와는 다른 빛을 발하고 있었다. 전날과 전혀 다른 모습이었다. 아이가 내 책상 위에 공책 몇 권을 꺼내놓으면서 말했다. "제 공책들은 더 이상 모서리가 접혀져서 너덜거리지 않아요, 프랑케 선생님." 전날의 사건이 있고 나서 아이는 가위로 너덜거리는 공책의 모서리를 잘라내 말끔하게 정리한 것이다.

어쩌면 모서리마다 접혀 있는 아이의 책과 공책에 대해서 모른 척 넘어가려 했던 내 태도에 대해서, 나는 아이가 스스로 인식할 때까지 충분한 시간을 주고자 하는 담임으로서의 배려라고 여겼는지도 모른다. 아마도 상황을 있는 그대로 직면하려고 하기보다 '배려'라는 이름으로 아이와 정면충돌하는 것을 피하려고 했던 것 같다. 아이에게 일어난 급작스런 변화는 내 입장에서는 더 이상 참기 어려운 감정 분출 사건 후에 발생했다. 그러나 아이에게는 그 일이 담임인 내가 보여준 최초의 관심이자 배려로 보였던 것 같다.

저울을 이용하기

나는 아이들의 가족체 관련 정보에 접근할 수 있는 또 다른 방법으로서, 또 끊임없이 균형을 추구하는 모든 에너지에 대한 인식 능력을 키우는 방법으로서 '저울'을 사용하곤 했다. 저울은 아이들이 교실에서 보이는 특정 행동 패턴을 스스로 평가하도록 해서 상황에 접근해 가도록 돕는 유용한 도구이다.

아이들 중에는 공책이 늘 지저분하고 조잡한 낙서로 가득한 학생이 한 명 있었다. 이 남학생은 숙제를 제대로 해온 적도 거의 없었고, 집에서도 수업 준비를 하지 않았다. 믿음이 가는 구석이라곤 없었다. 그럼에도 수업 때 발표하는 내용을 보면 이 아이가 상당히 명석하다는 걸 알 수 있었다. 어찌 되었든 아이는 무질서한 상태가 좋다고 주장했다. "저는 무질서를 사랑해요, 프랑케 선생님." 아이는 아주 신경질적인 태도로 말하곤 했다.

그러던 어느 날 나는 칠판 한쪽에 이 아이를 위한 '저울'을 마련했다. "좋아." 내가 말했다. "너는 무질서를 원한다고 하지만, 너희 부모님과 선생님은 네가 깔끔하게 정리정돈하는 걸 원해. 여기 저울이 있지? 한쪽에는 혼돈이라고 적혀 있고, 다른 쪽에는 질서라고 적혀 있어. 나는 네가 백 퍼센트 혼돈이나 백 퍼센트 질서 쪽으로 옮겨가본 적이 없다는 걸 알아. 선생님은 네가 앞으로 몇 주 동안 매일 이 저울에다 자기 평가를 해주길 바라."

혼돈 ─────────■─────────질서

그때부터 매일 소년은 두 개의 꼭짓점 사이의 어느 지점에 자신이 있다고 여겨지는지 표시하기 시작했다. 저울에 계속 표시를 해나가면서 아이의 내면에 알아챔의 과정이 진행되었다. 이 과정이 소년에게 두 극점 사이의 어느 쪽에 자신이 놓여 있는지 조용히 그리고 차분하게 생각해 볼 기회를 주었던 것 같다. 소년은 자신이 점을 찍는 위치가 매일매일 달라진다는 사실을 발견했다. 그뿐 아니라 학급이나 집에서 또 친구들과 놀 때 일어난 일들로 인해 점의 위치가 질서 쪽에서 혼돈 쪽으로 더 가까이 가게 된다는 사실을 알게 되었다.

열한 살에 불과하긴 했지만 소년은 엄마가 직장에 출근하지 않아도 되는 주말을 보낸 다음 주에는 자신의 상태가 질서 쪽에 아주 가까워지고, 반대로 주말에 엄마가 출근을 해서 많은 시간을 텔레비전 앞에서 보내거나 길거리를 배회한 뒤에 맞는 주에는 혼돈에 훨씬 가까워진다는 사실을 알 수 있었다. 차분하면서도 지극히 과학적인 접근법을 통해 자신의 행위 패턴을 발견하고 흥미를 느낀 아이는 자신의 반복적인 감정 변화에 대해 깊이 생각하기 시작했다.

학급의 다른 아이들도 여러 가지 주제를 가지고 저울을 활용하기 시작했다. 아이들은 공책에다 저울을 그려 넣은 뒤 매일 자신들의 변화 정도를 점검했다. 우리는 학급 활동의 하나로, 일정 기간에 걸쳐 매일 2, 3분 동안 아이들이 느끼는 특정한 감정(슬프다 ─ 기분이 좋다/ 공부를 하고 싶다 ─ 공부를 하고 싶지 않다/ 싸움을 걸고 싶다 ─ 친구들과 함께 어울리고 싶다 등등)을 저울의 해당 위치에 표시했다. 그리고 금요일 오후 독일어 수업 시간에 우리는 지난 일주일간 저울에 눈금을 표시하면서 알게 된 사항들을 학급 전체와 나누는 시간을 가졌다.

중요하게 여기는 것에 변화가 올 때

교실 안에서 다룬 주제 중에는 가치가 커질 때 어떤 현상이 벌어지는가 하는 이야기도 들어 있었다. 이 주제는 다음과 같은 질문들과 함께 다루어졌다. "용돈이 늘어난다면 어떤 변화가 일어날까?" "아빠가 돈을 더 많이 번다면 어떤 변화가 생길까?" "엄마가 집에 있는 시간이 더 많아진다면 어떤 변화가 생길까?" "아이들 자신이 더 부지런해지거나 게을러진다면 어떤 변화가 일어날까?"

이 놀이의 요점은 어떤 것의 가치가 줄어들거나 커질 때, 또는 사라질 때 일어나는 변화를 아이들로 하여금 알아차리도록 하기 위한 것이었다. 아이들은 용돈이 오르면 굳이 필요하지 않은 일에 돈을 더 쓰게 될 거라면서 전반적으로 돈에 대해 더 많이 생각해 보아야 할 것 같다고 의견을 모았다. 아버지가 돈을 더 많이 버는 경우에 대해서는, 아버지가 그만큼 일을 더 많이 하게 될 테고, 상대적으로 집에 머무는 시간이 줄어들 거라는 결론을 내렸다. 이쯤에서 나는 아이들에게 다음과 같은 질문을 던졌다. "이 상황에 대해서 좋다고 여기는 사람? 이 상황에 대해서 좋지 않다고 여기는 사람?"

아이들은 가족 구성원 중 한 사람에게 일어난 변화가 단지 그 한 사람의 문제로 끝나는 게 아니라 가족 전체의 변화로 이어진다는 점을 깨닫기 시작했다. 각각의 가족 구성원이 분리된 개체들처럼 보이지만 실은 가족체라는 단일체를 구성하고 있으며, 따라서 서로 영향을 주고받는 관계에 놓여 있다는 조직체적 시각에 아이들은 조금씩 접근해 가고 있었다. 우리는 또 가족 구성원 한 사람에게 무언가 긍정적인 변화가 일어난다고 해서 다른 사람들도 모두 그에 대해 행복해

할 거라고 볼 수는 없다고 입을 모았다. 누군가는 그에 대해서 값을 치르게 되고, 때로는 변화의 기쁨을 경험한 사람 자신도 값을 치러야 할 때가 있다는 걸 알았기 때문이다.

크리스티안은 기타를 새로 사서 매일 연습하기 시작했고, 열아홉 살 된 청년한테서 개인 레슨까지 받고 있다고 했다. 이 청년은 크리스티안이 우러러보는 사람으로 밴드에서 연주 활동을 하고 있었다. 한 번은 크리스티안이 기타 연습을 하기 위해 나중으로 미뤄도 좋을 일들의 목록을 작성한 적이 있다. 항목에는 친구들과 노는 시간 줄이기, 운동하고 텔레비전 시청하는 시간 줄이기도 포함되어 있었다. 이처럼 크리스티안은 자기가 좋아하는 일을 하게 되었지만, 그로 인해 본인은 물론 가장 친한 친구들까지도 그 대가를 치러야 했다.

우리 반 아이들이 가장 크게 관심을 보인 주제는 "엄마가 밖에서 일을 해야 해서 집에 있는 시간이 줄어들면 어떻게 될까?" 하는 문제였다. 이 문제에 대해서 아이들은 명백한 결론을 내지 못했다. 하지만 이 문제가 여러 측면을 지니고 있음을 인식하고 있었다. 칠판에 쓴 대답들은 상당히 다양했다. 그 중에는 이런 대답도 있었다. "그렇게 되면 집안 분위기가 더 좋아질 것 같다." "내가 집안일을 더 많이 도와드려야 할 것 같다." "텔레비전을 더 많이 봐도 된다." "엄마가 훨씬 더 행복해질 것 같다." "숙제하라는 엄마의 잔소리를 들을 수 없을 테니 내 책임감이 더 커질 것 같다."

우리는 그 반대의 경우, 즉 "조건이 맞는 일을 찾지 못해서 엄마가 집에 머무는 시간이 더 많아진다면 어떤 변화가 가족에게 일어나게 될까?" 하는 문제를 가지고도 토론을 했다. 아이들은 이 상황 역시 그들 자신과 아버지에게 각각 장점과 단점이 있다는 것을 알아챘다. 토론 시간에 아이들이 칠판에 적는 내용들을 볼 때면 나는 자주 가슴이 뭉클해지곤 했다. 그 내용들은 한결같이 가족적 삶의 여러 단계에 대한 아이들의 놀라운 통찰을 보여주고 있었다.

"내가 텔레비전을 볼 수 있는 시간이 더 많아지면 어떨까?"라는 질문에도 아주 다양한 의견이 나왔다. 그 중에는 "그러면 친구들과 놀 시간이 줄어든다" "더 이상 밖에 나가서 놀고 싶은 마음이 생기지 않을 것 같다" "숙제를 하지 않게 될 거다" "엄마가 더 자주 소리를 지를 게 뻔하다" "형제들과 함께 뭔가를 할 기회를 놓치게 된다" "생활이 엉망이 될 것 같다" 등이 있었다. 그 밖에도 "학교에서 친구들과 나눌 이야깃거리가 더 많아질 것 같다" "다른 사람들에게 더 많은 관심을 갖게 된다" 같은 의견도 있었다.

모빌 만들기

가치의 변화—자발적인 변화이든 외부 영향에 의한 변화이든 무관하게—라는 주제를 가지고 토론하면서 나는 아이들에게 교실에 매달 수 있는 아주 큰 모빌을 함께 만들어보자고 제안했다. 모빌은 아이들을 나타내는 스물두 가지의 상징과 교과목 선생님들을 나타내는 일곱 개의 상징으로 꾸몄고, 크기와 색깔을 달리해 각각이 상징하는 내용을 쉽게 구별할 수 있도록 했다. 아이들은 친구의 나무 막대에 작은 그림을 붙여 서로 우정을 표현하기도 했다. 모빌 만들기를 시작하기 전에 우리는 칠판에 먼저 전체 모빌 그림을 그려보았다. 어떤 선생님의 상징물을 어떤 나무 막대에 붙일지를 결정하는 과정은 아이들에게 몹시 신나는 일이었다.

이 모빌은 다른 어떤 것보다도 아이들의 사랑을 듬뿍 받았다. 아이들은 자신들이 직접 만든 상징물을 손가락으로 살짝 치거나 입으로 불어볼 수 있었다. 그런 뒤 모빌을 이루고 있는 다른 물체들이 어떻게 움직이는지 관찰할 수 있었다. 아이들은 모빌을 좀 세게 치면 거기에 매달려 있는 모든 물체가 영향을 받는다는 것을 알게 되었다. 아이들 상징보다 조금 더 큰 선생님의 상징물이 어떤 식으로 강하게 반응을 보이는지도 볼 수 있었다. 한 부분에서 일어난 변화가 나머지 모빌 전체에 영향을 끼치는 것을 보면서 아이들은 조직체적 시각에 대한 구체적인 인상을 눈으로 직접 확인할 수 있었다.

모빌 작업을 하고 얼마 지나지 않아 나는 조직체적 사건에 대해 정의한 다음과 같은 글을 접하게 되었다. "사람들이 생각하는 방식이나 행위에 변화가 일어나면, 문제 행위를 보인 사람들과 그들이 맺은 관계에도 변화가 일어난다. 이 현상은 차례로 행위 자체에도 영향을 끼치게 된다. 모빌을 보면 그 내용을 쉽게 이해할 수 있다. 한 요소에 가해진 충격 ─ 대개 아주 갑작스럽게 발생하는데 ─ 은 전체 조직체 안에서 관계에 변화를 가져온다."

아이들은 직접적인 경험, 시각적인 인상을 통해서 이와 같은 내용을 이미 이해하고 있었다. 물론 내가 이 내용을 읽어주었다면 아이들은 그게 무슨 의미인지 이해하지 못했을 것이다.

진실의 여러 색깔들

나는 아이들에게 이미 일어난 상황을 우리가 기존에 알고 있는 범

주에 묶기보다 다양한 맥락에 대비시켜 봄으로써 새로운 관점을 얻을 수 있다는 사실을 보여주고자 했다. 마치 주사위의 보이지 않는 다섯 면을 탐구하듯 일상에서 흔히 만나는 사건들을 새로운 시각으로 바라보는 동안 아이들은 상황을 새롭게 인식하고 그 동안 보지 못했던 다른 측면을 찾아내기 시작했다. 관점의 전환이 없었다면 놓치고 말았을 다섯 측면 혹은 그 이상의 측면을 발견함으로써 아이들의 시야가 훨씬 넓어졌음은 두말 할 필요도 없다. 나는 이미 앞에서 이와 관련된 몇 가지 사례를 언급한 바 있다.

시야의 확장은 곧 상황에 대한 평가의 변화로 이어졌고, 이는 다시 진실을 주제로 한 잦은 토론을 이끌어냈다. 이를 통해 아이들은 진실이란 보는 각도가 넓어지거나 바뀜에 따라서도 달라질 수 있고, 어떤 모양의 상자에 집어넣느냐에 따라서도 달라질 수 있으며, 상자의 한 귀퉁이를 잘라내고 천으로 그 위를 덮으면 또다시 달라질 수 있다는 것을 알아갔다.

우리는 일상에서 흔히 일어나는 사건 중 우리가 이미 알고 있는 사례들을 가지고 관점을 전환해서 보는 연습을 했다. 필립의 예를 살펴보자. 집 근처 산등성이에서 썰매를 타던 필립은 그만 썰매를 망가뜨리고 말았다. 이 사건이 있던 날 저녁, 필립은 또래 아이들과 함께 시간을 보내고 싶었다. 친구들과 썰매놀이를 계속하고 싶어서 필립은 썰매를 대신할 폐타이어를 샀고, 그러느라 용돈의 상당액을 지출하게 되었다.

이제 필립은 아버지와 어머니, 친구들에게 이 이야기를 어떤 식으로 전달하게 될까? 아이들이 필립이 되었다고 가정하고 우리는 다양한 대상을 상대로 이 이야기를 전달하는 연습을 했다. 놀라운 것은 듣는 사람이 누구냐에 따라서 정말이지 다양한 버전의 이야기가 쏟아져 나왔다는 사실이다! 이제 나는 아이들에게 몇 가지 질문을 던졌다.

다른 사람에게 썰매 이야기를 할 때 내용 중 일부분을 고의로 빼채 거짓말을 하지는 않았는가? 아니면 중요한 부분은 슬쩍 비켜가고 다른 부분을 강조했는가? 듣는 사람이 누구든 진실이란 언제나 한결같은가? 아니면 듣는 사람에 따라서 바뀌기도 하는가? 진실은 시간이 흐름에 따라서 바뀌는가? 왜 우리는 듣는 사람에 따라서 아주 다른 버전의 진실을 말하게 되는가?

아이들은 내가 던진 질문에 흥미를 느꼈다. 아이들은 장님 나라에서 통용되는 진실과 두 눈 뜨고 다니는 사람들의 나라에서 통용되는 진실이 같을 수 없는 것처럼 진실이란 상황에 따라서 얼마든지 변화할 수 있기 때문에, 반드시 매사를 양심에 비춰 그에 부합해야 한다고 느끼거나 죄책감을 느낄 필요(물론 때에 따라 그럴 때도 있지만!)는 없다는 점을 이해했다. 아이들은 또 친구나 아버지, 어머니 앞에서 잰 체하고 싶은 마음에 진실의 일부만을 말하기도 한다는 사실도 스스로 알아냈다. 그리고 자신과 아버지, 어머니 사이에 형성된 공감대와 친구나 선생님 사이에서 형성된 공감대가 완전히 다르다는 것도 알게 되었다. 이러한 공감대의 차이는 아이들에게 중요하게 여겨졌다. 여학생 하나는 사람에 따라서 공감대가 다양하게 형성되는 것을 두고 '진실의 여러 색깔들'이라고 표현했다.

집단 프로젝트를 시작하다

학기가 진행되는 동안 나는 다양한 방법으로 학급 내에 조직체적인 결속감을 형성하고 향상시키기 위한 작업을 해왔다. 그 반응으로 아이들은 학급 전체가 함께하는 활동에 강한 참여 의식을 보여주었다. 예컨대 담임 교사인 내가 부추기지 않았는데도 일주일에 두 번씩 진행되는 교실 바닥 청소와 교실 환경 미화에 적극적으로 참여했다. 또 집에서 키우던 화분을 교실로 가져왔다가 방학 때면 집으로 되가져가고 학기가 시작되면 다시 가져오는 아이도 있었다.

어느 날 몬테소리 학교 출신의 한 여학생이 급우들에게 집에서 쓰는 물건을 학교로 가져오자는 아이디어를 냈다. 예를 들어 신문에서 오려낸 기사 스크랩물이나 꺾꽂이해 놓은 식물, 좋아하는 그림 등을 가지고 와서 교실을 장식하자는 거였다. 이처럼 아이들 모두가 참여하는 작은 프로젝트들을 제안하고 실행하는 횟수가 늘면서 우리는 곧 제법 큰 프로젝트에 도전해 보자는 결정을 내리게 되었다. 그 첫 번째로 우리는 교과 과정들을 그때그때 미리 예습해 오기로 했다. 나는 앞으로 배울 교과 과정 안내문을 학생들에게 정기적으로 나누어 주고 있었다. 이 프로젝트가 원활히 진행되도록 하기 위해서 나는 아이들이 굳이 공부하지 않아도 되는 내용은 합리적인 범위 안에서 삭제해 아이들이 시간을 좀 더 효율적으로 쓸 수 있도록 배려했다.

한번은 우리 반 아이들이 약물과 관련된 영화를 만든 적이 있었다. 영화를 만들자는 발상은 학교에서 일어난 한 사건에서 비롯되었다. 새로 전학 온 학생이 마약을 넣은 작은 상자를 학교 울타리 밑에 숨겨둔 일이 있었다. 이 소년은 처음에는 그걸 다른 아이들에게 그냥 나누어주다가 나중에는 돈을 받고 팔기 시작했다. 이 일은 결국 발각되었고, 교내에 큰 파장을 일으켰다.

사건이 있고 나서 우리는 여러 종류의 약물과 그 영향, 그리고 약물을 복용한 아이들로 인해 우리가 받는 피해 등을 놓고 토론을 벌였다. 토론이 진행되면서 아이들은 이 주제로 영화를 만들자는 아이디어를 내게 되었고, 그 자리에서 시나리오의 줄거리까지 만들어냈다. 한 학생이 비디오 카메라로 녹화를 하면서 직접 이야기의 도입부를 만들었다. 영화의 길이는 10분 정도로, 다른 반에서 영화를 상영하고 난 뒤 우리 반 아이들은 큰 박수를 받았다.

그 밖에도 우리는 부모님들을 위하여 노래와 시 낭송의 밤을 준비하기도 했다. 그 계절에 맞는 노래와 시 말고도 익살스러운 시도 몇 편 준비했다. 아이들 몇은 팬터마임을 무대 위에서 보여주었고, 포장용 종이를 붙여 만든 거대한 도화지에 그림을 그려 전시하는가 하면, 특이한 의상을 걸치고 무대에 등장하기도 했다. 한 달 뒤 학부모들은 아이들이 직접 손으로 쓰고 제본한 시집을 받았다. 수공예 수업을 담당하는 선생님이 학생들과 함께 아이들 각자의 개성이 담뿍 들어간 멋스러운 책표지를 입혀 제본한 특별 시집이었다.

더 큰 프로젝트로

1990년대 초반, 당시 5학년이던 우리 반에서는 학급 프로젝트의 일환으로 학교 구석구석에서 재활용이 가능한 물건이나 물품을 찾아보자는 의견이 나왔다. 그때까지만 해도 학교는 이런 문제에 별 관심이 없었다. 우리는 학교에서 쓰는 물품 중 유독성 폐기물로 처리할 필요가 있는 것들의 목록을 작성했다. 실제로 이러한 유독성 물품을 지속적으로 사용하는 사람들은 다름 아닌 교사들이었다.

우리는 플라스틱으로 만든 서류철과 케이스, 책과 공책 커버, 유독성 펠트펜, 잉크 카트리지와 액체 잉크 지우개 등의 사용 및 재활용에 관해서 이야기했다. 아이들은 교육청을 찾아가서 초등학교 재학생의 숫자와 하우프트슐레 및 상업 학교, 특수 교육 기관, 직업 교육 학교에 다니는 학생들의 숫자를 파악했다. 그리고 학생들이 만년필용 잉크 카트리지를 매주 몇 개나 쓰는지 조사했다. 거기에 다른 학교들은 빼고 우리 학교의 전체 학생 수를 곱했다. 또 해마다 다 쓴 카트리지를 처분하는 데 어느 정도 공간이 요구되는지도 계산했다. 그 뒤 뮌헨의 모든 학교와 각 학교의 학생 수를 곱하여 다시 계산했다. 그 결과 만년필용 잉크 카트리지 한 종류를 처리하는 데 무려 교실 둘을 합쳐놓은 것보다 더 큰 공간이 필요하다는 계산이 나왔다.

아이들은 재활용이 가능한 물건을 쓰는 것이 왜 중요한지 확실히 깨닫게 되었다. 이제 아이들은 책도 플라스틱 커버가 아니라 일반 포장지로 씌우고 싶어 했다. 공책도 종이로 된 커버를 구해 이미 닳은 플라스틱 커버 대신 씌웠다. 아이들은 재활용 관련 기사를 오려와 모두가 읽을 수 있도록 교실 안에 걸어두기도 했다. 아이들은 또 학교에서 쓰는 플라스틱 물품들이 소각할 수 있는 것인지에도 의문을 가졌다. 당시 학생들 사이에 인기 있던, 유해 성분으로 만들어진 펠트펜과 액체 잉크 지우개에 관해서도 정보들을 찾더니 결국 과거처럼 일반 색연필을 쓰기로 합의했다.

아이들이 제일 어려워한 것은 '잉크 킬러'라고 불리던 액체 잉크 지우개를 사용하지 말자는 문제였다. 모든 아이가 자신의 실수를 인정할 준비가 되어 있는 건 아니었다. 예전에는 액체 지우개로 멋지게 가릴 수 있었던 실수를, 이제는 틀린 글자 위에 줄을 긋고 그 옆에 정답을 다시 적어 넣어야 했다. 색연필을 쓰기 시작하고 얼마 되지 않아서 나는 아이들에게 '잉크 킬러'를 이용해서 실수를 덮는 것보다 실수를 알아볼 수 있도록 그냥 놔두는 게 좋다고 말했다. '잉크 킬러' 사용으로 노트 정리를 말끔히 하고 싶어 하던 아이들도 이번에는 내 제안에 동의했다. 이 일로 아이들은 좀 더 중요한 것을 향해 한 걸음을 떼놓을 수 있었다. 즉 실수를 위장하는 방법으로 깔끔한 공책을 만들기보다 진실을 있는 그대로 받아들이는 게 더 중요하다는 사실을 알게 된 것이다.

아이들 몇 명은 일종의 대표단을 구성해 다른 학급에서 우리가 한 프로젝트에 관해 보고를 하기도 했다. 다른 반 아이들도 우리의 프로젝트에 동참하기를 바라는 마음에서였다. 이와 관련해 교사들 사이에서도 열띤 논쟁이 벌어졌다. 동료 교사들 중 많은 이가 처음 교편을 잡았을 때 겪은 경험들을 떠올리며 얼굴을 찌푸렸다. 틀린 글자들 투성이에 잉크까지 번져 엉망이 된 아이들의 공책과 책이 얼마나 짜증스러웠는지 모른다고 불평했다. 그러면서 자신은 다시 '구석기 시대'로 돌아가고 싶은 마음이 없다고 덧붙였다. 그뿐 아니라 사방에 굴러다니는 몽땅 색연필과 수시로 연필을 깎게 하는 일도 지긋지긋했다며 눈살을 찌푸렸다.

그러나 우리 반 아이들은 우리가 먼저 솔선수범하는 모습을 보이면 다른 사람들도 그 영향을 받게 되리라는 걸 알고 있었다. 생각이 여기에 이르자 어쩌면 지금 우리가 할 수 있는 게 더 있을 것도 같았다. 최소한 우리의 생각을 각자가 생활에서 행동으로 옮길 수는 있었다. 그런 자발적인 변화의 하나로 우리는 쓰레기장에 두 개의 수거함을 가져다놓았다. 하나는 다 쓴 잉크 카트리지를 모으기 위한 것이었다. 그리고 다른 학생들에게 재충전용 카트리지에 관한 안내 책자를 나누어주었다. 카트리지 충전에 관심이 있는 학급에는 병 잉크를 나누어주기도 했다. 나중에 나는 우리 반 아이들에게 잉크 1리터가 들어 있는 거대한 잉크통을 상으로 주었고, 아이들은 이것을 굉장히 자랑스러워했다. 또 다른 수거함은 낡아서 못 쓰게 된 플라스틱 책 커버와 서류철을 모으는 데 사용되었다.

몇 주 후 견학 수업 때 우리는 수거한 쓰레기를 쓰레기 하치장으로 가지고 갔다. 그곳에서 학생들은 어떤 종류의 유해성 쓰레기가 이곳에서 최종 수거되고 또 어떤 식으로 처리되는지 볼 수 있었다. 처음에 우리는 환경에 대한 우리의 염려가 학교 안에서 전혀 공유되지 않는다고 생각했다. 그러다 보니 교내에서 내용별 쓰레기 수거 프로그램이 자리를 잡고 선생님들이 그 내용을 받아들이기까지 3년이나 걸렸다. 하지만 4년째 되던 해에 교육부로부터 교사들의 플라스틱 물품 사용을 최대한 자제하고, 잉크 카트리지를 충전이 가능한 것으로 교체하며, 교재와 공책 커버도 종이로 된 것을 사용하라는 강력한 지침이 학교에 내려왔다. 거기에는 액체 잉크 지우개 사용과 관련한 내용도 들어 있었는데, 노트 필기 중 틀린 글자가 나오면 과거처럼 줄을 그어서 고치라는 내용이었다. 환경 친화적인 재료로 만든 물건을 사용하자는 운동에 이미 참여하고 있던 아이들 — 이때 벌써 9학년이 된—은 나를 찾아와 지금까지 비우호적인 환경에서도 꿋꿋하게 자신과의 약속을 지켜온 자신들이 자랑스럽다며 이런 조치가 내려진 것을 함께 기뻐했다.

어머니를 위한 선물

나를 깊이 감동시킨 한 가지 작은 프로젝트에 대해 독자들에게 들려주고 싶다. 이 일이 내게 특별한 의미를 갖는 이유는 그것이 내 어머니와 관련되어 있기 때문이다. 어느 해 봄 우리 반 아이들은 옛날 동요 여러 곡과 시들을 공부하고 암송할 정도가 되었다. 나는 아이들에게 연세가 이미 여든여섯 살이나 된 나의 어머니가 아이들이 지금 배운 시를 모두 암송하고 계시고 노래도 가사 하나 틀리지 않고 부를 수 있다는 말을 했다. 그 당시에 어머니는 중병을 앓고 계셨다. 나는 어머니의 병에 대해서도 아이들에게 알려준 바 있었다. 그때 남학생 하나가 녹음기에 노래와 시를 녹음하자는 아이디어를 꺼냈다. 내 어머니를 위해 그 시들을 직접 손으로 적어 시집을 만들어드리자는 제안도 했다. 1년 전 학부모들을 위해서 시집을 만들었던 것처럼 말이다.

그리고 아이들은 그 일을 해냈다. 아이들은 여러 편의 시를 낭송하는 중간 중간에 간주곡도 집어넣었다. 테이프의 처음과 끝은 아이들이 직접 부른 봄 노래를 녹음했다. 필체가 좋은 아이 몇 명은 녹음 테이프와 함께 드릴 시집을 만들었다. 내가 녹음 테이프를 가지고 병원을 찾아가기로 한 날, 아이들은 과연 어머니가 자신들이 만든 테이프에 어떤 반응을 보일지 무척 궁금해 했다. 다음날 나는 단 한 부분도 빼놓지 않고 아이들에게 전날의 상황을 설명해 주었다. 내가 어떤 식으로 어머니의 머리에 이어폰을 씌워드렸는지, 테이프를 듣는 동안 어머니가 얼마나 기뻐하셨는지, 그리고 눈물을 흘리면서 테이프의 시를 함께 암송하던 모습까지 모두 말이다.

나는 같은 테이프에 어머니가 우리 반 아이들에게 전하는 감사의 말을 녹음했다. 어머니는 가늘고 약한 목소리로 이 작은 선물이 자신을 무척이나 행복하게 해주었으며, 감사한 마음을 아이들 한 명 한 명에게 전하고 싶다고 말했다. 내 어머니의 육성을 직접 들은 아이들은 얼굴에 자랑스러움과 만족감의 미소가 피어났다.

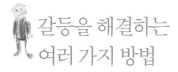 갈등을 해결하는
여러 가지 방법

몸짓만으로도 갈등이 해결된다

아이들은 갈등을 풀기 위한 다양한 방식들에 점점 큰 관심을 보였다. 아이들 사이에서 사소한 갈등이 발생할 때면 나는 가볍게 고개를 숙인 채 "내가 너에게 잘못을 저질렀어"라고 말해보라고 권했다. 단지 말로만 상황에 대한 미안함을 표현하는 게 아니라 특정한 몸짓을 가미하여 상대방 아이의 몸과 감정에 대고 미안함을 표현하도록 만들었다. 그리고 그러한 시도가 얼마나 효과적인지 느껴보라고 했다.

일상 속에서 이런 상징적인 동작을 해본 경험이 있는 아이들은 이 단순한 표현들의 효과를 잘 알고 있었다. 처음에 아이들은 우리가 이미 상징적인 동작을 실험해 본 경험도 있고 가족 게임도 해보았기 때문에 이 단순한 표현들이 효과가 있는 것이라고 생각했다. 하지만 얼마 지나지 않아서 가족 게임 경험이 없는 사람이라도 '진심으로 화해를 하고 싶다'는 느낌이 담겨 있다면 고개를 살짝 숙이거나 짧은 문장만으로도 충분한 효과를 발휘할 수 있다는 사실을 깨닫게 되었다. 이는 곧 우리가 누군가에게 잘못을 저질렀을 경우 그것을 인정하고 개선하려고 노력하기보다 선생님이나 친구에게 변명을 늘어놓으며 자기 행동을 정당화하는 데 대부분의 에너지를 쓰고 있음을 의미한다. 아이들은 교실에서의 경험을 근거로 일상 생활에서도 이처럼 해본 뒤 각자 보고서를 작성해 보기로 했다.

아이들은 존중하는 마음이 담긴 차분한 몸짓과 짧은 문구를 통해 다른 사람들과의 관계에서 균형을 되찾게 되었을 때 스스로에 대해서도 상당한 자부심을 느끼게 된다는 사실을 깨달았다. 또한 몸짓이나 문구 이면에 진심이 담겨 있을 때만 화해에 이를 수 있다는 사실도 알게 되었다. 이후 교실에서는 아이들 사이에서 갈등이 생길 때마다 "어서 절을 해!"라는 말이 해결사처럼 등장하는 모습을 자주 볼 수 있었다. 때로는 누가 설득하지도 않았는데 갈등의 당사자가 자리에서 일어나 절을 하기도 했다.

상황에 적합한 몸짓은 두 가지 효과가 있다. 우선 일종의 의식儀式 행위와 같은 몸짓은 우리 안에 경외감을 불러일으킨다. 그리고 그 순간에 아이가 느끼는 부끄러움이나 당황스러움 등을 남들 앞에서 표현할 수 있도록 해준다. 물론 절을 하는 것에 대한 저항감이 드러날 수도 있다. 절이 그 본래 목적을 충족시키면 그 자체가 실제적인 해결책이 되기도 하고 감정적 안도감과 기쁨을 주기도 한다. 절을 하기 직전에 느꼈던 곤혹스럽고 무거운 감정은 자동으로 사라져버린다.

"아직은 아니야!"

지각을 하는 아이에게도 이런 특정한 몸짓을 통한 접근법을 적용할 수 있다. 보통 지각을 한 아이는 내 책상에 다가와서 가볍게 목례를 하며 "죄송합니다"라고 말을 했다. 간혹 그에 대한 대답으로 학급 전체가 웃음을 터뜨릴 때가 있었다. 왜냐하면 아이가 한 말이 진심이 아니었기 때문이다. 그럴 때면 우리는 다 같이 그 상황에 훨씬 더 적합한 문구를 찾아냈다. 예컨대 "오늘 제 시간에 등교하는 게 저에게 그다지 중요하게 여겨지지 않았어요"라거나, "늦게 온 게 진심으로 죄송하지 않기 때문에 뭔가 다른 변명거리를 찾아야겠어요" 같은.

내적으로 아직 준비되지 않은 상태에서 외적인 태도만 바꾸려고 할 때의 상황을 가지고 우리는 놀이를 만들었다. 그리고 거기에다 "아직은 아니야!"라는 이름을 붙여주었다. 아이들은 이 놀이를 무척 좋아했다. 이 문구야말로 그때 그 순간의 진실을 모두 담고 있기 때문이었다. 최면요법의 원리에서 보면 특정 상황에서 "아직은 아니야!"라고 말을 하는 순간 내적으로 동의되지 않은 억지 표현은 유효성을 잃게 된다.

대리인을 세워 갈등을 드러내다

조직체적 접근법을 통해서 아이들이 급우들을 더 배려하게 되기는 했지만, 여전히 교실 안에는 갈등이 존재했다. 갈등 때문에 수업이 마비되는 경우도 있었다. 그럴 때면 재빠른 중재와 해결책이 필요했다. 그런 경우 나는 갈등의 두 당사자로 하여금 그들 간의 문제가 뭔지 잘 모르는 급우 중에서 두 명의 대리인을 선택하게 했다. 그런 다음 가족세우기 세션에서처럼 주어진 공간 안에 두 대리인을 위한 자리를 찾아 세우게 했다. 이 과정은 결과적으로 아이들 스스로 가능한 해결책을 찾는 데 관심과 초점을 맞출 수 있도록 했다.

아이들 사이의 소소한 갈등은 각자의 입장을 옹호하기 위한 변명과 사건에 대한 주관적 설명으로 이어지다 '편 가르기'라는 결론으로 귀결되는 경우가 비일비재했다. 해결책을 찾는 데 쓰여야 할 에너지가 상대편 아이에 대한 미움과 질투로 낭비되는 경우가 많다는 것이다. 하지만 갈등 상황을 공간 안에 세워보면 에너지가 자동으로 해결 쪽으로 옮겨간다. 두 대리인이 서 있는 모습, 그들 사이의 거리, 각자가 바라보고 있는 각도 등을 지켜봄으로써 갈등의 당사자들은 물론 반 전체의 에너지가 (두 쪽으로 갈라지는 게 아니라) 해결책을 향해 흐르는 하나의 물줄기를 형성하게 되는 것이다.

언젠가 우리 반 남학생 하나가 우리 반 여학생의 여동생을 걷어찬 적이 있었다. 그 일이 있고 나서 언니가 동생을 걷어찬 남자 아이를 흠씬 때려주었다. 대개 이 단계에 이르면 교실 안에서는 사건의 당사자는 물론 모든 아이가 목청을 높여 논쟁을 벌이게 마련이다. 당사자들의 주장에 더하여 사건을 목격한 아이들의 증언들까지 쏟아져 나오면서 사소한 갈등이 거대한 분쟁으로 확대되기 일쑤였다. 그러다 보면 순식간에 더 이상 수습이 어려운 사태에 이르고 말았다.

하지만 이번에는 가족세우기를 활용해 싸움에 연루된 두 아이가 다른 남학생 하나와 여학생 하나를 대리인으로 선택해서 세우게 되었다. 두 명의 대리인은 서로 마주보게 세워졌다. 대리인들의 모습은 사건 당사자들이 서로에 대해 특별한 적개심을 가지고 있다는 인상을 주지 않았다. 이때 소년의 대리인이 앞에 서 있는 여학생한테 별불만이 없다고 말했다. 단지 소녀의 여동생이 자꾸 자기를 약 오르게 만든다고 했다.

나는 그 여동생의 대리인을 세워보았다. 그 순간 상황의 뒷면에 감추어져 있던 긴장 관계가 모습을 드러냈다. 세션 공간 안에 세워진 여동생의 대리인은 자리에 서자마자 소년이 너무 멍청하다고 생각되고, 그래서 볼 때마다 놀리지 않을 수가 없다고 했다. 이 말을 들은 소년의 대리인이 여동생의 대리인에게 가까이 다가가더니 당장이라도 소녀를 칠 기세로 손을 들어올렸다. 나는 지체 없이 두 사람에게 달려가 대리인들의 행동을 제지했다. 소년은 이제 정말로 소녀에 대한 분노가 치밀어 오른다고 말했다. 이것이 바로 앞서 주먹다짐이 벌어진 배경이었다.

그 순간 소녀의 언니가 두 사람 사이로 들어오더니 "내 동생의 행동이 옳든 그르든 상관없이 나는 동생을 지킬 거야"라고 말했다. 이게 바로 피가 물보다 더 진하다는 말의 의미이리라. 이 모습에서 나는 정의正義보다 가족적 결속감이 인간 관계에서 우선시된다는 사실을 한 번 더 확인할 수 있었다. 처음 두 아이의 갈등 상황을 재연하고자 할 때만 해도 우리는 원래 상황에 대해 정확히 알지 못했다. 단지 우리 반 남학생이 우리 반 여학생의 여동생을 걷어차면서 발생한 갈등 상황을 재연해 볼 생각뿐이었다. 이제 여동생의 등장과 함께 이면의 긴장 관계가 구체적으로 드러나면서 모든 아이의 관심이 눈앞에서 진행되는 상황에 집중되었다. 잠깐 동안 교실 안에 깊은 침묵이 드리워졌다.

여기서 나는 아이들 한 사람 한 사람에게 어떻게 하면 좋을지 물어보았다. 아이들은 여동생의 대리인이 소년에게 사과를 해야 한다고 대답했다. 잠시 후 여동생의 대리인이 소년에게 "미안해"라고 말을 한 뒤 고개를 살짝 숙여서 절을 했다. 그러자 소년도 기다렸다는 듯 화해의 손을 내밀었다. 소년의 손을 맞잡은 소녀의 얼굴에 미소가 번졌다. 이 모습을 지켜보던 우리 반의 여학생도 소년에게 사과를 했다. "미안해. 내 여동생 때문에 내가 널 때리게 됐어."

나는 여학생에게 소년이 바라는 게 있는지 알아보라고 제안했다. "네가 정말로 미안해하고 있다는 걸 저 친구가 알 수 있게 말이야." 어쨌거나 상처를 입은 소년에게 '작은 보상'을 해줄 필요가 있었다. 그렇게 함으로써 소년뿐만 아니라 어쩔 수 없이 가해자가 된 여학생의 마음도 한결 가벼워질 수 있을 거라는 생각도 들었다. 여학생이 고개를 끄덕였다. 하지만 소년의 마음은 아직도 좀 불편해 보였다. 쉬는 시간이 끝나고 교실로 돌아온 소년은 책상 위에 사탕 하나가 놓여 있는 것을 발견했다. 그리고 둘 사이의 갈등은 완전히 해소되었다.

학교에서 아이들 사이에 일어난 갈등을 해결하려다 보면 한 가지 의문에 부딪치게 된다. 다른 반 아이가 갈등에 연루되어 있을 때 과연 그 아이를 문제 해결에 실제로 참여시키는 것이 좋으냐 하는 것이다. 경우에 따라 다르겠지만 해결책을 아주 간단하게 찾은 이 사례에서는 굳이 그럴 필요가 없었다. 여동생의 대리인은 누구의 도움 없이도 자신의 느낌을 표현할 수 있었다. 이 말은 실제 당사자가 아닌 대리인을 통해서도 충분히 문제 해결에 이를 수 있다는 말이다.

다음날 우리 반 여학생은 동생이 남학생에게 여태까지 옳지 않은 행동을 해왔다는 걸 인정한다고 말하더라고 전해주었다. 우리는 이러한 방식으로 교실 안의 많은 갈등을 해결해 왔다. 아이들은 이 경험을 통해서 상처를 준 아이가 상처를 받은 상대에게 말로만 미안하다고 해서는 충분치 않다는 것을 분명히 깨닫게 되었다. 무언가 구체적인 몸짓이 뒤따라야만 갈등이 완전하게 해소될 수 있으며, 그렇지 않을 경우 늘 무언가 불편한 상태로 남게 된다는 것도 말이다.

가족세우기를 이용한 세션은 아이들의 내면에 조금씩 구체적인 변화를 이끌어냈다. 이제 아이들은 갈등 상황이 벌어지면 말로 풀기보다는 갈등을 정확하게 재구성해 봄으로써 교실 안에 팽배한 열기를 가라앉힐 수 있다는 걸 알고 있다. 또 갈등 상황에서 '악당'이 어떤 몸짓을 해야 하는지도, 또 피해를 입은 아이를 위한 보상으로 어떤 행위가 적합한지도 잘 알고 있다.

어쩌면 우리의 의식 깊은 곳에는 '화해'를 추구하는 비밀의 힘이 존재하는 게 아닐까? 겉으로는 뜨거운 입김을 뿜어내며 씩씩거리는 순간조차도 내면 깊은 곳에서는 갈등의 심화가 아닌 화해와 통합, 일체감을 추구하는 것 같다. 바로 이러한 내적 열망이 있기에 거대한 해일로 돌변할 수도 있는 감정의 파도가 짧은 순간에 잠잠해지는 게 아니겠는가! 깊은 차원에 존재하는 '화해'의 열망이 가족세우기를 통해서 겉으로 드러나게 되면 우리를 괴롭히던 갈등이 말끔히 해결될 수 있다고 나는 믿고 있다.

순수한 죄책감

어느 날 교실에서 한 아이가 다른 아이의 다리를 걸어 넘어뜨리는 일이 발생했다. 넘어진 아이는 무릎 뼈가 깨지는 큰 부상을 입고 병원으로 옮겨져 수술을 받았다. 피해를 입은 아이는 깁스를 한 채 한동안 병원에서 누워 지내야 했다. 이 사건은 누가 옳고 그른지 불을 보듯 뻔했다. 금요일 모임에서 나는 이 문제를 다루어보았다.

"내가 누군가에게 원래 의도했던 것보다 훨씬 큰 문제를 안겨주었을 때, 우리는 어떻게 해야 하는가?"라는 주제로 아이들과 이야기를 나누었다. 나는 아이들이 이미 일어난 사건에 대해서 '왜'라는 의문의 답을 찾느라 기운을 빼느니, 현재 상황에서 우리가 할 수 있는 게 무엇인지, 즉 '어떻게' 쪽으로 관심을 옮겨놓고 싶었다. '왜'를 따지는 동안 우리는 가해자를 향해 질타의 시선을 보내고 손가락질을 하게 되지만, '어떻게'를 생각하게 되면 화해를 위한 움직임이 시작되기 때문이다.

다리를 걸어 넘어뜨린 아이는 심한 마음고생을 하고 있었다. 나는 사고의 원인 제공자가 된 아이에게 병원에 있는 친구를 위해서 할 수 있는 일이 무엇인지 생각해 보라고 말했다. 자신이 양심의 가책을 느끼고 있다는 걸 깁스를 하고 입원해 있는 친구가 알아챌 수 있는 구체적인 방법을 찾되, 그것이 자신이 저지른 잘못과 균형을 이룰 수 있을 만한 것이어야 한다고 알려주었다. 나는 학급 아이들에게 어떤 제안도 소년에게 해서는 안 되며, 소년 스스로 방법을 찾고 행동해야 한다고 덧붙였다.

그날 이후 가해 소년은 12일 동안 매일 방과 후에 버스를 타고 병원을 찾아갔다. 학교를 나올 수 없는 친구에게 그날의 과제물을 알려주기 위해서였다. 아이는 자기가 한 행위와 균형을 맞출 만한 방법을 누구의 도움 없이 찾아냈다. 소년의 부모님도 병원에 누워 있는 아이의 문병을 갔다. 나중에 들은 바에 따르면 양쪽 집안이 예전부터 사이가 별로 좋지 않았다고 한다. 이번 사건으로 두 가족 사이의 갈등이 해소되었고, 양쪽 어머니들 역시 다시금 대화를 시작하게 되었다.

"너도 우리 중의 하나야!"

어떤 학급이든 신경질을 자주 부리고 품행이 바르지 못한 아이가 있게 마련이다. 문제아를 계도하는 프로그램만으로는 그러한 아이들이 교실이나 학교에서 적합한 자리를 찾도록 하기에 역부족이다. 우리 학교의 경우 그런 문제아로 인해 다른 아이들이 당할 만큼 당하게 되면 ― 대개는 선생님들도 그 사실을 알고 있다 ― 그 아이를 '재판대'에 올려놓게 되어 있었다. 우리는 그것을 '전기 의자'라고 불렀다. 때로는 학급의 다른 아이들이 파괴적인 성향을 보이는 아이를 처벌해 줄 것을 요구할 때도 있었다. 또 교사들이 직접 문제아의 처벌을 위한 안건을 교직원 회의에 올리기도 했다. 물론 나는 이런 해결책을 모두 피하고 싶었다. 왜냐하면 이런 식의 해결책이 모두에게 평화를 가져다주기보다는 문제의 학생들에게 일종의 '주홍 글씨'를 찍는 부작용을 안고 있었기 때문이다.

한때 우리 학급에도 독일어 수업과 도덕 수업을 완벽하게 망쳐놓는 문제아가 한 명 있었다. 친구들의 정강이를 걷어차는 것은 예사이고 여학생들에게 '통행세'를 요구하기도 했다. 여학생들의 하굣길을 방해하지 않을 테니 그에 대한 값을 지불하라는 것이었다. 숙제를 해 온 적도 거의 없고, 성적도 아주 형편없었다. 반 아이들은 이 아이의 못된 행위에 지칠 대로 지치고 말았다.

내가 그 소년의 아버지에게 면담을 요청해야겠다고 결심할 무렵, 반장이 나를 찾아왔다. 반장은 그 아이를 '전기 의자'에 앉혀야 한다고 주장했다. 그래야만 자신이 문제의 소년에게 얼마나 괴롭힘을 당해왔는지 학급의 모든 아이에게 직접 말해줄 수 있다면서 말이다. 소년이 여학생들에게서 빼앗은 돈을 모두 돌려주어야 한다고도 주장했다. 여학생 중에는 상당한 액수의 돈을 빼앗긴 경우도 있었다. 나는 반장에게 하루만 더 참아달라고 부탁했다. 소년은 '전기 의자'에 앉으려 하지 않을 게 뻔했다. 의자를 창밖으로 집어 던져버리거나 도망을 칠 게 틀림없었다.

다음날 그 소년이 내 책상으로 오더니 불평을 늘어놓았다. 아이들이 자신을 상대로 모종의 계획을 세우고 있다고 들었다며 도움을 요청했다. 소년은 '전기 의자'에 앉혀질까봐 극도로 두려워하고 있었다. 그 순간 나는 이 아이가 스스로를 학급의 일원으로 소속시키기보다 집단 바깥에 존재하는 이방인으로 여기고 있음을 알게 되었다! 그리고 그로 인한 긴장 관계가 아이들과 소년 사이에 형성되어 있음을 인식했다.

그날 수업 시간에 나는 소년을 포함한 모든 아이들에게 우리 모두 소리 내어 발표해야 할 메시지가 있다며 글이 적힌 종이쪽지를 하나씩 돌렸다. 모든 아이가 똑같은 메시지를 받았지만 누구도 다른 사람이 받은 쪽지에 어떤 내용이 적혀 있는지 알지 못했다. 제일 먼저 내가 크고 조심스러운 목소리로 종이에 적힌 메시지를 읽었다. "라이너, 너도 우리 중의 하나란다!" 뒤이어서 스물두 명의 학생이 줄을 지어서 한 명씩 똑같은 문장을 읽기 시작했다. 교실은 침묵으로 가득 채워졌다. 우리는 이미 이런 종류의 침묵에 익숙해 있었다. 그것은 새로운 이해가 구체적으로 다가올 때면 늘 맛보는 침묵이었다.

라이너는 눈물을 훔치면서 조용히 자리에 앉았다. 내 생각에는 그때가 바로 라이너가 선생님의 명령 없이 스스로 자리에 앉은 최초의 순간이 아니었나 싶다. 아이들은 이미 이 일에 따른 영향이 조만간 스스로 모습을 드러내리라는 사실을 경험을 통해서 알고 있었다. 실제로 이 일이 있은 뒤 소년은 행동의 변화를 보이기 시작했다. 여학생들에게서 뺏은 돈도 돌려주었다. 그리고 얼마 지나지 않아서 학급의 일원으로서 동화되었다.

분명한 선을 그어주다

공책 정리가 엉망인 남학생이 한 명 있었다. 어느 날 나는 공책이 너무나 지저분하고 내용이 엉망이라서 그 소년에게 숙제를 해왔다고 보기 어렵다고 말했다. 아이는 내 말을 받아들이지 않았다. "제 글씨가 어때서 그러세요? 선생님이 뭘 문제라고 하시는지 잘 모르겠어요." 아이가 거칠고 오만한 목소리로 대들었다. 이런 경우 나는 아이와의 언쟁을 피한다. 내가 소년에게 말했다. "여기서는 선생님이 큰 사람이야. 그리고 너는 선생님의 말을 따라야 해."

하지만 소년은 내 말을 알아듣지 못한 것처럼 굴었다. 나는 소년에게 내 책상 옆에 서서 내가 하는 일을 똑같이 하라고 말했다. 내가 이 말을 하기 전까지 소년은 자기도 선생님 못지않게 큰 사람이라는 주장을 굽히지 않았기 때문이다. 그러기에 나는 아주 심각한 목소리로 아이에게 그렇다면 자리로 돌아가지 말고 교사인 내 책상 옆에 서서 내가 하는 일을 그대로 같이 하자고 말했던 것이다.

나는 칠판 위에 수업 내용을 적기 시작했다. 소년은 내 옆에 서 있었다. 사실 이때까지만 해도 나는 이 실험이 어떤 식으로 전개될지 알지 못했다. 나는 수업을 계속했다. 10분쯤 지난 뒤 소년이 말했다. "제 자리로 돌아가서 앉겠어요."

"네 급우들한테 돌아가겠다는 말이니?" 내 말에 소년이 고개를 끄덕였다. 나는 아이에게 공책을 돌려주었다. 다음날 내가 굳이 설득하지 않았음에도 소년은 깔끔하게 정리된 공책을 과제물로 제출했다.

자신에게 맞는 크기로 돌아가다

이 일이 있고 며칠 뒤, 한 여학생이 칠판 앞에 서 있는 내 옆으로 가만히 다가오더니 이런 말을 했다. "제 생각에 저는 선생님만큼 큰 사람인 것 같아요. 그러니까 제가 선생님 의자에 앉아도 되죠?" 학생 몇 명이 킬킬거리기 시작했다. 곧 수업이 계속되었다. 나는 분단별로 그날의 수업을 진행했다. 소녀 역시 내 뒤를 졸졸 따라다녔다. 10분 정도가 지나서 내가 여학생에게 물었다. "그래, 아직도 네가 크다고 여겨지니?" 소녀가 고개를 끄덕였다. 아이가 스스로 제자리로 돌아가서 앉겠다고 할 때까지는 꽤 오랜 시간이 걸렸다.

이 이야기의 배경을 제대로 이해하려면 이 아이가 방과 후에 여동생 셋을 돌봐야 한다는 사실을 덧붙여야 할 것 같다. 소녀는 어머니가 일을 하는 동안 동생들을 돌보는 일은 물론이고 어머니를 대신해서 장도 보고 저녁 식사도 준비해야 했다. 물론 세탁도 소녀의 몫이었다. 아버지는 병석에 누워 있어 아무것도 할 수가 없었다. 그러다 보니 늦은 저녁 여동생들이 모두 잠자리에 들 때까지 소녀에게는 숙제할 시간조차 주어지지 않았다. 소녀의 성적은 바닥에 머물러 있었다.

소녀는 자신이 큰 사람이라고 여겼다. 어머니를 대신해 집안의 안주인이 지고 가야 할 책임을 떠맡은 소녀는 집안의 큰딸이면서 어머니이고 부인이었다. 자신이 없으면 식구들이 아무것도 할 수 없을 거라는 데 생각이 미치면서 소녀는 자신이 선생님보다 큰 사람이라고 여기게 된 것이다. 가족세우기 관점에서 보면 '서열의 법칙'이 파괴된 셈이다.

"내가 아니면 안 된다"는 생각은 조직체 안에서 나의 중요성을 높여준다. 하지만 이 말은 곧 자신이 지고 갈 수 없는 훨씬 더 큰 크기의 짐을 떠맡아야 한다는 위험 부담을 안고 있다. 마치 말단 직원이 과장이나 부장이 져야 할 책임을 대신 지고 가는 것과 같다. 내가 그들만큼 크다거나 다른 사람들보다 큰 사람이라는 만족감은 과중한 책임감으로 인한 부담감과 원망스러움으로 이어지게 마련이다.

내 곁에 서 있는 동안 소녀는 과중한 책임감과 그 동안 삶을 대하던 태도에서 빠져나올 수 있었던 것 같다. 그리고 자신이 단지 학생일 뿐이며 교실 안에서는 선생님이 큰 사람이라는 사실을 깨닫기 시작했다. 이 과정이 아이에게 좋은 영향을 주었으리라는 점은 두말 할 나위가 없다. 처음부터 거리감이 느껴지던 아이와 나 사이에는 차츰 따뜻함이 감돌기 시작했다. 아울러 아이도 매일매일 학교 생활에서 더 많은 기쁨을 얻어가는 것 같았다.

위의 두 가지 예는 교실 안에서 조직체적 기본 질서가 제대로 설 때 그것이 아이들에게 얼마나 긍정적인 효과를 가져다주는지 보여준다. 이 기본 질서란 무엇인가? 가족체를 비롯하여 사람들로 구성된 모든 조직체 안에는 '서열의 법칙'이 존재한다. 즉 모든 집단의 구성원에게는 그들 각자에게 맞는 자리가 있다.

가족체의 경우에 '서열의 법칙' 혹은 '서열의 질서'는 가족체에 참여하게 된 시기에 의해서 결정된다. 가장 윗자리는 아버지와 어머니가 차지하고, 나머지 자녀들은 태어난 순서에 따라서 서열이 매겨진다. 일반적인 조직체의 경우는 가족체와 달리 서열을 매기는 기준이 여러 가지가 있다. 입사 시기에 따른 구분 외에, 일반 조직체에서 가장 중시되는 기준은 '역할의 중요성'이다. 즉 회사의 존립을 위해 상대적으로 위험 부담이 크고 큰 책임감을 떠맡은 사람이 윗자리를 차지하게 되는 것이다.

학교는 비영리 집단으로 운영 체계가 확고히 잡혀 있다. 시야를 좁혀서 보면 교실 안에서는 교사가 가장 높은 자리를 차지한다. 나머지 학생들은 모두 같은 자리를 차지하되, 학급의 행사나 특정한 프로젝트에 따라 약간의 차등이 생길 수 있다. 하지만 기본적으로 모든 아이들은 평등하다. 가족체 안에서든 교실 안에서든 아이들이 자신에게 맞는 자리, 적합한 자리에 머물도록 하는 것은 매우 중요한 일이다.

십자가와 샤하다

언젠가 우리 반 아이들 사이에서 '종교적인 논쟁'이 벌어진 적이 있었다. 바바리아 주에서 교실에 십자가를 걸어야 하느냐 마느냐를 두고 논란이 벌어지면서 생긴 일이었다. 이 논란 가운데는 만일 걸어야 한다면 예수가 십자가에 못 박혀 있는 십자가상을 걸어야 하느냐 아니냐 하는 부분도 포함되어 있었다. 다행히도 뮌헨 지방 자치 정부는 보통의 십자가를 예수가 못 박혀 있는 십자가상으로 모두 교체할 만한 예산을 가지고 있지 못했다.

어느 날 쉬는 시간에 무슬림 소년들이 교실 문 위에 걸려 있던 십자가를 치워버린 일이 발생했다. 쉬는 시간이 끝나자 나는 그 아이들에게 왜 그랬는지 물었다. 그 중 한 아이가 기독교인들의 십자가가 걸려 있는 교실에서 공부하고 싶지 않다고 말했다. 그리고 자신의 아버지도 같은 말을 했다고 덧붙였다. 소년의 말을 듣고 나는 종이와 잉크, 만년필을 집어든 다음 무슬림 학생들에게 이슬람교의 기도문인 샤하다Shahada의 첫머리에 나오는 "신은 존재하지 않는다. 하지만 신은 모든 곳에 편재한다"(There is no god but God)를 아랍어로 적을 수 있는 사람이 있느냐고 물었다. 여학생 두 명이 할 수 있다면서 종이에 그 내용을 적었다.

나중에 나는 이 기도문을 문 위에 걸었다. 십자가 바로 옆자리였다. 아이들은 모두 만족스러워했다. 이 소식은 빠르게 퍼져나갔다. 이 일이 있고 나서 몇몇 무슬림 학부모가 나를 찾아왔다. 그들은 자녀 교육 문제로 나와 상의하고 싶어 했다. 하지만 그들이 학교를 찾아온 진짜 이유는 십자가 옆에 걸려 있는 샤하다를 직접 보고 싶기 때문이었다. 십자가 옆에 붙은 이슬람의 기도문을 본 학부모들이 상당히 만족스러워하는 모습은 누구라도 금방 알 수 있었다.

기적의 질문

미국 출신의 스티브 드 세이저Steve de Shazer는 '간단 치유brief therapy' 작업을 해온 치유사였다. 그는 앞서 서술한 여러 사례에서 내가 맡은 역할을 할 수 있도록 가르침을 준 사람이기도 하다. 특히 갈등 상황을 다루면서 아이들을 깜짝 놀라게 만든 방법은 모두 그의 효과적인 연구와 노력의 결과였다.

드 세이저는 관계라는 맥락 안에서 발생하는 모든 활동을 '협력'으로 이해했다. 그는 우리가 공격성, 거부, 경쟁 의식 혹은 저항적 태도라는 딱지를 붙이는 것들까지도 '협력'의 영역 안에 포함시켰다. 한마디로 그의 접근법은 공격적 행동을 하는 사람의 소속권을 박탈하기보다는 관계(예컨대 "너도 우리 중의 하나야!")라는 맥락 안에서 문제의 상황에 접근해 가자는 것이었다.

특정한 문제들이 계속 반복되거나 오래 지속되는 경우에, 드 세이저는 해결책을 찾는 게 가능했던(예컨대 "네가 영어 단어들을 모두 익혔을 때 어떤 느낌이었는지 기억해 봐") 예외적인 상황을 찾아보는 게 중요하다고 말한다. 이러한 그의 관점은 "문제와 해결책 사이에는 아무런 연관성도 없다"는 통찰로 귀결된다.

그는 문제를 상세히 설명하는 것은 우리를 해결책에서 점점 더 멀어지게 하며, 우리를 '문제 최면 상태'로 이끌어 갈등 상태에 계속 머물게 할 뿐이라고 말한다. 드 세이저는 숙제할 시간이 없었다고 자주

변명하는 아이를 다룰 때 아이에게 왜 그런지 이유를 상세히 설명할 기회를 주지 않는다. 그 대신 아이가 숙제를 할 수 있었던 때와 그때의 주변 환경이 어땠는지 아이에게 질문을 던지고 그날의 광경을 묘사해 보게 만든다. 그뿐 아니라 아이가 숙제를 하고 있던 그때 그 시간에 어머니는 어디에 있었고, 아버지와 형제들은 어디에 있었는지 회상해 보라고 주문한다. 물론 가장 중요한 것은 아이가 숙제를 끝마쳤을 때 어떤 느낌이었는가를 기억해 내는 것이다. 만약 아이가 과거에 숙제를 끝마쳤을 때를 기억해 내지 못할 경우에는 다음과 같은 '기적의 질문'을 던진다.

"기적이 일어났다고 상상해 보자! 설명할 수 없는 어떤 이유로 해서 너는 갑자기 숙제를 하고 싶어졌어. 그럴 때 너는 어디에 자리를 잡고 앉겠니? 어떤 과목부터 먼저 하게 될까? 너라면 점심밥을 먹자마자 숙제를 할 거 같니, 아니면 친구들과 다 놀고 난 늦은 오후에 할 것 같니? 그때 아빠와 엄마 그리고 다른 형제들은 어디에 있을까? 네가 숙제를 끝마쳤다는 사실을 가족 중에서 누가 제일 먼저 알아챌지 생각해 보는 것도 꽤 재미있을 것 같구나. 네가 숙제를 끝마친 걸 제일 먼저 알아낸 사람은 너한테서 달라진 게 무언지 찾아낼 수 있을까? 그런 것에 별로 신경을 쓰지 않을 사람은 누구일까? 혼자서 숙제를 끝마친 날의 너라면 그 사람에 대해 어떤 생각을 하게 될까?"

꼭 이런 질문이 아니더라도 많은 기적의 질문이 있을 수 있고, 그런 질문은 아이들을 '좋은 느낌을 주는 이미지', 말하자면 "기적이 일어났다"와 같이 해결책 중심의 이미지 쪽으로 이끌어간다. 내 개인적인 경험으로 보면 이 기법을 비롯해 기타 최면요법과 관련된 기법들은 우리를 문제에 고착되게 하기보다 해결책을 제시하는 방향으로 이끌어준다.

아이들 내면의 인식 능력을 자극하는 또 다른 방법으로 '차이점을 이용한 놀이'가 있다. 앞의 '진실의 여러 색깔들'이라는 제목 아래서 다룬 것처럼 아이들은 어떤 사건에 대한 진실이 이야기를 전하는 과정에서 바뀔 수 있다는 사실을 알고 있다. 또 이야기를 듣는 대상이 누구냐에 따라서 진실이 어떤 식으로 모습을 달리하는지도 알고 있다. '저울을 이용하기' 부분에서도 분명이 드러난 것처럼 아이들은 부모의 입장, 선생님의 입장, 그들 자신의 입장에 따라서 의견과 의도 그리고 관점이 달라진다는 것을 확실히 인식하고 있다.

나는 최면요법 치료사인 군터 슈미트Gunther Schmidt로부터도 새로운 기법들을 배웠다. 그 중 한 가지가 바로 '리프레이밍 reframing', 즉 재구성법이다. 이는 특정한 일이나 경험을 새로운 맥락(이 책 157쪽의 '관점이 변하면 사고도 달라진다' 부분 참조) 속에 집어넣음으로써 문제를 바라보는 시각에 전적인 변화를 주는 기법이다. 이 방법을 이용하면서 아이들은 반복되는 일상 생활을 지극히 창의적으로 재해석할 수 있게 되었다. 아이들이 중요시하는 문제는 "그 사람이 정말로 원하는 게 뭘까?"였다. 아이들은 버트 헬링거의 '잘못을 시인하기'라는 메시지를 온전히 이해한 것이다. 이 말은 내가 아이들로부터 "그 여자애는 나를 약 올리고 싶어서 나를 몰아댔어요"라는 말 대신, "프랑케 선생님, 그 여자애가 저에 대해서 좀 더 알고 싶어서 저러는 거라고 생각하세요?"라는 말을 듣게 되었다는 뜻이다.

힘든 상황을 해결하는 데 자주 사용되는 '바르게 처신하기'는 마치 아이들로 하여금 문제가 이미 해결된 것처럼(예컨대 '지각한 것을 사과하기') 행동하도록, 즉 좋은 느낌 쪽으로 관심을 기울이도록 도와준다. 앞에서 언급한 크리스티안 역시 좋은 해결책을 상상하고 좋은 분위기를 신뢰했을 때 마음이 더 고요해지는 것을 느꼈다.

우리는 마치 이미 해결책에 도달한 것처럼 행동해도 되는 것인지에 대해 자주 이야기를 나누곤 했다. 이것이 자칫 우리 자신을 기만하는 일은 아닌지, 또 새로운 각도에서 우리의 경험을 바라보는 것이 우리에게 리얼리티를 바꿀 수 있는 힘을 줄 수 있는지에 대해서도 이야기를 나누었다.

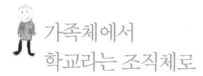

가족체에서 학교라는 조직체로

유기체란 무엇인가?

교실에서 우리는 유기적 조직체인 가족체에 적용되는 규칙들을 가지고 논의하는 기회를 여러 차례 가졌다. 그 몇 가지 내용을 적어보면 다음과 같다.

- 어떻게 해서든 자신의 아버지와 어머니를 존경할 수 있게 된 아이들은 행복하다.
- 가족체 중 나이가 더 많은 구성원이 더 어린 구성원보다 먼저 왔다.
- 가족이 우리에게 보호자 역할을 해주기 때문에 우리도 가족을 위해서

무언가를 해야 한다.

- 가족 전체를 위해서 더 많은 일을 해야 하는 사람의 말이 다른 사람들의 말보다 더 영향력이 있다.
- 가족체 안에는 기본적으로 사랑과 결속감이 존재한다.(예컨대 누군가 아프거나 그릇된 일을 저질렀을 때)
- 자녀로서 너는 부모님이 다투는 모습을 볼 때 마음이 아프다. 그렇다고 해도 너는 네 뜻대로 부모님을 변화시킬 수 없다.

이 규칙들은 아이들이 스스로 찾아낸 것으로 아이들 자신과 가족의 모습을 반영한다. 또 가족세우기를 경험한 뒤 아이들에게 생긴 새로운 이해를 반영한다.

가족세우기를 통해 가족체란 상호간의 의식적 교류가 이루어지고 있는 집단임을 이해하고 나서 우리는, 그렇다면 같은 교실에서 공부하는 급우들 사이에도 이러한 내용을 적용할 수 있는지 이야기하게 되었다. 그리고 그 연장선상에서 우리는 학교라는 집단과 규칙에 대해서도 생각해 보았다. 나중에는 교실 안에서 드러나는 장場에 관한 실험을 해보자는 제안도 나왔다.

나는 수업 시간에 '유기적 조직체인 가족체에서 학교라는 조직체로'라는 주제를 아이들에게 제시하고, 우리 인간처럼 살면서 성장해가는 유기체에 대해서 이야기를 나누었다. 이러한 유기체 안에는 가족, 동물, 특정 부류의 동물 집단이나 식물 집단 등이 있을 것이다. 같은 모둠에 속한 아이들은 유기체라는 개념에 부합하는 이미지를 함께 찾기도 하고, 조직체라 부를 수 있으려면 어떤 기준을 만족시켜야 하는지 알아보기도 했다.

나는 아이들이 이 주제에 관심이 크다는 데 사뭇 놀랐다. 이미 가족의 구조를 그려본 경험이 있는 아이들은 즉시 학급의 구조도를 그려나갔다. 완성된 그림들은 몹시 흥미로웠다. 아이들 중에는 아버지가 직접 그린 회사 조직도를 가져온 아이도 있었고, 탁아소 조직도를 가져온 아이도 있었다. 아이들은 유기적 조직체의 기준이 될 만한 항목을 칠판에 적었다. 그 내용을 보면 다음과 같다.

유기체

• 뿌리에서 성장한다. (인간이나 동물은 자식이나 새끼를 낳는다.)

• 살아있는 모든 것. (식물, 동물 그리고 인간처럼 수명이 정해져 있고, 태어나서 성장하다가 죽는다.)

• 외부 도움이 없이 증식할 수 있다.

• 외부의 원천으로부터 식량을 얻는다. (식물이 자랄 수 있는 좋은 토양, 동물의 생존에 알맞은 환경, 인간이 먹을 식량, 인간은 또한 지식과 기술을 필요로 한다.)

• 가족 구성원들은 한 사람 한 사람씩 죽어간다. (할아버지가 돌아가신 뒤에도 우리는 계속 살아간다. 생명이 단절되지 않고 계속된다.)

• 죽임을 당할 수도 있다.

• 부상을 당하면 스스로 치유하거나 치유받을 수 있다.

• 생존을 위한 여러 조건이 충족되어야 한다. (육체는 음식을 필요로 한다. 그렇지 않으면 죽는다.)

• 구조를 가지고 있다. (몸통, 가지, 잎사귀, 뿌리 또는 심장, 뇌, 폐, 신장, 피,

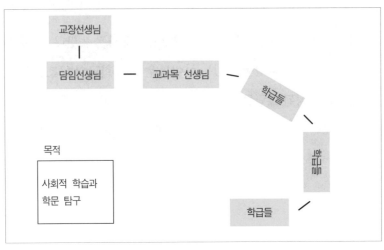

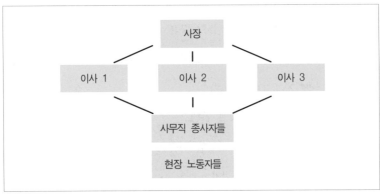

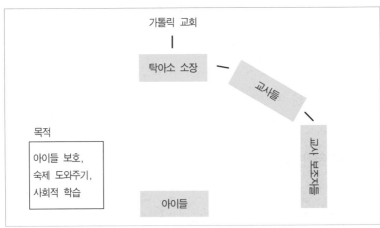

몸통, 팔과 다리 또는 아버지, 어머니, 자식, 조부모님, 손자손녀)

- 수정할 수는 있지만 일정한 한계를 넘어설 수 없는 구조를 가지고 있다.(예컨대 어떤 사람에게 다리가 하나뿐이라고 할 때 그가 할 수 없는 일은 무엇인가?)

- 생존을 위해서는 불변하는 주변 환경이 요구된다.(물고기는 땅 위에서는 죽는다. 식물은 자연 환경 안에서만 자랄 수 있다.)

우리는 유기체가 살아가는 데 필요한 것이 무엇인지에 대해서도 토론을 했다. 아이들은 생물 책에서 개미나 벌의 집단 생활과 관련한 내용도 골라내고, 연못이나 늪, 바다, 개펄, 고산 지대 등 생물이 살아가는 환경 관련 내용들도 찾아냈다. 가족체, 특히 아이들이 살아가는 데 유익한 조건에 대해서도 이야기를 나누었다. 피난민 가정의 아이들은 자신들처럼 본래 살던 곳에서 쫓겨난 사람들을 언급했는데, 우리는 그들의 이야기를 듣고 고향을 떠나 새로운 나라에서 뿌리를 내리고 정을 붙이고 살아가기 위해서 그들이 얼마나 많은 에너지를 쏟는지 알 수 있었다.

이 밖에 구조에 관련된 질문도 아이들의 상상력을 자극했다. 생물 시간에 우리는 낙엽수 이야기를 했다. 나는 아이들에게 뮌헨 시 전역에서 자라는 보리수에 관해 설명해 주고, 보리수의 나뭇잎 구조가 나무의 전체 구조에서도 그대로 반복된다는 이야기를 들려주었다. 우리는 보리수 잎사귀의 윤곽을 자세히 살펴보기도 했다. 늦가을에 모든 잎이 지고 난 뒤의 나무를 보면 잎사귀와 구조가 똑같다는 것을 더 분명히 볼 수 있었다.

보리수 나무와 잎

아이들은 느리지만 확실하게 사물을 바라보는 새로운 방식을 익혀갔다. 식물과 나무의 세계는 무궁무진한 이야깃거리를 제공해 주었다. 아이들은 거기에서 구조란 무엇이고 식물과 동물의 어떤 부분에서 동일한 구조가 반복되는지 찾아보았다. 이 주제가 아이들에게 큰 영향을 끼친 까닭에 미술 선생님은 이 주제로 미술 수업을 진행하기도 했다. 미술 선생님과 아이들은 동양의 장신구들을 살펴보면서 그 모양을 그대로 모사하기도 하고 그것을 응용해 새로운 문양을 만들어보기도 했다. 2학기 때는 아프리카 출신 남학생 두 명이 전학을 와 있던 까닭에 아프리카의 문양들을 공부하기도 했다. 그런 식으로 아이들은 구조를 이루는 요소를 구분하고 분류하는 방법을 익혔다.

조직체란 무엇인가?

나중에 아이들은 조직체에 관해 그 동안 배운 지식과 백과사전에서 찾아낸 내용들을 한데 모아서 아래와 같은 목록을 작성했다.

조직체

- 인간이 구상해서 만든 집단이다.
- 많은 사람들이 이용할 수 있다.(학교, 유치원, 병원, 대중 교통 당국, 소방서, 군대, 정부)
- 제 기능을 수행하도록 하기 위해 사람들이 제정한 규칙이 존재한다.
- 사람들에게 봉사하고 또 사람들을 보호한다.
- 규칙을 지키지 않는 사람은 다른 사람에게 피해를 준다. 그리고 규칙을 어겼을 때는 처벌을 받는다.(예를 들어 학칙을 준수하지 않을 때, 버스표 없이 버스를 탈 때)
- 이 규칙들이 더 이상 쓸모가 없을 때는 바뀔 수도 있다.
- 모든 조직체는 특정한 구조로 이루어져 있다.(교장선생님, 선생님, 학생, 수위 아저씨, 교육부)

가족이라는 유기체와 학교라는 조직체

우리는 가족의 구조와 규칙 그리고 학급의 구조와 규칙을 비교하면서, 학급의 규칙 가운데 가족의 규칙에 부합하는 것과 그렇지 않은 항목들을 따져보았다. 그 과정에서 아이들은 교실 안에서 선생님의 위치가 가정에서 어머니의 위치와 비슷하다는 걸 알아냈다. 물론 완전히 똑같지는 않다. 거기에 덧붙여 교장선생님의 위치는 아버지의 위치와 비슷하다고 아이들은 여겼다. 아이들은 또 교장선생님과 선생님들이 중요한 위치를 차지하고 있다는 것, 그러나 그들의 역할이 바뀔 수도 있다는 것을 깨달았다.

아이들은 한 학급에 속한 아이들은 한 부모에게서 난 형제자매와 비슷하다고 말했다. 물론 혈연지간은 아니지만 싫은 점이 있더라고 서로 참고 견디는 법을 배워야 한다는 면에서 비슷하다는 것이었다. 그 반면 교실에서는 구성원으로서의 소속권이 사라질 수도 있다는 점에서 가족체와 크게 다르다고 보았다. 이런 이야기를 하면서 아이들은 몇몇 급우들과의 이별을 떠올렸다. 헤어진 친구들 중에는 자기네 나라로 돌아간 친구도 있었고, 성적이 좋지 않아 특수 학교로 전학 간 경우도 있었다. 또 몸이 아파서 오랫동안 학교에 나오지 못하다가 결국 같은 학년을 한 해 더 다니는 친구도 있었고, 부모님을 따라 이사를 간 친구도 있었다.

아이들은 급우들과 작별할 때마다 슬펐다고 말했다. 심지어 우리 반에 저런 애는 제발 좀 없었으면 좋겠다고 여기던 아이도 막상 학급을 떠나고 났을 때는 일종의 상실감을 느꼈다고 했다. 아이들은 생각처럼 작별이 쉽지 않았다고 이구동성으로 말했다. 그런가 하면 교실에서 늘 폭소를 자아내곤 하던 친구가 떠나고 나자, 갑자기 다른 아이가 '우리 반의 웃음보따리'가 된 일을 떠올리기도 했다. 이런 현상은 떠난 소년으로 인해 생긴 빈자리를 채우려는 무의식적인 시도에서 기인한다.

토론이 시작되고 얼마 되지 않아서 우리는 교실이 엄격한 조직체에서 살아있는 유기체로 바뀌었다는 걸 알아챘다. 간혹 가족체의 구성원들이 보이는 갈등과 유사한 갈등이 교실 안에서 벌어지기도 한다는 것을 함께 느끼면서 말이다.

이날의 토론을 계기로 우리는 전학 간 친구들에게 편지를 쓰기로 했다. 편지 쓰기는 아이들 모두에게 일종의 안도감을 안겨주었다. 어떤 면에서 보면 편지를 씀으로써 작별을 완료할 수 있었다. 아이들이 쓴 편지 중 한 통이 기억난다. 그 내용은 이랬다.

보고 싶은 자녁에게,

네가 시베리아에서 우리 반으로 전학 왔을 때 우리는 네가 꽤 재미있는 아이라고 생각했어. 너는 스케이트를 잘 탔어. 내가 본 사람 가운데서 네가 최고였으니까. 하지만 얼마 안 가 너와 함께 있으면 뭔가 이상한 느낌이 들기 시작했어. 그때부터 줄곧 너랑 싸움을 하게 되었지. 너는 늘 네 자리에 앉아서 아무 말도 하지 않았잖아. 그러더니 어느 날 도망쳐 버렸고. 우리는 네가 몹시 보고 싶어. 우리는 네가 부모님과 함께 살 수 있게 되기를 진심으로 바라. 네가 전에 지냈던 곳보다 더 엄격한 곳으로 보내지지 않았으면 좋겠어. (실제로 이 소년은 며칠 동안 행방불명 상태에 있다가 나중에 발견되어 소년 보호 시설로 보내졌다.)

무슬림 학생들은 서열과 관련된 질문에 남다른 관심을 보였다. 이 아이들은 선생님과 교장선생님 중 누가 더 힘이 센지 알고 싶어 했다. 한 아이가 이 질문을 던지자 모든 아이들이 배꼽이 빠져라 웃어댔다. 무슬림 소녀 하나가 말했다. "교장선생님은 부인을 여러 명 거느리고 있는 셈이에요." 물론 이 문제에 대해 뮌헨에서 자란 무슬림 가정의 아이들은 터키나 보스니아에서 자란 무슬림 아이들과 다른 태도를 가지고 있었다.

무슬림 학생들은 선생님이 교장선생님과 어떤 이야기를 나눌 때 어머니가 집안일로 아버지와 상의할 때보다 말을 적게 하는지 어떤 지 묻기도 했다. 한번은 무슬림 소년 하나가 남자 선생님이 여자 교장 선생님의 권위를 인정하느냐고 물은 적도 있다. 열 살 남짓 된 무슬림 여학생이나 남학생 들에게는 이 서열의 문제를 이해하기가 쉽지 않아 보였다. 이들은 집에서는 아버지와 남자들의 세계가 절대적인 중요성을 차지하는 것을 보고 학교에서는 남녀 평등에 대해서 배웠다. 아이들은 어디에 기준을 두어야 할지 몰랐다.

아프가니스탄에서 온 지 얼마 안 된 한 남학생이 윤리 시간에 이런 질문을 한 적이 있다. "선생님이 무릎까지밖에 덮지 못하는 치마를 입고 제 앞에 서 계시면, 저는 도저히 선생님 말씀에 귀를 기울일 수가 없어요. 선생님 쪽을 쳐다볼 수도 없고요. 여기가 아프가니스탄이었다면 제가 하루에도 수십 번 제 손을 씻어야만 했을 거예요." 손을 씻는 행위는 일종의 정화 의식이었다.

이 주제를 가지고 일련의 토론을 해나가는 동안, 아이들은 가정과 학교의 규칙이 비슷한 점도 있지만, 수업을 알리는 벨 소리라든지 수업 시간표, 매일 학교를 나와야 한다는 것, 숙제와 성적 등등 학교의 규칙은 융통성과 탄력성이 없다는 의견을 계속해서 피력했다. 물론 가정에도 규칙이 존재하지만 시간이 지나면 변화해 간다는 차이점이 있다. 설사 규칙의 구조 자체는 그대로 유지되더라도 말이다. 아울러 부모님이 이런 규칙을 몸소 실천하는 모습을 보면서 아이들도 자연스럽게 그것들을 몸에 익히게 된다.

이런 논의들은 아이들에게, 가족체에 속한 사람으로서 따라야 할 구조와 법칙은 큰 맥락에서는 변하지 않지만, 실제로는 상당히 유연하게 적용될 뿐더러 사랑을 표현하는 방식에 따라 조금씩 다른 모습을 취하기도 한다는 점을 깨닫게 해주었다. 가족체는 끊임없이 변화하는 유기체적 집단이다. 아이들이 나이를 먹고, 큰언니가 결혼해서 가족을 떠나고, 할아버지가 돌아가시는 등 변화가 끊이지 않는다. 세르비아와 크로아티아에서 온 아이들도 고향을 떠난 뒤 가족에게 많은 변화가 일어났다는 이야기를 우리에게 들려주었다.

그렇다면 학교의 규칙도 언제든 유연하게 변화할 수 있는가? 규칙과 관련한 이야기들을 하면서 내가 다루고 싶었던 것도 바로 이 문제였다. 이 부분이야말로 아이들 몫의 발전과 창의성 그리고 교사 몫의 발전과 창의성을 위해 기회가 되는 지점이기 때문이다.

엄격한 규칙과 유연한 규칙

우리는 집단 안에서 이미 동의되어 임의로 바꿀 수 없는 규칙부터 살펴보기 시작했다. 우리가 찾은 목록은 다음과 같았다.

- 교장선생님은 학교의 우두머리이다.
- 선생님들은 아이들을 가르친다.
- 아이들은 교장선생님과 선생님들을 존경한다.
- 아이들은 정중한 대접을 받을 자격이 있다.
- 교장선생님과 선생님들 그리고 아이들은 학교 시간표를 따라야 한다.

• 아이들은 교장선생님과 선생님들의 지시에 복종해야 한다.

평소에 나는 학교의 규칙과 규정을 복사하여 그 중 중요한 부분을 아이들과 함께 읽곤 했는데, 이것들은 '어떤 경우에도 변할 수 없는 규칙들'이었다. 학교의 규칙과 규정은 교장, 교사, 학생 모두에게 분명한 경계선을 그어주었다. 그렇긴 하나 우리에게는 그 중 몇 가지 규칙과 규정을 교실 상황에 맞게 어느 정도 조정할 수 있는 자유가 주어져 있었다. 바로 이 부분이 학교 생활에서 규칙의 유연성이 발견되는 지점이었다.

새 학년을 맞아 새로 맡은 7학년 학생들과 소풍을 간 적이 있다. 학기 초에 우리 반 아이들끼리만 소풍을 간 이유는 아이들로 하여금 서로 알 수 있는 시간을 갖도록 하기 위해서였다. 점심때쯤 남학생 몇 명이 나에게 오더니 자기들이 맥주를 한 잔씩 마시려는데 허락해 달라고 했다. 집에서도 맥주 마시는 게 허용된다면서, 따라서 나도 허락해 줘야 한다는 주장이었다. 나는 아주 단순한 이유를 들어 아이들의 요청을 거절했다. 학교에 속해 있는 나는 미성년자의 음주를 허락할 권리가 없으며, 만일 그랬다가는 교사로서 내 위치가 위태로워질 수 있다는 게 그 이유였다. 소년들은 내가 비협조적인 태도를 보이자 고래고래 소리를 지르며 분통을 터뜨렸다.

다음날이 되자 소년들의 분노도 수그러들어 있었다. 재미있는 것은 그 학기 내내 나에게 가장 협조적인 학생들이 바로 그 남자 아이들이었다는 사실이다. 내가 아이들의 기분을 맞춰줄 요량으로 규칙을 어겨가면서까지 타협할 생각이 없다는 것을 알고 인정한 결과라고 생각한다.

나는 한계를 명확하게 하지 않은 집안에서 자란 아이들을 수없이 많이 가르쳐왔다. 이 아이들의 가족을 보면 아버지가 범죄를 저지르고 수감되어 있는 경우가 많았는데, 그로 인해 아이들은 걸핏하면 학교를 빠졌고 술을 마시거나 담배를 피워도 가족 중 누구 하나 제지하지 않았다. 게다가 이 아이들은 부모를 제 마음대로 조종하고 있었다.

이런 가정 출신의 아이들은 대개 내가 명확한 한계선 — 그들이 가정에서 단 한 번도 경험해 본 적이 없는 — 을 그어놓고 그것을 고수할 때 오히려 편안함을 느끼곤 했다. 가끔 나는 "설사 네가 집에서 하는 것과는 다른 방식으로 여기 학교에서 행동하더라도 아버지(또는 어머니나 형, 누나)에 대한 네 사랑은 변하지 않아" 같은 표현을 통해서 이 아이들이 혼돈 밖으로 나올 수 있도록 도와주곤 했다. 반대의 경우도 마찬가지였다. 아이들 중에는 지나치게 엄격한 규칙을 강요하는 가정에서 자란 경우도 많았다. 이런 가정은 용돈이나 취침 시간 따위를 융통성 있게 재조정해 줄 때 비로소 가족 생활이 활기를 띠게 된다.

우리는 약간이라도 변화를 줄 수 있는 규칙들에는 어떤 것이 있는지도 찾아보았다. 예컨대 숙제는 모든 아이가 반드시 해야 할 부분이지만 상황에 따라 조정이 가능한 것이기도 하다. 똑같은 숙제가 어떤 아이에게는 버거운 반면 어떤 아이에게는 쉽게 여겨지기도 한다. 제수준에 딱 맞다고 여기는 아이도 있다. 이럴 경우 나는 규칙에 변화를 준다. 아이들은 우리가 동의한 규칙을 존중할 때 자신들도 훨씬 자유롭게 행동할 수 있다는 걸 알아갔다. 나는 이러한 과정을 통해서 자유가 커지는 만큼 커지는 책임감을 아이들의 몫으로 넘겨줄 수 있었다.

교실 안에서 대화 없이 교감하는 게 가능할까?

급우들의 가족세우기가 거듭됨에 따라 아이들은 대리인 역할을 하면서 경험한 자신의 느낌을 탐구하기 시작했고, 그러면서 한 가지 질문을 품게 되었다. 한 학생이 나에게 물었다. "가족 게임을 할 때 느끼는 것처럼 우리는 서로에 대해 우리가 생각하는 것보다 더 많은 걸 알고 있나요?" 나는 아이들에게 책에서 읽은 북미 원주민 학교 이야기를 들려주었다. 그곳은 분위기가 제법 엄해서 아이들끼리 많은 대화를 나눌 수 없었다. 그러다 보니 옆자리의 짝과 밀접한 관계를 형성하게 되었다. 그런데 한 가지 흥미로운 것은 실제로 아이들이 서로간에 많은 대화를 필요로 하지 않는다는 점이었다. 아이들의 감각이 워낙 발달해서 굳이 대화를 통하지 않고도 서로에 대해 충분히 알았기 때문이다.

아이들은 이 이야기에 상당한 관심을 보였다. 그리고 이 이야기에서 영감을 얻어 한 가지 실험을 해보기로 했다. 다음날 우리는 친구와의 대화를 최소화하고 그 대신 감각을 최대한 이용해 두 시간 동안 '말없는 대화'를 시도했다. 두 시간 뒤 아이들은 다시 대화를 시작했다. 말없이 보낸 두 시간 동안 감각적으로 인식한 것들을 나누었다. 아이들은 옆자리에 앉은 짝이 행복한지 슬픈지, 수업에 집중하고 있는지 딴생각을 하고 있는지, 수업에 관심이 있는지 없는지 등등에 대해 느낀 대로 이야기했다.

이 실험을 통해 아이들은 감각 능력만으로도 옆 사람에 대해 많은 것을 알 수 있다는 사실을 깨닫고 놀라움을 감추지 못했다. 물론 아이들은 이러한 경험이 가능했던 것은 순전히 학급 안에 충만한 공동체의식과 오랫동안 함께해 온 가족 게임의 결과라는 걸 모두 알고 있었다. 실제로 가족 게임을 통해서 얻은 가장 큰 수확 중 하나인 '상대방을 존중하는 태도'는 교실 안에 '유기체적인 학급 공동체'를 창조해냈다. 한 여학생이 이런 말을 했다. "친구와 다툴 때에도 화해하는 시간이 전보다 훨씬 빨라졌어요." 살아있는 유기체는 짧은 시간 내에 손상을 회복할 수 있는 능력을 가지고 있음을 암시하는 말이다. 그리고 실제로 그랬다. 내가 가르친 학급 중에서 내적 갈등을 해결하기 위해 교사인 내가 중재를 나서야 한 경우는 아주 드물었다. 아이들은 굳이 어른의 중재 없이도 서로간의 상처를 단시간에 치유할 수 있는 능력을 충분히 갖춘 상태였다. 어느 날 나는 아이들에게 자기 재생 능력과 관련된 이야기 하나를 들려주었다.

"만일 당신이 친구의 자동차에 움푹 들어간 자국이 있고 친구의 머리에도 상처가 있는 것을 본다면, '친구가 운전하던 차가 무언가와 부딪쳤구나' 하고 추측할 것이다. 상황이 명백하기 때문에 오랜 시간 추론할 필요도 없이 말이다. 그러고 나서 3주가 지났는데도 여전히 자동차에 난 상처가 보인다면, 당신은 당연히 친구에게 왜 자동차를 고치지 않았느냐고 물을 것이다. 하지만 친구의 머리에 난 상처가 사흘이 지난 뒤에도 그대로 남아 있는 것을 본다면 당신은 그 사실을 의아해할 것이다. 어쩌면 '친구가 그 사이에 또 한 번 어디에 부딪쳤나?' 하고 짐작할지도 모른다. 왜냐하면 살아있는 육체는 짧은 시간 안에 상처를 스스로 치유, 재생하는 능력을 가지고 있기 때문이다."

이 이야기를 듣고 아이들은 생각에 잠겼다. 잠깐이지만 교실 안이 고요해졌다. 몸의 치유력이라는 주제에 흥미를 느낀 아이들은 싸움닭처럼 늘 싸울 일 없는지 찾고 사사건건 시비를 거는 친구들이 있다며, 그 애들은 몸이 가진 빠른 회복 능력 때문에 싸움을 겁내지 않는다고 했다. 하지만 다행히도 자기네들한테는 이 '싸움닭'들이 싸움을 걸고 다니지 못하도록 하는 규칙이 있다면서 말이다.

맞은편에 있는 사람을 감각으로 느끼기

나는 아이들과 함께 "학급은 유기체다"라는 주제를 가지고 실습을 한 적이 있다. 이 실습 과정을 단계별로 정리해 보면 다음과 같다.

우선, 각각 짝을 선택한 뒤 약 2미터 정도 거리를 두고 마주선다. 이제 아이들은 맞은편에 서 있는 짝을 느껴보기 시작한다. 지금 서 있는 자세가 편안한지, 혹시 몸의 어느 한 부분이 불편하지는 않은지, 서 있는 것이 굉장한 노력을 요구하는지, 다리와 등, 가슴과 머리의 느낌이 어떤지 감지해 본다.

그런 다음, 눈을 움직여 상대방을 인식해 본다. 먼저 눈으로 맞은편에 서 있는 짝의 왼발을 본다. 시선이 천천히 다리를 타고 올라간다. 왼쪽팔로 옮겨갔다가 왼쪽어깨로, 다시 머리 — 이때 짝의 눈을 바라봐서는 안 된다 — 를 거쳐 오른쪽어깨를 타고 내려온다. 이런 식으로 짝의 오른발에 이를 때까지 계속한다.

세 번째 단계에서, 아이들은 맞은편에 서 있는 짝의 두 발이 놓여 있는 위치를 머릿속에 그려본다. 그런 뒤 짝의 자리로 옮겨가 짝의 '신발' 위치에 정확히 선다. 이제 짝의 자리에 서서 자신의 몸이 감지하는 느낌이 어떻게 다른지 느껴본다. 또 그 자리에서 바라보이는 주변에 대해서 몸의 느낌이 어떤지도 감지해 본다. 이 말은 곧 위치를 달리해서 서 있을 때의 느낌이 그 전과 비교했을 때 어떤지, 등과 엉덩이, 배 혹은 어깨의 느낌에 어떤 차이가 나는지 찾아본다는 뜻이다. 등과 다리 같은 부위도 앞서보다 더 강해지거나 약해진 듯한 느낌을 아주 분명하게 감지할 수 있는 부분이다. 기분이 전보다 더 좋아졌다거나 더 슬퍼졌는지도 느껴본다.

처음에 우리가 이 실습을 할 때만 해도 겁을 집어먹은 아이들이 몇명 있었다. 몸에서 일어나는 변화를 인식하는 데 어려움을 갖거나 꺼리는 아이도 있었다. 나는 그런 아이들에게 반드시 참여하라고 요구하지는 않았다. 그러나 나중에는 이 아이들이 몸의 감각 실습에 누구보다도 적극성을 보였다. 서로에 대해서 인식할 수 있는 가능성이 커지면서 우리를 더욱 놀라게 하는 일도 많아졌다. 예컨대 어떤 아이가 두통에 시달리면 옆자리에 앉은 아이는 그걸 금방 감지했다. 급우 중 한 명이 좀 우울해하거나 몸이 안 좋을 때에도 반 아이들은 그 아이의 몸이 드러내는 반응을 곧바로 알아챘다.

학급은 유기체이자 독립적인 조직체이다

가족체의 구성원들에게는 각자에게 적합한 자리와 역할이 있다. 가족세우기는 우리에게 바로 이 자리, 나에게 적합한 자리를 찾을 수 있도록 함으로써 가족체의 질서를 세우고 긍정적인 에너지가 내 삶 속에서 활짝 피어나게 도와준다. 교실 안에서의 가족 게임을 통해 아이들에게도 이 사실이 분명해졌다.

미리 정해놓은 규칙 없이 게임을 진행하던 우리는 이 주제로 실험을 해보기로 했다. 우선 가족이 저녁 식사를 하고 있다고 상황을 설정하고, 순서대로 자리를 배치했다. 의자를 원형으로 놓은 뒤 두 개 내지 네 개 정도의 탁자를 원의 중심으로 옮겨왔다. 이렇게 해서 '우리 집의 저녁 식사 시간' 무대가 완성되었다. 이제 아이들이 한 사람씩 집에서 식구들과 함께 탁자에 둘러앉아 저녁 식사를 하는 상황을 재연했다. 놀랍게도 집집마다 자리의 배치가 전혀 달랐다.

방법은 이랬다. 우선 의뢰인으로 나선 아이가 가족의 대리인들 각자에게 자리를 정해준다. 대리인들은 주어진 자리에 앉은 뒤 저마다의 느낌을 알려준다. 일차로 모든 대리인이 느낌을 표현하고 나면, 이번에는 아버지와 어머니의 대리인에게 어느 자리가 편안하게 느껴지는지 찾아보라고 요청한다. 처음에 아빠 자리에 앉아 있다가 나중에 자신에게 적합한 자리로 찾아간 아이들 중 하나가 이런 표현을 했다. "아빠 자리에 앉으니까 제가 꼭 아빠가 된 것처럼 힘이 세지는 것 같았어요. 하지만 우리 집에서 저는 둘째니까 제 자리에 앉아야 해요." 아이들은 이미 가족세우기 경험을 통해서 이런 표현에 익숙해져 있었다.

다음 단계로 자녀들이 태어난 순서에 따라 적합한 자리를 찾아 앉는다. 먼저 부모님이 편안한 자리를 찾고 나면, 자녀들을 태어난 순서에 따라서 시계 방향으로 앉는다. 태어난 순서에 따라서 자녀들을 배치한다는 것은 첫째아이가 어머니의 맞은편에 앉고, 나머지 형제들은 첫째아이의 왼쪽으로 순서대로 앉는다는 의미이다. 그런 다음 아버지의 대리인에게 아이들 자리가 재배치되고 나서 느낌의 변화가 있는지 묻는다. 자녀들에게도 새로운 자리에 앉은 느낌이 어떤지 물어본다. 이 과정을 통해서 아이들은 부모님을 마주보는 자리에 세워

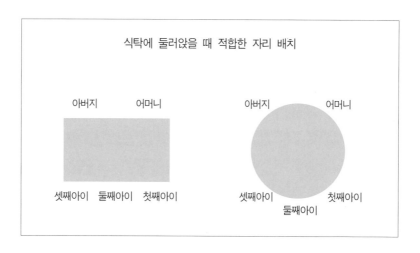

식탁에 둘러앉을 때 적합한 자리 배치

아버지 　어머니

셋째아이　둘째아이　첫째아이

아버지　　어머니

셋째아이　　　첫째아이
둘째아이

질 때 안정감을 느끼게 된다는 걸 알았다.

　나중에 아이들은 집에서 이 실험 이야기를 들려주었다. 그 중에는 아버지가 계시지 않을 때 아버지 자리에 앉는 기분이 아주 좋았다고 말하는 아이도 있었다. 한 여학생은 자신이 둘째딸이긴 하지만 어머니의 앞자리인 언니 자리에 앉고 싶다고 말했다.

　교실 안에서 우리는 이러한 예외들도 다루어보았다. 대리인들은 '자기 자리'가 아닌 맞은편 의자에 앉았을 때 느낌이 어떤지 알려주었다. 가족체 내의 자연스러운 흐름에 따른 자리 배치를 구체적으로 다루어봄으로써 아이들은 자신에게 적합한 자리에 머물 때 생기는 안정감을 직접 경험해 볼 수 있었다.

　나는 어머니 혼자서 아이를 키우는 가정에서의 자리 배치에 대해서도 생각하게 되었다. 학부모와의 면담이 있을 때마다 나는 아버지나 어머니에게 가족의 자리 배치가 부모와 아이들에게 끼치는 영향을 잘 살펴볼 필요가 있다고 강조했다. 어머니를 기준으로 삼아 그 왼편으로 태어난 순서대로 아이들을 앉히는 것이 왜 중요한지도 말해주었다. 어머니들 중에는 아이들이 식사 때 왼편에 앉으면서부터 안정감이 커졌다고 말하는 사람들이 많아졌다.

앞선 실험의 연장선상에서 우리는 교실 안에서도 각자에게 '적합한 자리'가 있는지 실험을 했다. 학생들과 나는 여러 줄로 의자를 배치해서 앉아보기도 하고, 분단별로 탁자를 모아놓고 둥글게 앉아보기도 하고, 말굽처럼 반원형으로 책상을 배치하여 앉아보기도 했다. 실험 결과 수업에 따라 다르게 자리를 배치할 필요가 있음이 분명해졌다. 어떤 수업은 책상 두 개를 한데 붙여 여러 줄을 만들어 진행하는 게 효율적이고, 어떤 수업은 서너 개의 책상들을 맞붙여 '그룹별 책상' 구조를 만드는 게 팀 작업을 향상시키는 것으로 나타났다.

학년이 시작되고 처음 몇 주 동안에는 말굽 모양으로 자리를 배치하는 것이 가장 좋았다. 얼마 뒤 이 자리 배치는 그룹별 책상 구조로 바뀌었다. 아이들이 갑갑함을 느끼는데다 이쪽에 앉은 아이가 줄 끝에 앉아 있는 아이에게 볼 일이 있을 때 이동하기가 어려웠기 때문이다. 자리 배치에 대한 동의가 이루어지고 나서 나는 아이들에게 각기 편안한 자리를 찾아서 앉을 수 있도록 허락했다. 처음에는 약간의 어려움이 있었다. 왜냐하면 이미 다른 친구가 차지한 자리에 앉고 싶어 하는 아이들이 있었기 때문이다.

얼마 뒤 우리는 자리 배치를 위한 새로운 기준을 세웠다. 아이들은 생일순으로 뒤쪽에서 앞쪽으로 이어지는 자리 배치표를 만들었다. 그렇게 하면 생일이 제일 늦은 아이가 첫 번째 줄에 앉거나 앞쪽에 만들어진 그룹별 책상에 앉을 수 있었다. 어떤 때는 성적이 좋은 아이가 저조한 아이 옆에 앉도록 배치를 바꾼 적도 있었다. 처음에 아이들은 이러한 자리 배치 실험을 재미있어했다. 그러다 차츰 자리에 대한 선호도가 급우들과의 친밀감에 따라 결정된다는 사실을 알게 되었다. 우리는 학교 생활에 어려움을 겪는 아이가 있으면 그 아이에게 먼저 원하는 자리를 선택해서 앉을 수 있도록 새로운 배치 기준을 만들기도 했다. 이러한 과정은 자신의 느낌을 있는 그대로 표현할 수 있는 능력을 키워주었다.

여기에서 우리는 한 가지 흥미로운 실험을 해보았다. 수학 성적이 좋지 않은 학생과 수학 성적이 좋은 아이가 자리를 바꿔 앉는 것이다. 이 실험은 놀라운 결과를 가져왔다. 수학을 어려워하던 아이가 자리를 바꾸어 앉은 지 얼마 되지 않아서 성적이 올라가는 모습을 보여준 것이다. 처음 이 실험을 할 때 수학 성적이 좋은 아이들은 수학 성적이 나쁜 아이들 자리로 옮겨 앉았다가 자기 성적도 떨어지지 않을까 두려워 자리 바꾸기를 썩 달가워하지 않았다. 하지만 그런 일은 일어나지 않았다.

여러 실험을 통해서 아이들은 학급은 가족과는 다르다는 사실을 스스로 알아갔다. 예를 들어 교실 안에서의 자리 배치는 기본적으로 친밀감에 따라서 이루어진다는 것, 어떤 자리 배치는 다른 배치에 비해서 집중력과 협력 관계를 높여준다는 것, 자리를 너무 자주 바꾸는 것은 좋지 않다는 것 등을 알게 되었다. 그럼에도 특정 과목 시간에는 반드시 특정 급우 옆에 앉고 싶어 하는 아이들이 있었다. 왜냐하면 둘다 이 과목에 상당한 관심을 가지고 있었기 때문이다. 그럴 경우에 나는 아이들이 자리를 바꾸도록 허락해 주었다.

1990년대 초반, 세르비아와 크로아티아, 알바니아와 보스니아

난민 출신 아이들이 우리 학교에 대거 입학한 일이 있었다. 이 아이들은 끊임없이 자리를 바꿔 앉으려고 했다. 자리를 바꿔달라고 할 때는 꼭 누구 옆에 앉아야 하고 이번이 마지막이라는 식으로 애원했다. 처음에 나는 그 까닭이 아이들 사이에 무의식적으로 스며든 도덕적 갈등 때문이거나, 아이들 부모가 "세르비아 애나 크로아티아 애 옆에는 절대 앉으면 안 돼"라는 식으로 주문했기 때문일 거라고 생각했다. 하지만 사실은 그게 아니었다.

이 아이들이 잠시도 한 자리에 가만히 있지 못하는 까닭은 자기 나라에서 도망쳐 나온 가족체적 에너지의 결과였다. 나는 이것을 '도망 에너지 flight energy'라고 불렀다. 아이들의 무의식 속에 있는 역동성을 이해하게 되면서부터 나는 자리를 바꿔달라는 요청이 있어도 되도록이면 처음에 선택한 자리에 그대로 앉아 있으라고 말했다. 그리고 학급 아이들에게 자신들의 고향 이야기나 다니던 학교와 친구들 이야기, 피난 과정에 대해 이야기해 보라고 권했다. 이는 여러 나라 출신의 아이들이 섞여 있는 우리 반 전체에 좋은 영향을 끼쳤다. 이곳 출신 아이들에게 친구로 받아들여지면서 피난민 출신 아이들이 점차 학급 분위기에 녹아들었던 것이다.

이제 아이들은 학급 안에도 가족체에서와 같은 서열이 존재하는지 알아보고 싶어 했다. 몇 차례 시도 후 교실 안에도 특정한 내적 질서가 존재한다는 게 분명해졌다. 이 서열은 학급 활동의 참여도와 아이들의 나이에 따라서 결정되었다. 특히 학급 활동 참여도에 따라 서열을 매길 때는 '명성'(예컨대 축구를 아주 잘한다거나 춤을 기막히게 잘 추는 아이)이 성적보다 더 높은 자리를 차지했다.

우리 반 전원을 세워보기도 했는데 그때에는 학급에서 '형 노릇하는 아이들'이 선생님들과 나머지 아이들 사이에 세워졌을 때 가장 안정적인 모습을 보였다. 전체에서 다섯 명 정도에 해당하는 이 아이들에게는 급우들 사이에서 제일 윗자리가 주어졌다. 실제로 이 아이들 중에는 남보다 나이가 많은 아이도 있었고, 축구나 다른 활동에서 능력이 뛰어나 모두에게 선망의 대상이 된 아이도 있었으며, 학습 성적이 좋은 아이도 있었다. 반장과 부반장도 이 무리에 끼어 있었다. 나머지 아이들은 각자의 흥미나 친밀감에 따라서 자리가 세워졌다.

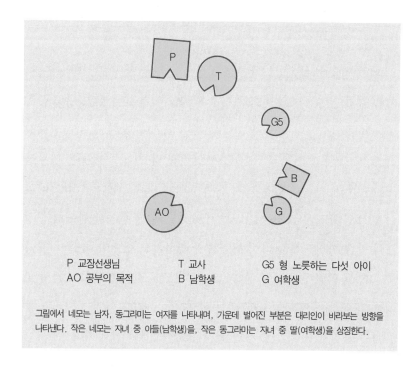

P 교장선생님   T 교사   G5 형 노릇하는 다섯 아이
AO 공부의 목적   B 남학생   G 여학생

그림에서 네모는 남자, 동그라미는 여자를 나타내며, 가운데 벌어진 부분은 대리인이 바라보는 방향을 나타낸다. 작은 네모는 자녀 중 아들(남학생)을, 작은 동그라미는 자녀 중 딸(여학생)을 상징한다.

모든 아이들이 세워지고 난 뒤 공부의 목적을 나타내는 대리인(가족세우기에서는 살아있는 생명이 아닌 목적이나 가치와 같은 무형의 것을 상징하는 대리인을 세우기도 한다)을 추가로 세워보았다. 나를 비롯해 아이들 전부가 이 존재를 바라보면서 만족감을 느꼈다.

집단의 질서를 창조하는 이런 시도 이후에 아이들은 "말끔하게 정돈된" 듯한 느낌과 편안함을 느낀다고 말했다. 말로 표현하기는 어려웠지만 이 세션이 우리에게 끼친 영향을 나름대로 즐기고 있는 듯했다. 학급의 의미를 가볍게 그러나 세밀하게 다루어보고 난 뒤 아이들이 수업에 임하는 태도에도 변화가 일어났다. 수업 시간에 아이들은 종종 이런 표현을 쓰기도 했다. "학교에 와야 하니까 우리가 여기에 있는 건 맞아요. 하지만 지금 우리는 서로에게 속해 있다는 느낌이 들어요."

나는 학급이 살아있는 유기체임을 직접 경험할 수 있었다. 아이들이 끊임없이 성장하고 변화해 가듯 학급도 마찬가지였다. 새로운 학생들이 들어오거나 누군가 전학을 가면 거기에 맞춰 교실도 변해갔고, 교사가 바뀔 때도 학급은 그에 맞춰 달라졌다. 아이들은 서로를 도와주었고, 가끔은 힘을 합쳐 질서를 바로잡기도 했다. 학급이라는 큰 모임 안에 작은 모임들을 만들기도 하고, 학교 활동에 참여하는 정도와 학습 성취도에 따라서 서열을 구축하기도 했으며, 누구나 알아볼 수 있는 학급 규칙들을 정하기도 했다. 서로간의 어려움도 곧잘 인식했다. 이 외에도 나와 다른 과목 선생님들 그리고 아이들 사이에 통용되는 규칙을 함께 만들기도 했다. 교실 안에서 함께 해온 이 모든 활동을 통해서 우리는 학급이 살아있는 유기적 조직체로 존재하는 데 필요한 기준들을 모두 충족시켰던 셈이다.

권위 있는 사람이 잘못된 행동을 할 때

여러 해 전 나는 교사들 사이에서 인정을 받지 못하는 교장선생님 밑에서 일한 적이 있었다. 무엇보다도 교사들이 그의 권위를 인정하려 들지 않았다. 그도 이런 상황을 알아챈 것 같았다. 왜냐하면 그가 특별한 이유도 없이 수시로 교실에 모습을 드러내 수업을 방해하곤 했기 때문이다. 그러자 아이들도 불평을 터뜨렸다.

그때마다 나는 아이들에게 아무 때나 교실에 들어오는 것을 자제해 달라는 말씀을 교장선생님께 드리겠다고 하고 수업을 계속했다. 그렇게 말한 까닭은, 아이들 앞에서 교장선생님에 대해 부정적으로 이야기하면 아이들이 곧 내 편에 서게 될 테고, 그렇게 되면 교사로서 내 자신의 권위가 사라지게 되리라는 걸 알고 있었기 때문이다. 학생들 앞에서 윗사람을 존중하지 않는 모습을 보여주면서 아랫사람인 학생들이 나를 존중해 주길 기대한다는 건 말도 안 되는 소리였다.

그 후로도 교장선생님의 교실 방문은 줄어들지 않았다. 아이들의 불평도 여전했다. 진퇴양난이었다. 교장선생님의 잦은 방문은 아이들과 나 모두에게 괴로운 일이었다. 하지만 아무리 교장선생님이 우리를 불편하게 하고 아이들이 그분을 싫어한다 해도 그는 우리 학교에서 제일 높은 자리에 있는 사람이었다. 그렇기는 하나 현실적으로는 이 '서열을 상징하는 기념비'가 아이들과 교사들의 눈앞에서 빠르게 무너져내리고 있음을 부정할 수는 없었다.

그러던 어느 날 작은 기적이 일어났다. 학기중에 교장선생님의 생일이 있었는데, 그날 교사 몇 명이 일찍 출근해 간단한 다과 모임을 준비하게 되었다. 그날 아침 우리 반의 분위기는 상당히 들떠 있었다.

이유인즉 우리 반 여학생 하나도 그날 생일을 맞아서 아이들 책상에 빵을 하나씩 올려놓았기 때문이다. 반 전체에게 선물을 주고도 아직 빵이 몇 개 더 남아 있었다.

수업 시작 전에 우리는 소녀를 위해 생일 축가를 불러줄 생각이었다. 바로 그때 교장선생님이 여느 때처럼 우리 반 교실로 들어섰다. 내가 교장선생님에게 말했다. "대개는 교장선생님 등장이 저희에게 방해가 되었는데 오늘은 아니네요. 이쪽으로 와서 저희 노래를 들어보실래요?" 교장선생님이 미처 대답할 겨를도 없이 우리는 목청껏 생일 축하 노래를 부르기 시작했다. 노래가 끝나자 내가 신호를 준 것도 아니었는데 생일을 맞은 소녀가 빵 세 개를 교장선생님에게 내밀었다. "오늘이 교장선생님 생신이기도 하다는 말을 들었어요. 생신 축하드려요!"

소녀로부터 빵을 선물로 받은 교장선생님의 눈에서 눈물이 흘러내렸다. 그 순간 얼음이 녹아내렸다. 학교에서 이처럼 친절한 대접을 받아본 적이 없었던 게 틀림없었다. 그 후 얼마 뒤부터 아이들 입에서 자주 이런 소리가 들려왔다. "우리 교장선생님이 이제 더 이상 우리를 성가시게 하지 않으시네." 사실이었다. 그날 이후 교장선생님은 잦은 교실 방문을 완전히 중단했다.

4. 교실에서
활용할 수 있는
다른 방법들

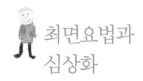

최면요법과 심상화

밀튼 에릭슨Milton Erickson은 지극히 독창적인 치료사로 조직체적 접근법을 일찌감치 활용한 사람이다. 그는 소아마비로 휠체어에 갇혀서 살아야 했다. 통증 때문에 수업을 진행하기 어려웠던 그는 자기 최면을 이용해 일종의 최면 상태인 트랜스 상태에서 강의를 진행했다. 고요하지만 단호한 목소리로 그는 내담자들을 최면 상태로 이끌었다. 간혹 그 최면 상태가 너무 깊게 들어간 경우에 내담자들은 에릭슨이 어떤 말을 했는지, 자신들이 무슨 생각을 했는지 전혀 기억해 내지 못하기도 했다.

에릭슨은 최면 세션을 하기 전에 내담자들에게 자신이 무엇을 할 계획인지 알려주지 않았다. 최면 상태에서 내담자들은 자신들의 내적 이미지와 삶을 대하는 태도를 무의식적으로 치유하는 기회를 갖기도 하고, 에릭슨으로부터 자신들의 상황에 적절한 이야기를 들으면서 문제를 풀 수 있는 실마리를 찾기도 했다.

에릭슨은 과거 ─ 어쩌면 지극히 힘든 시간이었을 수도 있는 ─ 란 트라우마trauma적인 사건들로 엮인 상처의 쇠사슬이 아니라 "쓸모 있고 이로운 경험들이 보관되어 있는 창고"라고 가르친다. 소아마비를 심하게 앓고 한동안 온몸이 마비된 채로 지내야 했던 그는 이 시기의 경험을 통해 도저히 출구를 찾을 수 없는 상황에서도 해결책을 찾아 내는 법을 배웠다고 회상한다.

삶의 모든 경험을 긍정적으로 받아들이도록 하면서 최면(이번 장에서 나는 '트랜스trance'라는 용어를 쓸 생각이다. 트랜스 상태라는 표현이 최면 상태라는 말보다 어감이 좀 덜 강하다고 여겨지기 때문이다)을 통해 변화를 이끌어내는 그의 방법론은 교실 안에서도 충분히 사용 가능하다. 트랜스 상태가 아이들로 하여금 좀 더 빠르게 자신의 몸 그리고 현재 의식 수준의 에너지와 교류할 수 있도록 도와줄 가능성이 크기 때문이다. 그리고 무엇보다도 인간의 무의식 안에 존재하는, 마르지 않는 지혜의 샘터로 향한 문을 더 넓게 해줌으로써 문제 해결의 다양한 도구를 구비할 수 있도록 해주기 때문이다.

보통 에릭슨을 언급할 때는 그의 최면요법을 떠올린다. 그의 이론 중 가장 중요한 것은 바로 '무의식의 자기 치유 에너지'이다. 이런 맥락 안에서 늘 만나게 되는 문구가 있는데 바로 "무의식적인 마음unconscious mind이 의식적인 마음conscious mind보다 훨씬 더 현명하다"는 것이다.

에릭슨의 제자인 모세 펠덴크라이스Moshe Feldenkrais는 이완된 상태에서 몸의 각 부분과 움직임에 의식을 집중함으로써 몸 전체에 대한 앎의 폭을 넓히는 이른바 '펠덴크라이스 요법'을 만들어냈다. 이 장에서도 다루게 되겠지만, 팔이나 다리를 다친 경우 상상 속에서 팔이나 다리를 움직이는 연습을 하면 마치 부러진 다리로 실제 운동을 한 것처럼 몸의 활동 능력을 되찾게 된다.

이처럼 상상력 혹은 심상화를 이용한 치료법은 오늘날 의료에서 중요하게 취급되고 있다.

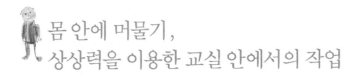

몸 안에 머물기,
상상력을 이용한 교실 안에서의 작업

독일의 학교는 전통적으로 오전에 다섯 시간 동안 6교시를 연속으로 진행하는 수업 방식을 고수해 왔다. 이러한 교육 체제는 육체 활동을 하고 싶어 하는 아이들의 자연스러운 욕망을 억압하고 느낌과 감정에 관심을 쏟을 수 있는 기회를 박탈해 버렸다. 오늘날에도 이는 마찬가지이다.

하지만 배움이란 몸 전체가 참여하는 과정이다. 몸 안에 잠재된 모든 능력을 활용할 수 있어야 한다는 말이다. 우리의 몸 역시 나름의 생존 조건을 가지고 있다. 그러므로 학교 생활도 아이들의 생체 리듬과 몸의 자연스러운 욕구를 감안해서 짜여야 한다. 몸을 이용해 다양하게 활동할 수 있는 장이 마련되어야 하는 것이다. 몸을 충분히 움직일 수 있는 시간, 몸에 대한 인식력을 키워주는 시간, 휴식 또는 의식이 고요해진 상태에서 조용히 침묵할 수 있는 시간도 있어야 한다.

일주일에 두세 차례 정도의 체육 수업만으로는 충분치 않다. 5일 내지 6일 동안 하루 여섯 시간 이상을 책상 앞에 앉아 교사가 전달해주는 지식을 머리로만 일방적으로 받아들여야 하는 현재의 상황은 몸을 움직이는 시간이 턱없이 부족한 셈이다. '아이들의 생체 리듬에 따른 학교'는 하루 중 많은 시간을 학교에서 보내는 아이들의 일상 생활을 이루는 기본 원칙이 되어야 하고 새로운 학교 체제의 토대가 되어야 한다.

머리의 비대한 성장만을 중시하는 교육은 아이들이 태어날 때부터 자연스럽게 갖춘 놀라운 재능인 '상상력'을 뿌리째 잘라내 버린다. 어쩐 일인지 상상력의 활용은 오늘날 아이들에게 금지된 조항에 속한다. 어른들은 상상력을 몽상이라고 부르며 아이들이 그 안에 발을 들여놓지 못하도록 막는다. 상상력이 활발하게 작용하는 상태는 깨어 있는 의식 상태와는 다르다. 최면 요법에서는 이 상태를 '트랜스 상태'라고 부르는데, 창의적인 사람들 — 과학자, 예술가, 발명가 — 이 해온 창조 활동의 주된 원천은 바로 이 상상력의 산물, 트랜스 상태의 결과물이었다.

트랜스 상태에서 아이들은 자기 안의 내적 세계를 경험한다. 우리 안에 실재하는 이 세계에서 새로운 지식의 물을 길어 올리는 것이다. 그 안에는 경험과 직관, 그리고 신체적 인식 능력이 저장되어 있다. 트랜스 상태에 머무르는 동안 두뇌 활동과 심장 박동 그리고 체온에 변화가 온다는 사실은 오래 전에 밝혀졌다. 몸이 이완되면 뇌파가 알파파 상태로 되면서 깨어 있는 상태일 때보다 뇌 활동이 느려진다. 이때 실제로 평소에 쓰지 않던 뇌 영역이 활발해지면서 새로운 시냅스들을 형성한다는 사실은 이미 밝혀진 바 있다. 트랜스 상태가 끝나면 아이들은 의식적으로 깨어 있는 상태 그리고 외부 세계와 다시 접속하는 동시에 트랜스 상태에서 했던 경험으로 돌아올 수도 있다.

아래에서 내가 어떤 식으로 아이들에게 조직체적 방식 안에서 트랜스 작업을 함께했는지 소개하고자 한다. 트랜스 작업은 아이들이 눈앞에 열렸던 문이 다시 닫히지 않기를 바랄 정도로 흥미로운 경험이었다.

정오의 침묵

나는 가톨릭 성당과 아주 가까운 곳에 있는 학교에서 교사 생활을 한 적이 있다. 매일 5교시가 끝나는 정오 무렵이 되면 교회 탑에서 종소리가 아주 크게 울려 퍼졌다. 우리 반 교실은 이 교회 종탑 바로 맞은편에 있었다. 종소리가 수업에 방해가 되었지만 창문을 닫아도 그 소리를 막을 수는 없었다. 그래서 나는 오히려 이 상황을 한번 이용해 보면 어떨까 하는 생각을 하게 되었다.

우선 나는 아이들에게 과거에는 종소리가 농부들에게 기도 시간을 알리는 역할을 했었다는 이야기를 들려주었다. 시골에서는 종이 울리면 농부들이 하던 일을 모두 멈추고 '삼종 기도'(가톨릭에서 아침, 정오, 저녁의 정해진 시간에 그리스도의 강생과 성모마리아를 공경하는 뜻으로 바치는 기도─옮긴이)를 시작했다. 기도는 종소리가 멈출 때까지 계속되었다. 이야기가 끝나자 아이들은 '삼종 기도'가 뭔지도 잘 모르겠고 기도를 하겠다는 것도 아니지만, 학교 수업에 방해가 되더라도 종을 치지 못하게 해서는 안 될 것 같다고 말했다. 그래서 우리는 매일 정오에 교회 종이 울리기 시작하면 3분간 침묵 시간을 갖기로 결정했다. 우리는 이 종소리를, 세상에는 우리가 하는 일에 방해를 주어도 괜찮은 일이 있음을 기억하게 해주는 암시로 삼기로 했다. 그때부터 정오의 종소리는 우리에게 아주 중요한 의미를 갖기 시작했다.

이마를 책상 위에 올려놓기

정오의 침묵을 시작하고 얼마 지나지 않아서였다. 아이들이 이 몇 분 동안의 침묵을 주장하고 실천하긴 했지만 내적으로는 그다지 고요해지는 것 같지 않아 보였다. 나는 아이들에게 우리 마음을 고요하게 하는 연습을 해보자고 제안했다. 우리는 이 놀이를 '이마를 책상 위에 올려놓기'라고 불렀다.

아이들의 이마가 책상에 닿으면 내가 말을 시작했다. 아이들은 내 말에 귀를 기울일 수도 있고, 머릿속에서 떠오르는 자신만의 생각에 빠질 수도 있었다. 아이들은 이 새로운 놀이를 한번 해보고자 했다. 먼저 교실 마루에 발바닥 전체를 붙이고 앉은 뒤 책상 위에 포개 올린 두 팔 위에 이마를 올려놓는다. 책상 위에 겉옷을 베개처럼 접어놓고 그 위에 머리를 올려놓는 아이도 있었다.

놀이를 하던 첫날은 3분 동안 몸의 여기저기를 인식해 보는 연습을 주로 했다. 예컨대 지금 발가락은 어떤지, 발바닥은 어떤지, 발 전체와 다리의 느낌은 어떤지, 오른쪽다리와 왼쪽다리의 느낌이 일치하는지 아니면 한쪽이 다른 쪽보다 더 이완되어 있거나 더 따뜻하거나 더 차가운지 차례로 감지해 보는 것이다. 그 다음날에는 발과 다리 그리고 엉덩이에 집중하면서 각 부분의 느낌이 어떤지 살폈다. 더 넓어진 느낌이 드는지, 더 푹신한 느낌이 드는지, 아니면 더 얇아지거나 앙상한 느낌이 드는지 보았다. 어떤 날은 어깨와 머리만 중점적으로 느껴보기도 하고 가슴과 심장 쪽만 느껴보기도 했다. 아이들은 이 시간을 점점 더 좋아하게 되었다.

그러던 어느 날 아이들은 몸의 특정 부분만 중점적으로 다루어보는 건 어떠냐는 의견을 냈다. 예를 들어서 누가 두통이나 배앓이를 하고 있다면 거기에 집중해서 느껴보자는 거였다. 얼마 후 우리는 몸 느끼기와 호흡법을 병행하게 되었다. 즉 숨을 들이쉰 뒤 그것을 위장 전체를 지나 다리와 발 전체로 흘려보내고 나서 숨을 내쉰다. 혹은 숨을 들이쉴 때 가슴이 얼마나 확장되는지 느끼면서 동시에 두 팔과 손바닥을 향해서 숨을 흘려보낸다.

그 외에도 우리는 내장 기관 하나하나를 여행해 보기도 했다. 상상력을 동원해 아이들은 심장을 방문한 뒤 주변을 둘러보았다. 원한다면 잠깐 동안 심장에 앉아서 휴식을 취할 수도 있고 심장 박동 소리에 귀를 기울일 수도 있었다. 초에 불을 밝힌 뒤 심장 내부의 구석구석을 살펴볼 수도 있었다. 이쯤 되자 그보다 더 난이도가 높은 실습도 도전하게 되었고, 때로 이 여행에 3분 넘게 소요되기도 했다.

처음에는 내적으로 고요한 상태에 이르는 데 어려움을 겪는 남학생들이 몇 명 있었다. 이런 종류의 실습은 여학생들이 더 잘 따라하는 것 같았다. 어려움을 겪는 소년들은 실습에 참여하는 대신 교과서를 펼쳐놓고 공부를 했다. 그러나 얼마 안 돼 소년들 대부분이 실습에 집중할 수 있었다.

실습이 거듭될수록 아이들은 트랜스 상태로 더 깊게 들어갔다. 실습하는 순간에는 일상 상태로 돌아오기가 그다지 어렵지 않을 거라고 여겼던 아이들은 내가 말을 멈추고 나서 다시 보통의 느낌 상태로 돌아오기가 생각보다 쉽지 않다는 걸 알아갔다. 종탑과 가까운 자리에 앉은 아이들조차 주변 소음에 영향을 받지 않을 정도로 트랜스 상태에 깊이 빠져들어 종소리나 내 목소리에 별로 방해를 받지 않았다.

이 상태가 바로 트랜스 상태였다. 학생들 중에는 텔레비전에서 이와 관련된 내용을 본 적이 있다고 말하는 아이도 있었다. 우리는 트랜스와 상당히 유사한 상태인 잠에 빠져들 때와 잠에서 깨어난 뒤의 상태에 대해서도 이야기했다. 만약 지금 우리가 하고 있는 것처럼 의지적으로 이 상태에 도달할 수 있다면, 몸의 감각에 직접 영향을 끼칠 수도 있고 원하는 것을 경험하거나 기억할 수도 있지 않겠느냐는 이야기도 나왔다. 또 여기서 하는 것처럼 필요에 따라 마음을 가라앉힐 수도 있고 몸의 감각을 더 높일 수도 있을 거라는 의견도 있었다.

나는 아이들의 호기심을 자극하는 데 성공한 것 같았다. 아이들은 트랜스에 관해 내가 알고 있는 것들을 더 많이 알려달라고 보챘다. 그 얘기를 하느라 정규 수업 시간을 다 쓸 수는 없다고 하자, 아이들은 앞으로 수업 시간에 공부를 더 열심히 하면 이런 실습 시간을 충분히 낼 수 있지 않겠느냐는 꾀를 내놓았다. 그리고 아이들은 약속을 지켰다! 어떤 일에 대한 의욕이 스스로 이처럼 굉장한 에너지를 만들어내다니 정말 놀라운 경험이었다. 실제로 아이들은 수업 내용을 전보다 훨씬 빠른 속도로 익혀갔고, 덕분에 나는 트랜스와 관련된 실습을 계속 할 수 있었다.

트랜스 놀이와 자가 치유

트랜스 놀이를 처음 시작할 때 나는 몸과 관련된 실습을 중시했다. 그러면서 차츰 나는 아이들이 불안해하거나 혼란스러워할 때 상황을 재빨리 제어할 수 있도록 해주고 싶다는 마음이 들었다. 감정적 어려움 외에 실제로 병에 걸리거나 다쳤을 때 빠르게 치유할 수 있는 방법도 알려주고 싶었다.

언젠가 나는 사고로 정강이뼈와 종아리 그리고 발목이 부러져 넉 달 간 휴직을 한 적이 있다. 보통 한쪽 다리에 넉 달간 깁스를 하고 있다 풀면 골절된 다리가 상대적으로 여위고 가늘어지게 마련이지만, 내가 다리가 완치돼 교실로 복귀했을 때는 아무도 나의 어느 쪽 다리가 골절되었는지 알아차리지 못했다. 나는 아이들에게 매일 상상 속에서 다치지 않은 다리와 깁스를 한 다리로 스트레칭과 운동을 했다고 이야기해 주었다. 실제로 상상력을 이용한 다리 운동은 근육의 치유력을 높여 회복을 빠르게 해준다.

"부상을 입은 사람은 상상력을 이용해서 팔이나 다리가 치유되는 모습을 그려볼 수 있단다. 그러면서 상상 속에서 근육 운동을 하는 거야. 그때 온 정신을 거기에 집중해야 해. 이러한 운동 방법은 혈액 순환을 빠르게 해서 근육 위축도 막아주고 치유력도 높여준단다."

트랜스를 이용한 몸 작업을 통해서, 인간이 가지고 태어난 수많은 가능성의 문이 아이들 앞에 열렸다. 나는 교실 안에서 트랜스를 이용한 여러 종류의 여행을 시도해 보았다. 그 중 몇 가지를 소개한다.

생물 시간에 우리는 몸의 내장 기관에 대해 배우는데, 몸 실습법은 위장, 신장, 대장 등 모든 내장 기관을 시각화하는 데 도움을 주었다. 아이들 중에는 내장 기관에 어떤 것이 있고 어떤 기능을 하는지 상상하는 데 어려움을 느끼는 아이들이 있었다. 내장 기관에 대해 생각하는 것만으로도 속이 울렁거린다는 아이도 있었다. 이런 아이들은 심장의 박동이나 혈액 순환, 입 안에서 분쇄된 음식이 위장으로 내려가는 모습을 상상하는 것조차 힘들어했다. 음식을 소화시키는 나머지 장 기관에 대해서는 더 언급할 필요도 없었다.

내장 기관에 대한 아이들의 저항은 몸에 대한 일종의 거부감의 표현이었다. 그러나 다양한 접근법의 도움으로 내장 기관에 대한 아이들의 관심은 조금씩 커져갔다. 사진이나 비디오로 인체 내부의 내장 기관이 어떻게 생겼는지 알게 된 아이들에게 나는 '몸 여행'에 사용할 지도를 그려보자고 독려했다. 마음속의 장벽이 무너져 내리면서 아이들은 다음 생물 시간을 손꼽아 기다릴 정도가 되었다.

나는 아이들의 호기심이 구체적인 실습으로 이어질 수 있도록 했다. 교사가 전해주는 정보를 일방적으로 받아들이라고 강요하는 것이 아니라, 아이들의 직접적인 참여를 유도해 호기심과 동기성을 자극하고자 한 것이다. 자신이 그린 '몸 여행' 지도를 생물 교과서에 실린 해부도와 비교해 본 아이들은 교실 여기저기에서 놀라움의 탄성을 질렀다. 밀튼 에릭슨이 이 모습을 보았다면 아마 이런 표현을 쓰지 않았을까 싶다. "이 얼마나 놀라운 일인가? 그들은 서로에 대해서 얼마나 많은 걸 알고 있는 걸까? 그들이 이미 모든 걸 알고 있다는 사실을 알지 못한 채 말이다."

그 당시 나는 뮌헨의 한 통증 치료 전문의로부터 최면 기법을 배우고 있었다. 대학 병원에서 암 환자들을 상대로 치료하던 그는 나를 포함한 참여자들에게 그 동안 말기 암 환자들과 해온 작업을 비디오로 보여주었다. 그는 유도 최면 기법을 이용해 환자들을 아주 깊은 이완 상태에 이르게 함으로써 그들의 모르핀 의존도를 점차로 줄일 수 있었다. 그로부터 최면 치료를 받은 환자들은 통증을 견디기 위해 투여받는 모르핀 양이 줄어들면서 생각도 훨씬 명료해졌고, 죽기 전 가족과의 마지막 작별의 시간도 모르핀으로 인한 몽롱한 상태가 아니라 명료한 의식 속에서 평온하게 나눌 수 있었다. 내가 아이들에게 이런 이야기를 들려주자, 몸이 아프거나 다쳤을 때 겁에 질려 허둥대기보다는 차분한 마음으로 의사가 올 때까지 통증을 지켜볼 수 있을 것 같다고 말하는 아이들이 많았다.

"무엇이든 네가 원하는 대로 될 수 있어"

'몸 여행' 중간중간 나는 가끔씩 아이들을 '변형의 정원'으로 이끌기도 했다. 그곳에서 아이들은 바람에 가볍게 움직이는 들풀이 되기도 했고, 바람이 지나갈 정도로 큰 구멍이 뚫린 응회암이 되기도 했으며, 아주 무겁고 단단해서 아무리 센 바람에도 끄덕 않는 화강암 덩어리가 되기도 했다. 그런가 하면 아이들은 열 걸음 만에 지구를 한 바퀴 돌 수 있을 정도로 큰 거인이 될 수도 있었고, 이끼 아래 조그만 공간에서 살아가는 아주 작은 난쟁이가 될 수도 있었다. 어떤 때는 불가사의의 새들이 나타나 아이들을 태우고 하늘 높은 곳까지 날아오르기도 했다. 새 등에 실려 구름 위로 날아오르다 보면 아이들에게도 변형이 일어나, 어느 순간 그들도 새가 되어 함께 날기도 했다.

처음에 나는 열두 살에서 열세 살 정도의 아이들이라면 이런 식의 상상을 할 단계는 지났을 거라고 생각했다. 하지만 아이들은 변형의 정원을 몹시 좋아했고, 실습이 끝나면 늘 자신들의 놀라운 모험담을 들려주고 싶어 했다.

상상력을 위한 에너지를 키워가다

"이 모든 게 어떤 의미를 가지고 있는 거예요?" 간혹 아이들이 내게 던지는 질문이었다. 그러면 나는 아이들에게 이 간단한 트랜스 놀이들이 일종의 상상력 훈련이라고 말해주었다. 그리고 어쨌거나 흥미를 느끼는 놀이를 자주 해보는 건 좋은 일이라고 덧붙였다. 상상력의 에너지가 충분히 키워진 아이들은 자연 과학 분야의 여러 가지 법칙을 훨씬 쉽게 이해할 뿐만 아니라 그 내용도 더 정확하게 표현할 수 있다. 위대한 기술자나 과학자, 예술가, 발명가를 보라. 이 상상력의 에너지를 갖지 않은 사람은 단 한 명도 없다.

텔레비전에 붙들려 사는 요즘의 아이들은 지극히 빈곤한 상상력의 세계에 살고 있다. 텔레비전이 쏟아내는 이미지들의 홍수로 인해 아이들은 더 이상 앨리스의 이상한 나라를 찾을 일이 없어졌다. 그러나 상상력을 이용한 놀이를 시작하면서 아이들은 텔레비전이 제공하는 것보다 훨씬 생생한 이미지들을 창조해 낼 수 있었다. 어떤 아이가 전날 텔레비전에서 본 것과 유사한 이미지들을 줄줄이 늘어놓기 시작하면, 나머지 아이들이 일제히 소리를 질렀다. "그건 이미 다 알고 있는 거잖아! 네 상상력에서 태어난 게 아니잖아!"

아이들이 자신만의 상상의 나라에서 창조한 이미지를 이야기로 표현할 수 있게 되기까지는 그다지 오랜 시간이 걸리지 않았다. 그리고 이 이야기들은 늘 다른 아이들까지도 한달음에 상상의 나라로 달려가도록 만들었다.

현실의 변형

때로 아이들은 늘 원해오던 것을 상상하는 것으로 '여행'을 시작하고 싶어 했다. 그럴 때면 나는 아이들에게 어떤 걸 선택할지 잘 생각해서 하라고 경고하기를 잊지 않았다. "왜냐하면 그 일이 현실로 이루어지게 될 테니까 말이야." 아이들 중에는 친구와 다시 놀게 되기를 바라며 함께 자전거 타며 노는 모습을 상상하는 것으로 여행을 시작하는 아이도 있었고, 엄마 아빠와 함께 소풍 가고 싶은 바람을 가진 아이도 있었다. 그러나 많은 아이들은 새 컴퓨터 앞에 앉아 아빠로부터 사용법 설명을 듣는 모습을 상상했다.

아이들은 누군가에 대해서 나쁜 마음을 품고 상상 속에서 그 사람에게 복수하는 건 어떠냐고 묻기도 했다. 힘센 아이에게 괴롭힘을 당하는 아이들에게는 중요한 문제였다. 나는 그런 아이들에게 현실 속에서 할 수 없었던 대응, 그러니까 그 악당이 받아 마땅한 대접을 상상 속에서 해주라고 대답했다. 한 아이가 자신을 때리는 친구와 동등하게 맞서 싸우는 상상을 아주 구체적으로 할 수 있다면, 의식의 밑바닥을 쉴 새 없이 흐르는 폭력적 환상을 멈추게 할 수 있기 때문이다. 실제로 단 한 번도 자기를 방어하지 못했던 아이가 상상 속 실습 후 자기 방어를 하게 된 경우도 있었다.

어떤 아이들은 어려운 수학 문제를 이해하게 되었다거나, 작문을 잘해서 최고 점수를 받게 되었다는 상상을 하기도 했다. 우리는 이런 상상을 매일의 생활에 적용해 보기로 했다. 예컨대 수학 문제를 풀기 전에 다 같이 먼저 '여행'을 떠나보는 것이다. 상상 속에서 아이들은 원하는 것은 무엇이나 스스로에게 요청할 수 있다. 이를테면 어떤 수학 문제들이 나올지, 문제들을 얼마나 잘 이해할지, 얼마나 빨리 계산하고 답을 쓸지, 정해진 시간 안에 주어진 문제를 다 풀 수 있을지, 문제를 푸는 동안 머리가 얼마나 맑아지고 심장 박동은 얼마나 느려질지, 모르는 것이 있을 때는 옆에 앉아 있는 사람이 어떻게 도움을 줄지 등등을 모두 상상할 수 있는 것이다. 내 경험을 말하자면 문제를 풀기 전에 이런 단순한 실습을 하는 것만으로도 아이들이 평정을 유지하고 자신감을 키워가는 데 큰 도움이 되었다.

학교 바꾸기

우리는 학교 생활관 수업을 아주 특별한 여행을 하는 데 사용했다. '여행'을 시작하기 전 나는 아이들에게 원하는 사람은 누구나 여행 중에 깊은 트랜스 상태로 내려갈 수 있지만, 원치 않는 경우 그냥 깨어 있는 의식 상태로 머물 수도 있다고 말해주었다. 트랜스 상태에 자발적으로 들어가고 싶은 마음이 없는 몇몇 아이는 나의 이 말에 안도의 한숨을 쉬기도 했다. 이때부터 나는 '여행'을 떠나기 전 이 여행을 할지 말지 본인이 선택할 수 있다는 말을 잊지 않았다.

그런 다음 나는 아이들을 상상 속의 들판으로 내보냈다. 아이들은 산들바람에 머리카락이 나풀거리며 맨발로 따뜻한 풀밭을 걸어 다녔다. 풀들이 종아리를 간질이고 새들의 노랫소리와 벌레들의 날갯짓 소리로 사방이 소란스러운 봄날이었다. 풀밭을 지나자 숲이 모습을 드러냈다. 아이들은 가던 길을 멈추지 않고 원하는 대로 숲 속을 탐험했다. 아이들에게 유독 편안한 느낌을 준 곳은 숲 속에 있는 멋진 집이었다. 어쩌면 그 집은 나무들 뒤에 숨어 있거나 동산 높은 곳에 자리 잡고 있었을 것이다.

"이 집이 너희 학교야. 너희가 바라던 모습의 학교 말이야." 나는 아이들에게 집을 자세히 살펴보라고 권했다. 어딘가 구부러진 곳은 없는지, 지붕 위로 솟아난 작은 탑이나 튀어나온 창문은 없는지, 지붕이 여럿 잇대어 있고 출입구가 여러 개 나 있지는 않은지, 아니면 큰 창문과 마당으로 이루어진 평범한 집은 아닌지, 창문은 어떤 모양인지, 창문 앞에 발코니가 있는지…… 만약 없다면 아이들이 원하는 모양대로 발코니를 덧댈 수도 있었다.

우리는 여러 차례 이 집을 방문했다. 아이들은 각자의 느낌에 따라서 집에 필요하다고 여겨지는 것, 빠져 있는 부분을 채워갔다. 아이들의 상상력은 무한대로 펼쳐졌다. 아이들은 저녁이 되어도 부모님이 기다리는 집에 가지 않고 그곳에 머물러 있고 싶어 했다. 아이들은 그곳에서 여러 가지 놀이도 했다. 그곳에는 어학실과 컴퓨터실, 물리 실험을 위한 커다란 실험실, 무엇이든 요리할 수 있는 부엌, 음향시설을 잘 갖춘 휴게실도 있었다. 더 이상 텔레비전 같은 건 중요하게 여겨지지 않았다. 내가 상상한 그 집에는 사진관과 수공예품을 만들 수 있는 작업장, 그리고 의상실도 있었다.

시간 여행

이 여행이 계속되던 어느 날 나는 아이들에게 교내 어딘가에 숨어 있음직한, 아주 높은 천정과 커다란 괘종시계가 매달린 방을 상상하도록 했다. 이 방은 아이들이 원하는 재료로 꾸밀 수가 있었다. 금이나 은 등 온갖 보석으로 뒤덮을 수도 있고, 예쁜 색깔의 염색 천으로 둘러싸여 있을 수도 있었다. 괘종시계를 조작해 아이들은 원하는 대로 시간을 앞이나 뒤로 돌려놓을 수도 있었고, 과거나 미래로 여행을 떠날 수도 있었다.

처음에 나는 아이들에게 누구나 과거의 경험을 토대로 미래에 대한 기억이나 이미지를 갖게 된다는 말로 여정을 시작했다. 아이들은 자신의 삶에서 본 아름다운 그림이나 힘든 그림을 가지고 서로 이야기를 나눴다. 그 중 시베리아의 이르쿠츠크에서 태어난 한 소녀의 이야기가 기억난다. 이 소녀는 여섯 살 때 뮌헨에 있는 학교에 입학했다.

소녀는 이르쿠츠크의 어느 방 안에 있는 벨벳 의자 옆에 자신이 서 있는 모습을 상상했다. 아장아장 걸을 무렵의 어린 소녀는 벨벳 의자 위로 올라서려고 한 걸음을 떼었다. 트랜스 상태의 소녀가 무언가 힘겨워하면서 혼잣말을 중얼거리는 모습이 보였다. 소녀는 러시아 말로 중얼거렸다. 어린 나이에 러시아를 떠나면서 모국어를 완전히 잊어버렸건만, 트랜스 상태의 소녀는 러시아 어를 자유자재로 구사했다. 그러다 갑자기 소녀가 흐느껴 울었다. 나중에 소녀의 어머니는 딸이 본 모든 이미지가 사실과 정확히 부합한다고 확인해 주었다.

나는 이 상상력의 힘을 교과 수업에도 활용했다. 이는 특히 역사 수업 때 큰 효과를 발휘했다. 아이들은 다른 사람들에게서 들었거나 책이나 텔레비전에서 보고 알게 된, 자극이 될 만한 몇 마디 낱말들을 합쳐서 이미지를 구축했다.

과거를 바꾸기

몇 차례 시간 여행을 경험한 후 아이들은 더 자주 여행을 떠나고 싶어 했다. 한번은 한 소년이 몇 년 전 사촌이 죽었을 때로 시계를 되돌렸다는 이야기를 한 적이 있다. 이 아이의 사촌은 소년이 보는 앞에서 조그만 오토바이에 치여 죽었다. 비명을 지르는 것 말고는 아무것도 할 수 없었던 소년에게 이 사건은 큰 충격으로 남아 있었다. 시간 여행에서 소년은 죽은 사촌에게 다가가 그를 쓰다듬으며 작별 인사를 할 수 있었다. 소년에 따르면 어른들은 자신이 사촌의 장례식에 참여하는 것을 허락하지 않았다고 했다.

시간 여행이 과거의 힘든 경험을 긍정적인 방식으로 다시 만날 수 있는 기회를 제공해 준다는 것이 소년의 경험을 통해 입증되었다. 상상의 힘을 빌리면 동일한 상황을 새롭게 이해할 가능성이 있다는 것도 입증이 되었다. 그리고 이러한 이해를 기반으로 무수히 많은 미완의 사건들이 완료될 수 있었다. 상상력을 이용하여 우리 반 아이들은 마음의 평화를 얻을 수 있었다. 코소보 출신의 한 남자 아이는 할머니를 찾아뵙지 못한 채 고향을 떠나왔는데 그후 얼마 안 돼 할머니가 돌아가시는 바람에 다시는 볼 수 없게 되었다고 말했다. 하지만 이제 소년은 트랜스 경험을 통해서 할머니와 재회할 수 있었다.

한 걸음 더 나아가, 아이들은 불쾌한 기억으로 남은 일상의 경험들을 다른 모양과 색깔로 바꾸기도 했다. 예컨대 힘센 아이와의 싸움에서 맞기만 했던 아이가 상상력을 이용해 자기 방어 이미지를 구축하면서 자신감을 얻게 되었다. 나중에 다시 그 힘센 아이를 만났을 때 전과 달리 좀 더 자신감에 찬 모습으로 그 앞을 지나갈 수 있었다. 때로는 그런 친구에게 합당한 복수를 해주기도 했다.

나는 아이들에게 상상력을 이용한 여행에서 자신들이 원하는 대로 사건의 모습과 색깔을 바꿔보면 현실에서도 고스란히 그 영향이 나타난다는 말을 들려주었다. 그러면서 나는 가슴에서 만족감과 편안함을 느낄 수 있는 방식으로 사건을 완료 짓는 방법을 찾아보라고 덧붙였다.

미래를 계획하기

천정이 높은 방에 매달려 있는 커다란 괘종시계는 시간을 과거로만 되돌릴 수 있는 게 아니라, 한 달 뒤나 1년 뒤 혹은 5년이나 10년 후의 미래로 돌려놓을 수도 있다. 이 '미래를 계획하기'는 아이들의 상상력에 날개를 달아주었다.

아이들은 자기 팀이 멋진 공격과 수비로 승리하는 축구 경기를 상상했다. 자기 팀에 승리를 안겨준 페널티킥 상황까지 아주 구체적으로 상상해 낼 정도였다. 상급 학교 진학을 위한 시험 같은 어려운 상황을 떠올리는 아이들도 있었다. 이 상상 여행을 하고 나서, 어려워하던 과목에 대해 곧바로 편안해하고 자신감 있어 하는 아이들이 제법 많아졌다. 이유는 간단했다. 이 과목에 대한, 아이들 내면 깊은 곳에 숨어 있던 관심에 다시 불이 붙었기 때문이다. (물론 이러한 변화는 이런 이유 외에 우리가 알지 못하는 다른 이유들이 함께 작용했기 때문일 수도 있다!)

"너는 단지 너의 미래만 계획할 수 있어"

우리 반에는 터키 출신의 여학생이 몇 명 있었다. 이 소녀들의 부모는 하나같이 딸을 터키에 있는 고모나 삼촌 집으로 보내, 시집 갈 나이인 열여섯 살까지는 코란 학교에 다니게 하는 게 아이의 장래를 위해 더 나은 선택이 아닌지 고민하고 있었다. 나는 이 소녀들에게 뮌헨에서 부모님과 함께 행복하게 사는 모습을 상상해 보라고 조언했다. 우리 반에는 또 이혼한 부모님이 다시 함께 살게 되기를 바라는 아이들도 있었다. 나는 이런 부분에 대해서는 좀 더 조심스럽게 접근했다. 왜냐하면 이러한 상황에서는 상상력의 힘이 부모님의 결정과 상반되는 쪽으로 작용할 수도 있기 때문이었다. 나는 이 아이들에게는 설령 부모님이 이혼을 했다 하더라도 세 사람이 함께 소풍을 가거나 생일 파티를 할 수도 있고, 주어진 시간을 즐겁게 보낼 수도 있다는 말로 대신했다.

상상력의 힘을 가장 강력하게 경험한 때는 학년말 송년 파티 계획을 세우던 때였다. 우리는 무언가 색다른 아이디어를 찾고 있었다. 그런데 놀랍게도 트랜스 상태를 경험하고 난 아이들이 아주 잠깐 사이에 그날 하루를 어떤 식으로 꾸릴지 참신한 발상들을 꺼내놓았다. 그룹을 나누어 각각 놀이와 연극, 마술쇼, 체조 공연과 경연대회 등을 맡아서 진행한다는 계획서를 일사천리로 만들어낸 것이다. 큰 행사를 준비할 때마다 벌어지던 논쟁이나 다툼 같은 불협화음도 없었다. 그리고 가장 중요한 변화는 각각의 아이들이 원하는 게 무엇인지 서로 귀를 기울여 들어주는 모습이었다.

새로운 방의 문을 열기

시간여행을 위한 시계가 걸려 있는 방 외에도 우리는 교내 여기저기에 숨어 있는, 무수히 많은 비밀의 방들을 하나씩 열어보았다. 그중에는 손으로 각종 물건을 만드는 방도 있었고, 그림을 그리는 방도 있었으며, 음악을 작곡하는 방도 있었다. 아이들 중에는 밴드에서 드럼이나 기타를 연주하고 싶어 하는 아이들이 있었다. 종종 나는 그 아이들에게 왜 집에서나 잠자리에 들기 전에 혼자서 이러한 상상을 해보지 않느냐고 물었다. 아이들은 교사인 내 도움이 없이 혼자서 상상여행을 한다는 게 불가능하다고 여기는 것 같았다. 꽤 긴 시간이 지난 뒤에서야 그 아이들은 어쩌면 혼자서도 상상 여행을 해볼 수 있을 것 같다는 자신감을 얻었다. 결과적으로 수많은 상상 여행을 통해 길러진 집단의 힘은 아이들에게 혼자서도 이 여행을 해볼 수 있겠다는 자신감과 집중력을 키워주었다.

내가 속해 있는 세계, 나에게 속해 있는 세계

아이들은 상상 여행을 시작하면서 주변에 펼쳐진 세계를 더욱 자세히 볼 수 있게 되었다는 말을 자주 했다. 이 세계란 사람과 사물, 그림, 심지어 교과서까지도 포함된 세계였다. 이 여행은 끝없이 계속 이어질 수 있는 영원한 과정과 같았다. 상상 여행 횟수가 늘수록 아이들은 상상의 내용이 더욱 세밀하고 정확한 모습을 띠기를 바랐다. 그 덕분에 아이들은 주변 환경을 훨씬 정확하게 관찰하기 시작했다. 내 생각에는 예술가들도 이와 유사한 과정을 거치는 게 아닐까 싶다.

아이들이 주변 세계를 명확하게 보게 될수록 일상 생활 속에서도 훨씬 더 많은 기쁨을 발견할 수 있었다. 뭔가 색다른 놀이를 할 때, 친구들과 시간을 보낼 때, 누군가와 대화를 나눌 때, 아니면 자연 속에서 아이들은 새로운 아름다움을 발견해 갔다. 이런 맥락에서 우리는 텔레비전에 관해 종종 토론을 했다.

어느 날 한 소녀가 이런 말을 한 적이 있었다. "텔레비전은 진짜가 아니에요. 왜냐하면 나는 그 세계에 전혀 속해 있지 않거든요." 나는 소녀에게 트랜스 상태에서 만나는 그림들이 텔레비전에서 보여주는 것보다 더 진짜로 여겨지느냐고 물었다. 그러자 소녀가 이렇게 대답했다. "당연하죠. 왜냐하면 그 그림들은 제 머릿속에 있잖아요."

조직체적 사고를 가르치는 모든 학파는 현실 — 이 맥락에서는 학교라는 현실을 의미한다 — 이 우리의 뇌와 생각 속에서 어떤 식으로 재현되고 또 지속적으로 재생산되는지 언급한다. 이들은 외부 사건으로 인해 내면에 형성된 느낌의 패턴을 우리가 바꿀 수도 있고, 심지어는 우리가 현실을 인식하는 방식까지 바꿀 수 있다고 말한다. 그리고 그렇게 함으로써 우리 자신만을 바꾸는 게 아니라 우리 주변에 펼쳐져 있는 세상 전체를 바꿀 수도 있다.

우리는 언제라도 상황을 창의적으로 만들 수 있는 잠재력을 가지고 있다. 우리 주변에 펼쳐진 세계의 모습은 우리에 의해 만들어진 것이다. 외부 세계란 바로 우리의 생각이 투사된 것에 불과하다는 말이다. 이 말은 우리가 한 모든 것, 모든 행위의 결과, 그리고 각자가 처한 상태에 대한 책임은 다름 아닌 우리 자신에게 있다는 뜻이기도 하다.

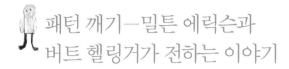

패턴 깨기—밀튼 에릭슨과 버트 헬링거가 전하는 이야기

부정적인 패턴을 바라보는 새로운 눈

아이들과 내가 '품격 있는 방법들'에 관한 이야기를 할 기회가 계속해서 생겨났다. 여기서 내가 군이 이런 표현을 쓰는 이유는, 어떻게 하면 우리가 다른 사람들의 나쁜 습관이나 불성실한 태도, 또는 남에 대해 험담하는 습성 등의 부정적인 패턴을 포기하도록 만들 수 있겠느냐는 이야기를 하고 싶어서이다.

"선생님은 우리를 어떤 식으로 대하실 거예요?" 아이들이 종종 묻는 질문이다. 실제로 나는 아이들에게 무엇을 하면 안 된다는 식으로 말하지 않는다. 왜냐하면 아이들 자신이 이미 스스로 뭘 해야 하는지를 잘 알고 있다고 생각하기 때문이다. 내가 중요하게 여긴 점은 '왜' 아이들이 나쁜 습관을 가지고 있느냐가 아니라, 나쁜 습관을 통해서 그들의 무의식이 성취하고자 하는 것이 과연 무엇인가 하는 것이었다. 라이너의 경우처럼(이 책 185쪽의 '너도 우리 중의 하나야' 참조) 급우들에게 보인 무례한 태도는 아이 자신이 교실 안에서 얼마만큼이나 소외감을 느끼고 있는지 보여주기 위한 수단이었다. 그리고 이 상황을 해결하는 마법의 문구는 "너도 우리 중의 하나야!"였다.

나는 아이들에게 밀튼 에릭슨이 치유 작업을 하면서 경험한 놀라운 이야기들을 들려주곤 했다. 그의 이야기들은 모든 아이의 가슴속으로 곧장 파고들었다. 아니, 아이들의 넋을 빼앗아버렸다고 말하는 게 옳을 것 같다.

낱말 샐러드

병원에 입원중이던 환자 하나가 에릭슨에게 보내졌다. 병원에 9년이나 입원해 있었지만 정신적인 혼란 상태에서 좀체 벗어나지 못했기 때문이었다. 이 남자는 한번 시작되면 몇 시간씩 서로 아무런 연관성도 없는 낱말과 문장을 뒤죽박죽으로 쏟아내곤 했다. 아무도 이 남자가 하는 말을 이해할 수 없었다. 남자의 증세에 대해 간단히 설명을 들은 에릭슨은 환자와의 첫 번째 면담 때 속기사를 데리고 왔다. 속기사는 남자가 쏟아내는 모든 낱말을 기록했다.

에릭슨은 속기된 내용을 꼼꼼히 살폈지만 문장의 머리가 어디고 꼬리가 어딘지 도무지 찾을 수 없었다. 두 번째 세션에서 에릭슨은 자신도 '낱말 샐러드'(정신 장애로 사고에 혼란이 일어나 단어들이 일관성 없이 단편적으로 나열되는 현상—옮긴이)를 이용해 이 환자와 소통해 보기로 결심했다. 에릭슨이 환자에게 자기 소개를 하자 남자는 낱말 샐러드로 대답을 했다. 에릭슨 역시 같은 방식으로 대화를 이어갔다.

그래봤자 얼마나 가겠느냐는 태도를 보이던 남자가 점점 대화에 몰입되더니 꽤 오랫동안 그런 상태로 대화를 이어갔다. 그후 남자는 일상적인 말들을 낱말 샐러드 속에 드문드문 집어넣기 시작했다. 그러다가 시간이 흐르면서 보편적인 말들이 대화의 많은 부분을 차지하게 되었다. 이 과정에서 에릭슨은 환자에 대해 많은 것을 알게 되었고, 본격적인 치유 작업도 가능해졌다. 그리고 마침내 남자는 병원을 떠날 수 있었다.

몇 년 뒤 에릭슨은 그 남자로부터 낱말 샐러드가 섞인 엽서를 한 장 받았다. 엽서의 끄트머리에는 이런 내용이 적혀 있었다. "선생님, 인생에서 약간의 허튼소리를 하고 사는 것도 멋지지 않습니까?" 남자와의 대화에서 낱말 샐러드를 사용함으로써 에릭슨은 그에게 "나는 당신을 이해하고 있다"는 내용의 메시지를 전할 수 있었다. 여기 다른 이야기가 하나 더 있다.

파괴 충동 다루기

열두 살 소녀 루쓰는 주립 병원에 입원한 환자였다. 발작 증상이 나타날 때면 소녀는 간호사들을 폭행하고 방 안의 가구를 때려 부수곤 했다. 거의 자포자기 상태에서 병원측은 에릭슨에게 도움을 요청했다. 병원 담당자는 현재 루쓰가 독방에 들어가 있으며, 거기서도 이미 침대를 부수고 벽의 회반죽을 떼어내는 등 금액만으로도 400달러가 넘는 손실을 입혔다고 전했다. 담당자에게 에릭슨은 400달러에서 500달러 정도의 손해를 더 내도 되겠느냐고 물었다. 담당자가 대답했다. "뭐든 좋아요."

독방에 들어선 에릭슨이 손상의 정도를 파악한 뒤 루쓰에게 말했다. "얘, 내 말 좀 들어봐. 벽의 회반죽을 이렇게밖에 뜯어내지 못하다니, 내가 지금까지 본 것 중 제일 못 뜯어낸 것 같구나." 그러더니 에릭슨은 소녀가 입고 있는 옷을 일부 찢어내 천 다발을 만든 다음, 회반죽이 떨어져나가 앙상한 벽에서 뜯어낸 잔 막대들과 한데 묶어 망치를 만들었다. 그러자 루쓰가 그러면 안 된다며 막아섰다. 에릭슨은 망치로 벽을 부수는 건 순서상 잠시 나중으로 미루고 우선 벽에서 방열기를 뜯어내는 걸 도와달라고 했다. 그는 소녀에게 옆에 앉아 두 발을 벽에 대 지지대 역할을 해달라고 부탁하더니 파이프를 비틀어서 잘라내 버렸다. 그리고 잘라낸 파이프를 이용해 벽에 붙어 있던 방열기를 뜯어냈다. 그때 갑자기 루쓰가 울음을 터뜨리면서 말했다. "선생님은 의사잖아요. 의사는 그러면 안 돼요."

그러자 에릭슨이 대답했다. "네가 하고 싶어 했던 게 이런 거잖아. 나는 네가 할 수 있게 도와준 것뿐이야. 내가 지금 바빠서 가봐야 하거든. 그럼 잘 있거라."

그때부터 루쓰가 폭력적인 모습을 보일 때마다 간호사들은 에릭슨 선생님에게 전화를 걸겠다고 위협을 했다. 루쓰는 더 이상 기물을 파괴하거나 폭행을 하지 않았다. 기분이 좋을 때면 소녀는 에릭슨에게 자신을 방문해 달라고 요청하기도 했다.

환자들을 치유할 때 에릭슨은 그들이 보여주는 증상을 몇 배나 더 강렬하게 반영해서 보여줌으로써 오히려 환자들을 놀라게 만들었다. 위의 사례들에서 보듯이 그는 상황이나 사람에 대해 선입견에 의존하지 않고 전적으로 다른 차원에서 그들에게 접근했다.

첫 번째 이야기에서 에릭슨이 환자를 놀라게 할 수 있었던 실제적인 메시지, 즉 증상의 메시지는 그 자신이 낱말 샐러드를 사용함으로써 전달되었다. 루쓰의 경우에도 소녀의 기물 파손 행위가 갖는 내적 의미를 찾던 그는 즉각적으로 증상의 틈새를 발견할 수 있었다. 즉 그는 소녀의 분노가 이를 수 있는 한계 — 예를 들어서 방열기에 대한 반응 — 지점이 있음을 알았다. 그리고 소녀가 의사인 자신 역시 남들처럼 뭔가 훈계를 할 거라고 기대하고 있다는 것도 알고 있었다.

의사가 마치 보안관 흉내라도 낼 거라고 짐작했는데 오히려 자기 편이 되어 기물을 파괴하는 모습을 본 소녀는 아연실색하고 말았다. 결국 상황이 기대했던 것과 전혀 다른 방향으로 흘러가면서 소녀는 잠잠해졌다. 에릭슨은 소녀가 한계에 부딪치면서 생긴 틈을 적절하게 이용했다. 마침내 소녀는 기물 파괴 충동에 작별을 고한 채 다시 '보통 사람'이 되었다.

스스로 무력함을 느낄 때까지

아이들은 버트 헬링거의 우화들도 굉장히 좋아했다. 아이들은 자신들이 우화 속에 숨겨진 메시지를 이해하고 있다는 사실을 자각하진 못했지만, 실제로는 그 안의 비밀 메시지를 간파해 내곤 했다.

그 가운데는 분노에 찬 한 원숭이의 하루를 묘사한 이야기가 있다. 원숭이는 손에 무거운 코코넛을 들고 휙휙 움직이면서 온종일 사방을 뛰어다녔다. 원숭이는 밀림의 동물들에게 자기가 지금 몸집이 큰 코끼리가 나타나길 기다리고 있으며, 코끼리가 나타나면 들고 있는 코코넛으로 녀석의 머리통을 세차게 후려칠 거라고 큰소리를 쳤다. 그러나 동물들은 이 원숭이가 무엇 때문에 그런 헛소리를 지껄이는지 알지 못했다. 낙타도 그렇고, 사자도 그렇고, 코뿔소도 마찬가지였다. 어리둥절해진 동물들이 서로 "그러니까 쟤가 왜 저러는 건데?" 물었지만 누구도 속 시원하게 대답해 주지 못했다.

마침내 코끼리가 모습을 드러냈다. 하지만 그처럼 소란스럽던 조그만 원숭이는 아무 일도 없었다는 듯 다소곳이 있었다. 코끼리도 한 걸음 뒤로 물러나 혼잣말을 했다. "그러니까 쟤가 왜 저러는 건데?" 그리고는 곧 무리와 함께 쿵쿵거리며 그곳을 떠났다. 잠시 후 원숭이가 코끼리의 머리통을 후려칠 목적으로 지니고 있던 코코넛을 들고 나무 아래로 내려왔다. 원숭이는 바위에다 코코넛을 내리쳐서 두 쪽을 낸 뒤 그 안에 든 음료와 속살을 먹었다.

이 이야기가 전달하려는 메시지는, 루쓰의 경우에서처럼 파괴적 행동을 하는 사람에게 왜 그러는지 이성적으로 해명하도록 요구하는 대신, 코끼리를 향해 돌진하도록 내버려둠으로써 스스로 자신의 무력함을 느끼게끔 한다는 것이다. 코끼리의 머리통을 후려치겠다며 하루 종일 소란을 피우던 원숭이는 막상 코끼리가 나타나자 고작 돌에 코코넛을 내리쳐 쪼개는 것으로 소란을 끝냈다. 그러면서 그는 그 과정을 즐겼다.

이 이야기가 아이들에게 특별히 더 감동적으로 다가왔던 것은 그들이 사춘기의 변화 과정을 거치고 있기 때문이었다. 그러기에 아이들은 이야기에 담긴 요지를 단박에 감지할 수 있었다.

금지어보다는 우화나 이야기가 더 직접적이다

버트 헬링거는 아래의 이야기를 여러 가지 방식으로 들려주곤 했는데, 아이들은 이 이야기 역시 잘 받아들였다.

순회 동물원을 운영하는 한 남자가 있었다. 하지만 그는 동물들에게 편안한 공간을 찾기가 너무 어려워 결국 이 일을 포기해야만 했다. 그 중에서도 특별히 귀염을 받던 몸집 큰 침팬지가 문제였다. 그러다 큰 동물원 소유주가 이 침팬지를 사들이게 되었다. 새 주인은 넓은 땅에 울타리를 치고 침팬지가 살 만한 우리를 만들어주었다. 침팬지에게는 울타리 주변을 마음대로 돌아다닐 수 있는 자유가 주어졌다. 이 침팬지에게는 몇 시간씩 우리 안을 왔다 갔다 하는 습관이 있었다. 새 주인은 침팬지가 자유롭게 지낼 수 있도록 우리의 문을 열어두었다. 그런데 어쩐 일인지 침팬지는 우리 안에서 앞으로 다섯 걸음, 뒤로 다섯 걸음씩 왔다 갔다 할 뿐 넓은 마당 쪽은 쳐다보지도 않았다.

어느 날 전 주인이 침팬지를 보러 왔다. 그는 침팬지가 마음껏 움직일 수 있는 넓은 공간이 주어진 게 무척이나 기뻤다. 하지만 어쩐 일인지 침팬지는 비좁은 우리 안에서 앞뒤로 몇 걸음을 왔다 갔다 할 뿐 울타리 쪽의 넓은 공간으로 나올 생각을 하지 않았다. 이 모습을 보던 전 주인이 침팬지에게 물었다. "넌 왜 밖으로 나와서 마음껏 뛰어다니며 자유를 만끽하지 않는 거냐?" 그러자 침팬지가 전 주인을 물끄러미 쳐다보면서 대답했다. "그건 제가 너무나 오랫동안 앞뒤로 왔다 갔다 하면서 살았기 때문이에요. 그런 생활에 아주 익숙해 있어서요." 대답을 마친 침팬지는 다시금 우리 안에서 앞으로 다섯 걸음, 뒤로 다섯 걸음을 오가기 시작했다.

나는 교실에서 아이들에게 헬링거의 우화들을 들려주는 것이 큰 의미가 있다고 여기고 있다. 나는 그의 우화들이 아이들의 영혼에 직접적으로 가 닿아 그들을 변화시키는 힘을 지니고 있다고 믿는다. 교사들은 대개 아이들의 그릇된 행위를 지적할 때 도덕적인 개념을 들어 설명을 늘어놓거나 "하지 마"라든지 "그건 해서는 안 될 일이야"라는 식의 금지어를 사용해서 아이들의 손발을 묶어놓으려 한다. 하지만 이런 '우회적인' 방식은 지극히 불필요할 뿐더러 파괴적인 측면까지 지니고 있다. 이 글을 읽는 누군가는 어떤 행동을 해서는 안 되는 이유를 들어서 아이들을 계도하는 것이 우화나 이야기보다 더 직접적인 방법이라고 생각할지도 모른다. 어쩌면 '우회적'이라는 용어가 우화나 이야기에 더 적절한 표현이라고 여길 수도 있다.

우화나 이야기는 언어라는 의미 구조를 갖춘 도구를 사용하기는 하지만 이때의 언어는 이성을 향한 것이 아니라 무의식을 향한 것이다. 무의식은 이미지나 그림, 느낌 등으로 메시지를 전달받는다. 사실 인간 행위의 대부분은 무의식 안에 담긴 정보가 가시적인 형태로 발현된 것에 불과하다. 옷을 바꿔 입는다고 해서 그 사람의 내적 태도가 바뀔 수는 없으나, 무의식 속의 그림의 구도가 바뀌면 옷을 선택하는 취향에 변화가 온다.

그러므로 이성적 마음을 향해서 아무리 많은 금지어를 쏟아 붓는다고 해도 그것들로 아이들의 태도를 변화시키지는 못한다. 하지만 우화나 이야기는 아이들의 무의식이라는 과녁을 향해 쏘는 화살과도 같다. 점진적이지만 확실하게 아이들의 태도를 변화시킨다. 그러니 우화나 이야기보다 더 직접적인 방법이 또 어디에 있겠는가!

권위를 넘어서기

학생들과 함께 해온 작업들, 특히 8, 9학년의 상급반 아이들과의 작업을 통해서 나는 이른바 패턴 깨기pattern disruption의 효과를 입증해 보였다. 패턴 깨기.기법은 상당히 효과적인 치유법이다. 나는 이 작업을 위해서 역설적인 우화들을 소개하기도 했고, 불교 사원에서 가르침이 전해지는 독특한 방식에 대해 들려주기도 했다. 여기 그 이야기 가운데 하나를 옮겨본다.

제법 공부가 된 제자 하나가 스승을 찾아갔다. 그는 스승에게 새로운 과제를 청했다. 그러자 스승이 제자에게 말했다. "너에게 새로운 과제를 주겠지만, 한 가지 기억할 것이 있다. 네가 이 과제를 완성하는 날, 나는 너를 이 장대로 두들겨 패줄 것이다. 그리고 만일 네가 이 과제를 완성하지 못한다면, 그때도 너를 두들겨 패줄 것이다."

이게 바로 선불교에서 말하는 화두이다. 여기까지 이야기를 들은 아이들이 곧 질문을 쏟아내었다. "그럼 제자가 어떻게 해야 하는 거예요?" 그가 스승 앞에 무릎을 꿇고 화두가 무엇이냐고 물어야 하나? 화두를 풀든 못 풀든 두들겨 맞기는 매한가지라는 사실을 익히 알면서도? 아니면 공부고 뭐고 다 내던지고 스승에게서 도망쳐야 하나?

독자들은 아이들이 스스로 얼마나 많은 해법을 내놓았는지 아마 상상도 못할 것이다. 아이들의 답은 하나같이 아이들 각자의 내적인 사고 체계를 보여주는 것들이었다. 어느 날 아이들 중 하나가 이 수수께끼의 답을 찾았다고 했다. 소년이 찾은 답은 이랬다. "제자가 자리를 박차고 일어나 스승한테서 막대기를 확 빼앗은 다음에 두 동강이를 내버리면 돼요." 이제 나는 아이들에게 이야기의 나머지를 말해줄 수 있었다. "스승이 말했단다. '너는 마침내 공부를 마쳤구나' 라고."

선불교의 일화들은 아이들에게 폭압에 복종하는 행위와 자연스럽게 형성된 권위 사이의 차이점을 알려주는 데 아주 적절한 예를 제공한다. 그 안에 담긴 메시지가 미묘해서 감지하기 어려운 듯하면서 동시에 강한 인상을 남기기 때문이다.

이와 유사한 이야기로 '견습 기간' 이란 이야기가 있다. 한 남자가 자연스러운 권위에 이르기까지의 내적 과정을 묘사한 이야기이다.

견습 기간

열여섯 살이 되자 왕자는 검술 대결을 해보고 싶었다. 왕은 왕자에게 아주 잘 드는 칼과 정교하게 만들어진 갑옷을 내주었다. 왕자는 외딴 곳에 산다는 유명한 검술 선생을 만나기 위해서 왕궁을 떠났다. 마침내 검술 선생이 사는 곳에 도착한 왕자는 스승 앞에서 절을 했다. 스승이 말했다. "칼과 갑옷을 망고나무 가지에 걸어두어라. 그런 뒤 숲으로 가서 땔감으로 쓸 나무를 주워오너라. 나무로 불을 피워서 차를 준비하도록 해라." 왕자는 스승이 시키는 대로 했다. 나무를 모아서 불을 피우고 차를 끓였으며 오두막 안팎을 말끔히 청소하고 깃털로 된 침구를 털고 식사를 준비했다.

시간이 흘러 어느새 1년이 가고 5년이 가고 10년이 갔다. 25년이 지난 뒤 왕자의 마음속에서 의심이 일기 시작했다. 급기야 의심은 불신으로 바뀌고, 마침내 분노가 되어 타올랐다. 왕자는 나무에 걸려 있던 칼을 꺼냈다. 그러고는 스승을 칼로 내리치려고 오두막 주변을 살금살금 걸어갔다. 평상시 같으면 오두막 안에 앉아 있을 스승이 그날 따라 안에 없었다. 스승은 나무를 모아 불을 피우고는 차를 준비하고 있었다. 왕자는 스승 뒤로 살며시 다가가 칼을 머리 위로 들어 올린 뒤 커다란 외침과 함께 칼을 스승에게 내리쳤다. 그 순간 스승이 주전자 뚜껑으로 내리치는 칼을 막더니 돌아서서 왕자 앞에 무릎을 꿇었다. "왕자님, 마침내 견습 기간을 끝마치셨군요."

윤리 수업 시간에 이 이야기를 들은 학생들은 어리둥절한 표정을 감추지 못했다. 아이들은 직접 이 상황을 실연해 보고 현대적인 버전으로 이야기를 다시 써보기도 했다. 새롭게 재구성된 이야기를 보면 누구라도 아이들이 이 이야기를 깊이 있게 이해했음을 알 수 있다. 비록 그들이 거기에 분명한 이름을 붙여주진 못했지만 말이다.

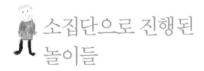
소집단으로 진행된 놀이들

바꾸기 놀이

패턴 깨기라는 맥락에서 해볼 만한 또 다른 접근법이 바로 '바꾸기 놀이'이다. 우리는 주변에 있는 사람이나 환경 그리고 대상이 며칠, 몇 달, 몇 년이 지나도 바뀌지 않고 늘 같은 모습을 하고 있다고 생각하는 버릇이 있다. 하지만 진실은 모든 사람, 모든 사물은 끊임없이 변화한다는 것이다. 나는 아이들에게 사람들이나 주변 환경, 이야기, 또 대상물 안에서 일어나는 소소한 변화들을 인식하는 능력을 키워주면 좋겠다는 생각이 들었다. 그리고 이러한 관찰력과 인식력을 키우는 데 '바꾸기 놀이'만큼 적절한 도구는 없다고 생각했다.

아이들은 이 놀이를 무척 좋아했다. 놀이는 다양한 방식으로 전개될 수 있다. 일단 아이들이 놀이 방법을 익히고 나자 그들의 상상력이 나래를 펴기 시작하는데 누구도 멈추게 할 수 없을 정도였다! 여기 바꾸기 놀이의 여러 가능성 중 하나를 적어본다.

아이들이 원형으로 앉는다. 그 중 한 명은 문 밖에서 기다린다. 편의상 밖으로 나간 아이를 '술래'라고 부르자. 교실 안에 있는 나머지 아이들은 옷을 바꿔 입거나 장신구나 신발, 모자 등을 바꾸어 쓴다. 왼쪽과 오른쪽 신발을 바꾸어 신을 수도 있고, 머리 가르마를 왼쪽에서 오른쪽으로 바꿀 수도 있다. 다른 아이와 자리를 바꿔 앉을 수도 있다. 상상할 수 있는 모든 바꾸기가 다 가능하다. 술래는 과연 어떤 게 바뀌었을까 상상을 하면서 들어오라는 신호를 받을 때까지 문 밖에서 기다린다. 바꾸기가 끝난 뒤 문 밖에 있던 술래에게 들어오라는 신호를 보낸다.

아이들이 정확하게 무엇이 바뀌었는지 찾아내는 모습을 보는 건 아주 재미있다. 앉아 있는 아이들의 시선이 왼쪽이나 오른쪽 혹은 사방을 배회하는 모습도 흥미롭고, 그러한 세세한 신호를 실마리삼아 바뀐 걸 찾아내는 술래의 모습도 몹시 인상적이다.

탈 만들기

바꾸기 놀이를 시작하고 얼마 되지 않아 아이들이 이런 질문을 던졌다. "누가 누구인지 술래가 알아보지 못하게 하려면 어느 정도까지나 바꿀 수 있나요?" 이에 대한 대답으로 우리는 종이 찰흙을 이용해 정교하고 큰 탈을 만들기로 결정했다. 동물 모양의 탈, 뿔이 달린 탈, 뒤틀린 얼굴 모양을 한 탈, 개구리 입이 그려진 탈, 긴 코가 달린 탈, 고대의 문양이 새겨진 탈, 검정색과 흰색으로 정교하게 색칠된 탈, 태양처럼 붉은 색이 칠해진 탈 등 아주 다양한 탈이 나왔다.

탈을 얼굴에 쓰면 그 아이가 누구인지 전혀 구분할 수가 없었다. 거기에 아이들이 품이 넓은 단색 셔츠나 마루에 끌릴 만큼 긴 셔츠 같은 걸 입으면 누가 누구인지 구분하기가 더 어려워진다. 물론 이렇게 변장을 해도 걸음걸이나 몸의 자세처럼 감출 수 없는 몇 가지 특징도 있다. 목소리도 그 중 하나이다.

이 가장 무도회 놀이에서 절정은 아이들이 온갖 종류의 탈과 희한한 의상 속에 숨어 있는 존재를 알아맞힐 때였다. 자기들이 만들었으나 그들 자신도 누군지 알 수 없는 새로운 인물들, 몸동작도 다르고 목소리도 다른 사람들이 등장할 때마다 우리는 드럼을 두드리거나 음악을 연주하면서 그 탄생을 축하했다. 어떤 아이는 그 순간의 느낌을 이렇게 표현하기도 했다. "얼굴을 덮고도 남을 만큼 커다란 탈을 쓰고 폭 넓은 가운을 걸쳐 입고 나자 내가 마치 다른 사람이 된 것 같았어요."

내가 나이면서 내가 아닌 경험을 하기 때문인지 가장 무도회 도중 갑자기 춤 동작을 멈추는 아이들이 꼭 몇 명씩 나왔다. 아이들은 그 이유를 낯선 자기 자신과 다른 아이들이 갑자기 두려워졌기 때문이라고 했다. 그렇게 아이들은 간단한 바꾸기 놀이를 통해서 스스로에게 낯선 사람이 되는 경험을 해볼 수 있었다.

미래를 바라보기

아이들에게 큰 사랑을 받은 놀이 중에 '학교에서 나의 마지막 날'이라는 놀이가 있었다. 여러 장의 포장용 종이에 아이들이 졸업한 뒤 학교를 떠나는 모습을 그려보는 것이다. 아이들은 다른 아이들이 알아볼 수 있거나 추측할 수 있는 일련의 변화들도 거기에 그려 넣었다. 예컨대 키가 더 자란다거나, 머리칼이 더 길거나 짧아진다거나, 새로운 장신구를 착용한다거나, 요즘 입는 것과 다른 스타일의 옷을 걸쳐 입는다거나 하는 식으로 말이다. 또는 중요한 활동 분야나 직업 훈련 프로그램, 견습생으로 들어간 새로운 일자리, 남자 친구나 여자 친구를 그려 넣기도 하고, 밴드의 일원이 되어 연주를 하고 싶다면 그걸 나타내는 음악 그룹의 모습을 그려 넣기도 했다. 모든 가능성을 전부 표현할 수 있었다.

이처럼 아이들은 '바꾸기 놀이'를 바탕으로 수많은 버전을 생각해 냈다. 마지막으로 한 가지만 더 적어보자.

이야기 바꾸기

국어 시간에 자주 내는 과제 중 읽기 교재에 나온 짧은 이야기를 읽고 요약해서 발표하는 것이 있다. 이 '이야기 바꾸기'에는 규칙이 하나 있는데, 바로 이야기에 너무 큰 변화를 주어서는 안 된다는 것이다. 그러니까 큰 변화 하나와 작은 변화 두 가지를 집어넣어 이야기를 약간 변형시키는 식으로 이야기를 바꾸는 것이다.

한 아이가 요약을 시작하면 나머지 아이들이 귀를 쫑긋 세우고 이야기를 경청한다. 바뀐 부분이 어디인지, 그것이 나머지 부분에 어떤 영향을 끼치는지, 이야기의 일부가 바뀜으로써 등장 인물 모두의 운명이 어떻게 달라지는지 찾고 가늠해 보는 건 아주 흥미로운 일이다. 나는 가끔 기존에 알고 있던 이야기에 변형을 가한 이야기를 아이들에게 들려주기도 한다. 단 이야기가 어떻게 마무리되는지는 알려주지 않는다. 그러면 아이들은 그럴 듯한 결말을 스스로 만들어낸다.

버트 헬링거도 동화를 수정하여 새롭게 들려주기를 좋아했는데, 이는 나에게 무수히 많은 영감을 주었다. 헬링거 식의 '충직한 잭' 이야기는 '자기 기만'을 주제로 하고 있다. 헬링거는 이야기의 결말을 원래대로 전하지 않는다. '충직한 잭' 이야기는 원래 돌로 변한 잭이 왕의 세 아들의 희생으로 다시 소생하고, 그 후 다른 모든 사람이 영원히 행복하게 살게 된다는 줄거리이다. 이 결말을 헬링거는 이렇게 바꿨다. 즉 충직한 잭은 그대로 돌로 남아 있고, 자기를 희생한 세 아들은 죽으며, 왕족의 결혼식은 수포로 돌아가고 마는 것이다.

내가 이 동화의 두 가지 버전을 교실에서 읽어주었을 때 크로아티아와 세르비아 출신 아이들은 두 버전의 차이점 속에 숨어 있는 메시지를 즉각적으로 이해했다. 마치 아이들 자신과 가족들이 치러야 했던 비싼 대가의 의미를 이미 다 이해하고 있기라도 한 것처럼 말이다.

헬링거 식 '성모 마리아 이야기'도 줄거리가 다르다. 그는 여기에서 천국의 신비성 부분을 없애고 그 대신 땅 위 지금 여기에서의 행복한 삶의 가능성을 표현한다. '행복이란 무엇인가?' 혹은 '생명의 과정'이라는 이야기에서도 헬링거는 사람들에게 익숙한 내용을 바꿔놓았다. 사랑이나 비범한 재능 안에 담긴 특별함에 초점을 맞추는 대신 듣는 사람의 관심을 일상적인 것들, 작은 것들 그리고 지극히 친근하고 삶의 긍정성과 연관된 것 쪽으로 초점을 옮겨놓는다. 헬링거의 이야기 속에서, 목숨보다 귀한 사랑을 잃고 외로움 속에 남겨진 오르페우스는, 부인과 아이들과 함께 행복하고 소박하게 살아가는 마을의 평범한 가수에 비교된다. '생명의 과정'이라는 이야기에서도 그는 소원이 모두 이루어지는 것을 행운으로 여기는 통념과 달리 그것이 결국 불운으로 끝나고 마는 이야기를 들려준다.

헬링거는 말한다. "우리의 환상에 경계를 긋는다면 지나치게 오만한 행동들은 결국 실패로 끝날 수밖에 없다. 그때 비로소 우리는 다시 땅으로 돌아오고, 삶의 크기를 제대로 잴 수 있게 된다." 이야기가 한참 진행되다가 갑자기 지극히 냉정한 결말에 이르고 마는 헬링거의 동화들은 우리로 하여금 삶에 대해 철학적인 질문들을 던지게 만든다. 그렇다고 해서 아이들에게 환상의 세계를 포기하라고 말하는 것은 아니다. 아이들의 꿈 속에는 여전히 하늘을 나는 사람도 살고, 성질 고약한 부자도 살고, 엄청나게 힘이 센 사람도 살며, 어떤 거짓말도 통하지 않는 사람도 살고 있다. 하지만 시간이 지나면서 아이들은 자기가 바라는 것과 현실 사이의 간극에 대해 알아가기 시작한다.

5. 교사들을 위한
가족세우기

조직체적 관점으로 아이들과
학교, 동료 교사를 대하기

원래 가족과의 관계

자신의 가족적 배경을 진심으로 받아들이고 원래 가족과 평화롭
게 살아가는 사람이라면 가족체로부터 기인한 자신의 운명이 아무리
힘겹더라도 문제가 되지는 않는다. 그런 교사는 학생들의 가족에 대
해서도 긍정적인 태도를 취한다. 그들은 학생을 상대할 때 그 학생이
자신의 힘든 운명으로 인해 가족 안에서 어떤 역할을 맡고 살아가는
지 늘 마음에 둔다.

간혹 교사들은 학생의 원래 가족체가 처해 있는 상황을 보면서 아
이의 처지를 안타까워할 때가 있다. 그러면서 아이로 하여금 가족에
대한 신의를 회복하고 교류감을 느낄 수 있도록 도와주는 게 아니라,
아이를 가정에서 떼어내 학교 안으로 더 깊숙이 몰아넣기도 한다. 하
지만 이런 식으로 가치 판단을 하는 것은 교사의 역할이 아니다. 그러
한 행위는 오히려 아이와 교사 사이에 긴장감을 조성할 뿐이다.

학부모에 대해서도 마찬가지이다. 직접적으로나 간접적으로 교
사가 학부모에게 다음과 같이 말하면서 그들을 존중하는 태도를 보
여줄 때, 부모와 교사 사이에 협력의 기운이 싹틀 수 있다. "저는 당신
의 가족체 안에 존재하는 가족적 운명을 존중합니다. 저는 당신 가족
안의 문제점을 드러내거나 교사인 제가 부모님보다 더 나은 사람임
을 학생에게 보여주려는 게 아닙니다. 제가 하고자 하는 것은 아이가

부모님을 배척하지 않으면서도 가정 바깥에 존재하는 세계를 탐구할 수 있도록 길을 제시해 주는 것뿐입니다."

교사가 이러한 메시지를 전달할 수 있을 때, 학생은 부모와 교사라는 두 개의 권위 사이에서 자신에게 맞는 자리를 찾을 수 있고 긴장과 갈등으로부터도 놓여날 수 있다. 동시에 교사는 학부모들에게 다음과 같은 무언의 메시지도 전달할 수 있다. "두 분의 딸을 학교에 안심하고 맡기셔도 좋습니다. 교사로서 제가 아이를 잘 이끌어가도록 하겠습니다." 교사가 이러한 태도를 유지할 수 있을 때, 아이들을 가르치면서 동시에 교실 안에 사회적 공간을 창조하는 교사로서의 역할을 잘 수행할 수 있다.

교사가 아이들을 가르치는 목적과 가치는 부모들의 그것과는 다르다. 교사는 학생들에게 리더로서의 역량을 보여주어야 한다. 교사는 아이들에게 교실에서 배우고 생활하는 동안 그들이 따라야 할 규칙을 준수할 수 있도록 학급 분위기를 조성해야 한다. 또 여러 사람이 함께 생활하는 작은 사회적 공동체인 학급을 존중하도록 아이들을 이끌어야 하고, 급우들 각자의 운명을 서로 존중해 주는 태도를 갖도록 가르쳐야 한다.

아이의 원래 가족을 존중한다는 것은 그 부모의 권위를 지지한다는 뜻이다. 학부모를 존중할 때 학생 앞에서 교사의 권위도 튼튼하게 자리를 잡는다. 학부모의 권위와 관련해 이처럼 명확한 태도를 갖는다면 교실은 물론 아이들의 가정 안에 존재하는 폭력적인 분위기도 바꿀 수 있다. 많은 아버지들이 학교로 나를 찾아와, 가정에서 그들이 아이들에게 보였던 부끄러운 행위에 대해 털어놓곤 했다. 그들이 교사인 나에게 그러한 속내를 꺼내놓을 수 있었던 데는 이유가 있다. 그들의 가족 상황에 상관없이 부모님에 대해 내(교사)가 존경심을 가지고 있다는 사실을 감지하면서 그들의 행위에 변화가 일기 시작했기 때문이었다.

학부모가 학창 시절 학교와 선생님과 관련해 어떤 경험을 가지고 있느냐에 따라서 자녀가 다니는 학교와 교사들에 대한 태도도 달라진다. 예컨대 학부모 중에는 교사에게 비판적이고 적대적인 태도를 보이는 사람도 있고, 학교를 공포의 대상으로 여기는 사람도 있다. 간혹 자녀들에게 교사를 공격의 대상으로 여기게 하거나 비협조적인 태도를 보이도록 부추기는 부모도 있다. 심지어 교사와 학생 사이에 문제가 발생하면 무조건 아이의 편을 들기도 한다.

교사가 아이의 가족을 존중하는 태도를 갖는다면 이러한 사태를 미연에 방지할 수 있다. 나아가 부모로 하여금 학창 시절에 경험한 좋지 않은 기억들을 아이들에게까지 대물림하는 대신 새로운 관점으로 학교를 바라볼 수 있게 해준다.

학교에 대한 교사들의 태도

학교가 유기체적 집단이 되려면 학교 안의 서열 관계를 포함해 '학부모-교사-학생'의 조직체적 구조가 확립되어야 한다. 이 구조 안에는 교사의 자리와 학생의 자리, 그리고 학부모의 자리가 있다. 각자의 자리와 역할을 인정하고 존중하는 마음이 이러한 구조의 토대가 될 때 새로운 관계들을 발전시키고 공동체적 삶을 형성해 나아갈 수 있다.

이를 위해서 교사는 기존에 확립되어 있는 구조를 유지하는 일부터 시작할 수 있다. 우선, 교직원 상호간의 업무 협조가 이루어져야 한다. 조직체와 관련된 연구 자료들을 보면 학생들 사이에 형성된 결속의 정도가 곧 교직원들 사이의 결속력을 반영해 준다고 한다. 나아가 그것은 교사들 사이에 서열이 존중되는지, 교직원들이 교장선생님의 지위를 존중하는지의 여부도 보여준다. 서열과 지위를 존중한다는 말에는 선배 교사들(설사 그들이 그 사이 '구식'이 되었다 하더라도)의 장점이 존중받으며, 학교를 위해서 크게 기여한 사람이 존경을 받고 또 그 노고에 합당한 보상을 받는다는 뜻이 담겨 있다.

조직체 내의 서열을 존중한다는 말에는 각자에게 적합한 자리가 어디인지 제대로 인식한다는 뜻도 담겨 있다. 예컨대 한 교사가 선배 교사나 다른 동료 교사들과 불편한 상황에 놓여 있을 때, 교직원 집단이라는 작은 공동체에서 자신에게 적합한 자리를 의식적으로 지키며 그 이상을 넘어서지 않는다면, 이는 그에게 자신의 권리를 효율적인 방식으로 주장할 수 있는 에너지를 줄 것이다. 하지만 스스로를 이방인이라고 여긴다거나 학교를 마치 적처럼 여기는 교사(뒤에 나오는, '교사 슈퍼비전 모임' 사례 중 안드레아의 경우가 여기에 속한다)에게는 이런 태도를 취하기가 몹시 어려운 일이다. 설사 부당한 지시를 하는 교장이나 관리자에 맞서 개인 차원에서나 집단 차원에서 항의할 필요가 있을 때조차도, 교사나 교직원들이 학교 조직체라는 구조 안에서 교장이나 관리자의 위치를 인정할 때가 그렇지 않을 때보다 해결점을 찾을 가능성이 높다.

자신에게 적합한 위치를 잘 알고 있는 교사라 해도 학생들로 하여금 교사의 권위를 존중하도록 이끌기란 여전히 쉽지 않은 과제이다. 모든 부모는 자녀들이 학교에서 차별적인 대우가 아닌 공정한 대접을 받기 원한다. 아울러 학교의 규칙들이 긍정적인 공동체 형성에 기여하는 것들이기를 바란다. 하지만 이는 학부모들이 자녀가 다니는 학교의 권위를 인정할 때만 가능하다. 학부모들과의 모임이 있을 때마다 나는 이러한 연관성을 그들에게 알려줄 필요가 있다는 생각을 하게 되었다.

교사는 동료 교사 집단에 속해 있다

교사들을 대상으로 한 슈퍼비전 모임에서 나는 특이한 부류의 교사 군#을 접하게 되었다. 이들은 "내가 아이들의 부모나 다른 교사들보다 더 아이들을 잘 다룰 수 있다"는 생각을 가지고 있었다. 이 교사들이 가진 이런 위험한 태도는 '성공해야 한다는 엄청난 내적 압박감'으로 작용하게 마련이다. 우선 그들은 의식적으로든 무의식적으로든 아이들의 부모와 자신을 경쟁 관계로 만든다. 당연히 자신이 '학부모보다 더 나은 부모'임을 성공적으로 입증하기 위해서 불필요하고 과도한 행위를 하게 된다. 또한 다른 교사들을 아이들의 교육을 담당하는 동료로 보는 대신 물리쳐야 할 경쟁자로 여기게 된다. 학교에 대해서도 마찬가지이다.

학생들은 이런 태도를 가진 교사를 어떻게 바라볼까? 대부분의 경우 아이들은 그런 교사를 선생님이 아니라 또래 친구처럼 대한다. 학생과 교사 간의 무의식적 동료 관계는 아이들의 내면에 불안감을 불러일으키고, 결국 학생들이 학교의 규칙을 쉽게 파괴하기에 이르는 좋지 않은 결과로 이어진다.

이 교사들에게 가장 중요한 것은 바로 '서열의 존중'이다. 서열을 존중할 때 그들은 학교라는 울타리 안에서 공동체 유지에 필요한 일들을 자유롭게 해나갈 수 있다. 이때 서열을 존중한다는 것은 그를 고용한 학교와 교육 당국을 존중하고 상위 존재로 인정하며, 교장선생님을 학교의 우두머리이자 교사들에게 지시를 내릴 수 있는 권한을 위임받은 자로서 존중한다는 의미도 담고 있다.

지금 이 책을 읽고 있는 독자 교사들 중에는 학교 내에 실재하는 서열 구조를 인정해야 한다는 부분에서 약간의 불편한 감정을 느끼는 사람이 있을 것이다. 서열 구조에 대해서 느끼는 불편한 감정의 정도는 교사들이 학교에서 느끼는 감정적 어려움의 정도와 비례한다. 하지만 내 경험에 비추어보면, 학교 내의 서열을 인정할 수 있어야만 학생들 앞에서 교사로서의 권위를 유지할 수 있다. 또 그래야만 학부모들로부터도 학교에 대한 신뢰를 얻어낼 수 있다. 학교 내의 서열 구조를 교사가 어떻게 받아들이느냐에 따라서 동료 교사들이나 상급자들과의 관계, 아이들을 비롯하여 학부모들과의 관계의 색깔이 결정되고 그 방식도 달라진다.

어쩌면 현재와 다른 미래의 새로운 학교 구조에서는 서열의 존중이라든지 그에 따른 감정적 불편함 같은 문제가 사라지길 희망하는 교사도 있을 것이다. 학교가 자율권을 가진 각각의 단일 조직체로 구조가 바뀌면서 서로 협력 관계를 유지한다거나, 수직적 서열이 사라지고 수평적 관계만이 존재한다는 식으로 말이다. 하지만 우리는 아직 그것과는 다른 현실에서 살아가고 있는 만큼 지금 이 순간 주어진 조건 안에서 최대의 결과를 얻어내고자 노력하는 것이 현명한 태도가 아닐까?

슈퍼비전 모임들에서 나는 동료 교사나 교장의 잘못된 행태를 지역 교육청에 고발해 결국 그들이 "쫓겨나게 만들었다"고 자랑하는 교사 몇 명을 알게 되었다. 물론 학교 조직에 몸담고 있다 보면 다른 교사나 교장의 해임을 요구하지 않을 수 없는 사건들을 겪게 마련이다. 하지만 학교 안에서 이런 일이 축하할 만한 일은 아니다. 학생들의 입장에서 보면 교사나 교장선생님의 해임은 충격적인 일이요 감당하기 어려운 경험이기 때문이다. 실제로 이러한 일들이 교사와 학생들을 무력하게 만드는 요소로 작용할 때가 많다.

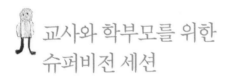

교사와 학부모를 위한 슈퍼비전 세션

슈퍼비전 모임에서 무엇을 하는가?

교사들이 슈퍼비전 모임에 나오는 이유가 몇 가지 있다. 그들이 들고 오는 문제들이 워낙 다양하기 때문에 여기서는 빈번하게 등장하는 주제 몇 가지만 다루어보려고 한다.

이 모임에서 우리는 학생 개인이 교사나 급우들과 겪고 있는 갈등을 해소하는 작업도 하고, 힘든 학급 분위기와 관련된 문제를 다루기도 한다. 또 학부모나 선후배 교사들과의 관계에서 발생한 문제, 리더십과 교육 방식에 대한 문제도 다룬다. 최근 들어 이러한 슈퍼비전 모임의 필요성이 급증하고 있는데, 그 이유는 폭력을 일종의 의사 표현으로 여기는 학생들이 범죄에 버금가는 행위를 저지를 때 교사가 대처한 방식이 적절했는지 아닌지 따져볼 필요가 있기 때문이다. 민족적 차이와 그로 인해 발생하는 불편한 일들 역시 슈퍼비전 작업의 관심사 중 하나이다. 거기에 개인적으로 결정하기 힘든 일이나 교사의 원래 가족과 관련된 일 등 사적인 문제도 다루어진다. 가끔씩 슈퍼비전 모임에 학부모들이 자녀(12세이상)와 함께 참여할 때도 있는데, 이 때 우리는 그 자녀가 학교에서 맞닥뜨리고 있는 문제의 해결점을 함께 찾아본다.

슈퍼비전 모임의 성격에 따라서는 토론에 제한을 둘 때도 있다. 또 문제가 상당히 복잡하게 얽힌 경우에는 토론보다는 가족세우기 기법을 이용하여 세션을 진행한다. 딱히 가족세우기 세션이 다음에 어떤 행동을 취해야 하는지 구체적인 처방을 제시하는 것이 아님에도, 교사들은 이를 통해 변화를 위한 내적 동기를 끌어내기도 하고, 때에 따라서는 새로운 마음으로 일상으로 돌아갈 수 있는 기회를 얻기도 한다.

학교 조직세우기 역시 슈퍼비전 모임에서 자주 사용하는 도구이다. 학교 조직세우기 작업을 하면서 우리는 교사들이 갖고 있는 문제들을 교사들의 원래 가족과 관련된 문제, 학생들의 가족 안에서 진행 중인 사건으로 인한 문제, 상급 교육 기관이나 교장, 교사들로 인한 문제 등 몇 가지 범주로 분류할 수 있었다. 교사의 내면에서 혹은 학생 개인이나 교실 전체에서 일어나고 있는 변화가 과연 어떤 일로 인한 것인지 꼭 집어서 말하기는 어렵다. 그러나 가족세우기 작업에서 관찰할 수 있는 것처럼, 교사들도 다른 사람의 학교 조직세우기 작업을 지켜보면서 자기 자신에 대해 훨씬 깊이 알게 되고, 앞서 언급한 문제들이 학급 무의식에 영향을 끼치게 된다는 것을 명확히 깨닫게 된다. 일과 관련된 관계에서 무심코 지나쳤거나 억눌러왔던 감정들이 눈앞에 펼쳐지면서 그 중 어떤 것이 일과 직접적으로 연관되고 어떤 것이 자신의 원래 가족의 문제에서 기인했는지 명확하게 인식함으로써 상황을 좀 더 넓은 범주에서 바라보게 된다.

교사들을 대상으로 한 가족세우기 작업에서 가장 큰 성과는 그들의 관점이 변화한다는 것이다. 이제 교사는 일을 한 측면에서만 보는 것이 아니라 전체로서 접근하게 된다. 주사위의 한 면만 보고 문제 전체를 파악했다고 여기는 것이 아니라 숨겨져 있는 나머지 면들까지 염두에 두면서 전체적으로 문제에 접근하게 된다는 말이다. 이것은 문제 중심의 접근에서 해결책 중심의 접근으로 태도를 전환한다는 의미하기도 하다. 더 이상 '왜'에 대한 답을 찾는 데 연연하기보다 '어떻게'에 관심을 쏟기 시작한다.

새로운 인식과 더불어 해결책 중심의 태도를 취하면서 교사는 발견의 기쁨을 맛볼 수 있다. 이미 알고 있다고 생각했던 것에서, 아주 익숙하다고 여겼던 장소에서 새로운 통찰과 발견을 경험한다는 것은 얼마나 멋진 일인가! 그런 교사가 학교 생활은 물론 사적인 관계에서도 훨씬 편해질 거라는 건 더 말할 필요가 없을 것이다.

우리 아버지가 나에게는 최고의 아버지예요

프란츠는 초등학교 교사였다. 그의 반에는 아버지가 조만간 감옥에 수감될 처지에 놓인 아이가 있었다. 소년의 아버지는 사기 혐의로 유죄 선고를 받은 상태였다. 프란츠는 그 남학생을 보면 미안한 마음이 든다고 말했다. 그런 사람을 아버지로 둔다는 게 어떤 의미인지 자신이 너무도 잘 알기 때문이라면서 말이다.

프란츠의 아버지는 그가 여섯 살 때 돌아가셨다. 그는 남자들이 잘 선택하지 않는 초등학교 교사직을 택한 이유가 자애로운 아버지 같은 교사가 되어 아이들에게 보살핌과 관심을 받을 수 있는 기회를 주고 싶었기 때문이라고 했다. 그는 또 이 남학생의 아버지가 감옥에 들어가 있는 동안 교사인 자신이 소년에게 좋은 아버지 역할을 해주고 싶다고 덧붙였다. 이야기를 마무리 지으면서 프란츠는 소년이 아버지 이야기를 털어놓고 나서는 한동안 자신을 멀리하면서 데면데면하게 굴더라며 의아함을 표현했다.

나는 동정심과 감정이입(혹은 공감이라고 부를 수도 있다)의 차이점을 언급한 뒤, 상황을 있는 그대로 놔둔 상태로 다른 사람의 운명을 존중하는 것이 얼마나 중요한 일인지 이야기했다. 그러기 위해서는 교사가 감정이입을 배제한 채 교사라는 자신의 자리를 굳건히 지키면서 아이를 있는 그대로 바라볼 수 있어야만 아이를 진정으로 도와줄 수 있다고 덧붙였다.

버트 헬링거는 치유사들에게 감정이입의 위험성에 대해서 여러 차례 강조한 바 있다. 한마디로 내담자(이 경우에는 딱한 처지에 놓인 자기 반학생)의 처지에 감정이입이 된 치유사(이 경우에는 교사인 프란츠)는 자기 자리를 온전히 지킬 수가 없고 치유는 성공을 거둘 수 없게 된다. 이 말은 치유사와 내담자 사이의 수평적 관계가 깨지고 부모와 자녀와 같은 수직적 관계가 형성됨으로써 내담자를 누군가의 도움 없이는 문제를 해결할 수 없는 어린아이 취급을 하게 된다는 말이다. 당연히 내담자를 무기력한 어린아이로 여기는 치유사는 자기 자신을 어린아이의 부모 자리, 자녀의 문제를 모두 다 해결해 줄 수 있는 완벽한 부모의 자리에 올려놓게 된다. 이때부터는 헬링거가 '치료학적 관계'라고 부르는 관계가 형성된다. 치유사는 부모가 자식을 염려하듯 내담자를 걱정하고, 내담자 역시 부모에게 의지하듯 치유사에게 감정적으로 의지하는 것이다.

결국 감정이입이 된 치유사는 내담자가 지고 가야 할 운명의 짐을 덜어주려는 무모한 시도를 하게 된다. 결국 그는 내담자의 운명에 끼어듦으로써 내담자의 무의식 안에 더 큰 혼돈을 일으키고 만다. 불행히도 이러한 치유사는 아무도 도와줄 수 없다. 또 이러한 시도는 언제나 실패로 끝날 수밖에 없다. 누구도 다른 사람의 짐을 대신 지고 갈 수는 없기 때문이다. 그러므로 치유사는 가장 먼저 내담자의 운명, 또 그의 가족체적 운명을 존중해야만 하는 것이다. 그러기 위해서는 치유사와 내담자 사이에 거리를 유지할 수 있어야 한다. 이것이 바로 치유사가 "자기 자리를 굳건히 지키고 있어야 한다"는 말의 의미이다.

여기까지 듣고 난 프란츠가 말했다. "어쩌면 제가 그 아이의 아버지 자리를 차지하는 게 그 애한테는 별로 좋지 않은 일이 될 수도 있겠네요. 그렇게 되면 아이는 선생님을 잃게 될 것이고, 저는 아이의 아버지가 감옥에 있다는 이유로 그 자리를 빼앗는 셈이 될 테니 말이에요." 그의 말에는 진심이 담겨 있었다. 이 말은 그가 제대로 방향을 잡아가고 있다는 뜻이었다. 그 자리에 참석한 모든 사람들이 그것을 느낄 수 있었다.

6주 후, 슈퍼비전 모임 자리에서 프란츠가 들려준 말이다. "저는 그 아이한테 아주 좋은 선생님이 되었어요. 최근에 저는 그 애에게 이런 말을 한 적이 있어요. '너를 보면 선생님은 놀라움을 금할 수가 없구나. 아빠가 감옥에 가게 되었다는 사실을 네가 받아들이는 모습이나, 아빠를 네 가슴속에 간직하는 모습이 모두 선생님에게 깊은 감명을 주었단다.' 제 말을 듣더니 아이가 저를 물끄러미 쳐다보더군요. 제 생각에 누군가 그 아이에게 아빠 일에 대한 느낌을 솔직하게 전해 주기는 그때가 처음이었던 것 같았어요. 그 순간 아이가 고개를 끄덕이더니 눈물을 꿀꺽 삼키더군요. '너는 정말로 용감한 아이야. 하지만 선생님과 같이 있을 때는 조금 울어도 상관없어. 네가 울고 싶다면 말이야.' 그러자 아이는 곧장 눈물을 흘리기 시작했어요."

프란츠가 소년의 부모 자녀 관계에 끼어들어 스스로 더 나은 아버지 역할을 하려 했을 때 아이는 뒤로 물러설 수밖에 없었다. 그러나 프란츠가 아이를 가르치는 교사로서의 자리를 지키면서 소년의 운명을 받아들이자 아이와의 관계도 나아지고 편안해졌다. 프란츠는 자신의 아버지에 대한 충족되지 않은 그리움을 소년에게 투사하려 들었다는 사실을 알게 되었다. 이제 그는 소년의 아버지만이 소년에게는 유일한 아버지요 가장 잘 맞는 아버지임을 인정하게 되었다.

아래에 이어지는 사례 역시 교사들을 위한 슈퍼비전 모임에서 다룬 것으로, 교사의 원래 가족에서 기인한 긴장 관계가 교사로서의 자신의 성향에 영향을 끼치고, 나아가 아이들과의 집단 역학에서도 한몫한다는 사실을 보여준다.

아버지를 인정할 때, 당신도 권위를 회복할 수 있어요

슈퍼비전 모임에 참여한 안드레아는 어떤 문제를 다루어보고 싶느냐는 물음에 다음과 같이 이야기를 시작했다. "2년간 학교를 떠나 있다가 다시 복직을 했어요. 저는 현재 하우프트슐레에서 6학년을 맡고 있어요. 학기중에 이 학급을 맡게 되었는데 그건 이전 담임이 학급을 통제하지 못하고 학교를 떠났기 때문이에요. 제가 맡고 있는 반 아이들은 소란스럽고 공부든 뭐든 아무것에도 의욕을 보이지 않아요. 그러다 보니 저는 아이들을 점점 더 엄하게 다루게 되었어요. 유머 감각도 잃어버렸네요. 아이들은 날이 갈수록 저에게 더 큰 저항감을 보이고 있어요."

말을 하다가 안드레아는 울음을 터뜨리고 말았다. 나는 그녀에게 개인적인 상황에 대해서 조금만이라도 이야기해 달라고 부탁했다. 그녀는 학교에 막 입학한 딸이 하나 있고, 현재는 모녀 둘이 살고 있었다. 딸의 아버지는 독일인이 아니었다. 그녀가 임신을 한 뒤부터 남자는 그녀를 멀리하기 시작했다. 두 사람은 만나기만 하면 언성을 높였다. 딸이 생부를 몹시 찾는 등 강한 애착을 보인 까닭에 딸과의 관계도 고통스럽기는 마찬가지였다. 딸은 현재 학교에 다니기 시작했고 그녀도 복직을 했지만, 교사로서 그녀는 지극히 나약하고 불안해 보였다.

다른 경우들에서와는 달리 나는 안드레아가 처해 있는 학교 내의 상황을 세워보기로 결정했다. 그러기 위해서 우선 안드레아에게 반 아이들을 상징하는 남학생과 여학생을 한 명씩 대리인으로 선택하라고 요청했다.

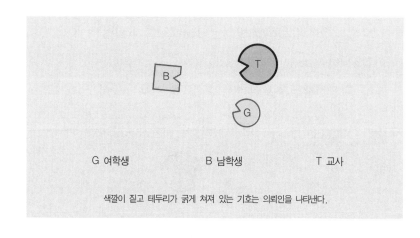

G 여학생　　　　　　　B 남학생　　　　　　　T 교사

색깔이 짙고 테두리가 굵게 쳐져 있는 기호는 의뢰인을 나타낸다.

　　나는 안드레아에게 일단 두 명의 대리인을 선택해서 각각 자리를
찾아 세워보라고 요청했다. 안드레아는 여학생(모든 여학생을 상징하는
대리인)과 남학생(모든 남학생을 상징하는 대리인)을 서로 마주보게 세운
뒤 자신은 여학생 옆에 자리를 잡고 섰다.

　　교사: 예, 교실 안의 상황이 이래요.
　　여학생: 저는 비교적 편안한 편이에요. 그리고 선생님의 든든한 지
　　　　지가 느껴져요.(어떤 이유 때문인지 알 수 없지만 여학생의 표정이 점점
　　　　슬퍼지는 것처럼 보였다.)
　　남학생: 이 자리가 왠지 불안한 느낌이 들어요.

　　나는 교장선생님을 상징하는 사람을 세션의 장 안으로 데리고 왔
다. 안드레아는 교장선생님이 서 있는 자리(바깥쪽으로 조금 벗어나 있고
얼굴은 남학생 쪽을 향해 있었다)가 마음에 들지 않는 것 같았다.

남학생: (즉각적으로) 교장선생님을 보니까 안심이 되네요.

여학생: 저는 소름이 끼쳐요.

교사: 교장선생님을 보니까 뭔가 섬뜩한 기분이 들어요.

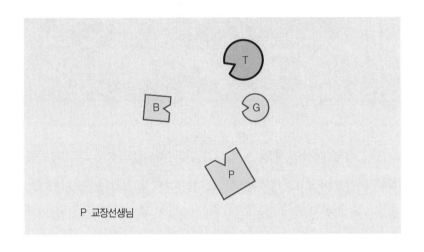

P 교장선생님

나는 여학생을 남학생의 옆자리로 옮겨보았다. 이제 두 사람은 선생님을 마주보고 서게 되었다. 그런 다음 나는 교장선생님을 교사 뒤쪽으로 옮겨 세웠다.

다시 교육위원회를 상징하는 대리인을 교장선생님 뒤쪽으로 약간 옆으로 벗어난 자리에 세웠다.

바바리아 주에서는 하우프트슐레에서 교육위원회가 교사의 상급자 역할을 하고 있다. 교장선생님은 교사에게 지시할 수 있는 권한을 가지고 있지만, 그렇다고 해서 교사의 직접적인 상관은 아니다. 상황이 이렇다 보니 교육위원회와 교장선생님 그리고 교사 간의 서열이 늘 불명확한 게 사실이다.

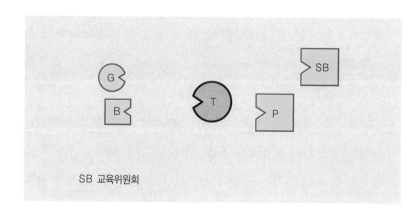

SB 교육위원회

남학생: 자리가 이렇게 바뀌니까 좀 편안해졌어요. (여학생이 옆에 와서 서자 남학생이 훨씬 안정되어 보인다는 것이 누가 봐도 명백했다.)

여학생: 저도 이 자리가 편해요. (여학생이 남학생을 쿡 찌른다.)

교사: 아이들은 모두 편안한 자리를 찾은 것 같네요. 하지만 저는 교장선생님이 등 뒤에 서 계신 게 불편해요.

교사는 교장선생님이 싫은 이유들을 쭉 나열했다. 그러다 교장선생님 뒤에 서 있는 교육위원회를 바라보았다. 그녀의 눈에 반감이 증폭되는 것처럼 보였다.

나는 그녀에게 교장선생님을 바라보면서 이렇게 말해보라고 제안했다. "저는 당신을 이 학교의 교장선생님으로 인정합니다."

교사: 저는 당신을 이 학교의 교장선생님으로 인정합니다.

안드레아는 내가 제시한 문장을 따라하기는 했지만 진심으로 그 말을 하고 있지 않다는 건 나만이 아니라 그녀 자신도 알고 있었다.

교육위원회: 나는 그 말을 받아들일 수 없습니다. (그는 못마땅한 표정으로 교사를 바라본다.)

그 사이 학생들은 뭔지 모르게 불안해하면서 웅성대기 시작했다. 나는 다시 안드레아 아버지의 대리인을 그녀 뒤에 세웠다. 안드레아는 확실히 힘이 더 생기는 것 같다고 말했다. 교장선생님과 교육위원회 역시 아버지의 등장으로 방금 전까지 느껴지던 부담스러움이 사라졌다고 했다.

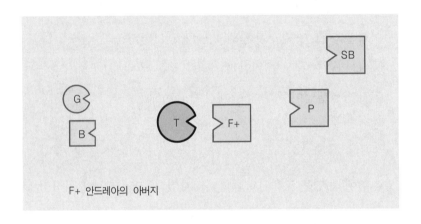

F+ 안드레아의 아버지

나는 안드레아에게 돌아서 보라고 요청했다. 이제 그녀는 아버지의 대리인과 마주보고 서게 되었다. 그녀의 두 눈에 눈물이 가득했다. 나는 안드레아에게 아버지를 보면서 다음과 같이 말해보라고 제안했다. "아버지, 지금 제게 힘을 주셔서 정말 고맙습니다."

내 제안대로 말을 마치고 나더니 그녀가 갑자기 흐느껴 울기 시작했다.

교사 : 아버지가 돌아가시고 안 계신다는 게 너무나 슬퍼요.

그녀의 아버지는 1년 전에 돌아가셨다. 아버지와 딸 사이의 교감
이 점점 강해지는 것 같더니 이내 딸이 아버지의 품 안으로 뛰어들었
다. 아버지의 팔에 안긴 채 안드레아가 소리 내어 울기 시작했다. 그
녀는 눈물과 동시에 깊은 숨을 내쉬었다.

교사 : 지난 몇 달간 느꼈던 모든 긴장감이 일시에 사라져버린 것
  같아요.

잠시 후 안드레아는 내가 제안하지 않았는데도 스스로 학급 전체
(남학생들과 여학생들)를 향해 돌아섰다. 나는 아버지를 딸의 등 뒤에 세
웠다. 교장선생님은 아버지의 뒤쪽에서 조금 비켜난 자리에 세웠다.
교장선생님이 안도감을 느끼고 있음은 한눈에도 알 수 있었다. 교육
위원회의 대리인은 교장선생님에게서 좀 더 떨어진 곳에 세웠다.

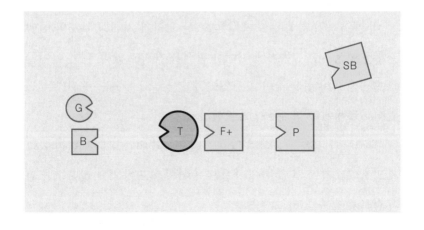

교사: 여길 봐. 우리 아버지가 내 등 뒤에 서 계시지? 너희는 내가
맡고 있는 반 학생들이야. 나는 너희를 존중해. 그리고 너희 등
뒤에 서 계신 부모님도 존중해.

교사의 말을 들은 아이들의 대리인들이 만족스러워하는 모습이
보였다. 모든 사람이 편안함을 느끼는 자리를 찾으면서 세션이 마무
리되었다.

나는 안드레아에게 한두 주 동안 아버지 사진을 책상 위에 두는 게
좋겠다고 권했다. 그리고 아이들에게 아버지 사진을 책상 위에 두는
이유를 말해주라고 했다.

나는 아이들에게 다음과 같이 말해주는 게 자신의 느낌을 잘 전달
해 줄 수 있을 것 같다고 그녀에게 덧붙였다. "우리 아버지는 1년 전에
돌아가셨단다. 나는 아직도 아버지를 추모하는 눈물을 흘리고 있어.
아버지의 기일이 되면서 아버지가 무척 보고 싶단다. 그렇지만 나는
아버지가 여기 교실 안에서 내가 하고 있는 일을 잘할 수 있도록 힘을
주고 계시다는 걸 느낄 수 있어."

내 개인적인 경험을 보면, 아이들은 교사가 자신의 부모와 어떤
관계를 형성하고 있는가에 지대한 관심을 가지고 있다. 나는 아이들
이 교실에 앉아 있는 동안 자신들의 부모로부터 힘을 얻게 된다는 점
도 아이들에게 꼭 말해주라고 권했다.

한참 동안 귀를 기울이며 듣고 있던 안드레아가 나를 보면서 이렇
게 말했다. "지난 몇 달 만에 처음으로 어서 학교에 가고 싶다는 느낌
이 강하게 드는군요."

대리인들이 처음 세워진 모습을 보면서 안드레아가 남학생들과 여학생들을 '분리시켜' 놓았다는 게 분명했다. 아이들은 서로를 견제하는 위치에 놓여 있었다. 남학생들은 교사로부터 아무런 지지도 받지 못했다. 안드레아 옆에 서 있던 여학생들은 교사로부터 지지를 받고 있었지만, 동시에 교사의 슬픔과 불안감을 감지할 수 있었다. 교사가 '그들의 편'에 서 있긴 했지만 사실상 여학생들은 교사에게 속해 있지 못했다.

학교 조직체에 몸담고 있는 교사로서 안드레아는 교장선생님은 물론 교육위원회와 원만한 관계를 유지해야만 한다. 과연 그녀가 그 둘과 어떤 관계를 맺고 있는지 알아보기 위해서 그 대리인들을 세웠고, 그들을 통해서 교사인 그녀가 교장선생님과 교육위원회에 대해서 갖고 있는 부적절한 태도가 고스란히 드러났다. 그녀가 윗사람의 권위를 인정하기 어려워한다는 사실도 알 수 있었다.

그 결과로 안드레아 역시 학생들 앞에서 교사로서의 권위를 인정받지 못했다. 윗사람의 권위를 인정하지 못하는 태도는 원래 가족 안의 얽힘 관계에서 기인한다. 자신의 아버지를 존중하지 않는 사람은 다른 어떤 권위에 대해서도 적대적인 태도를 갖게 마련이다. 아버지의 자리를 온전히 인정하지 못하는 사람은 어떤 집단에 소속되더라도 상사와의 관계에서 똑같은 문제와 마주치게 된다.

아버지의 에너지와 교류하게 되면서 그녀는 힘을 얻었다. 하지만 그 전까지만 해도 안드레아는 아버지를 있는 그대로 존중하거나 인정하지 못했다. 이 세션을 하기 전에 그녀와 한 가족세우기 작업을 통해서 나는 그녀가 그 동안 아버지에 대해 어떤 태도를 갖고 있는지 잘 알고 있었다.

육체적으로나 감정적으로 에너지가 완전히 고갈되면서 다급하고 절박해진 그녀는 비로소 애정 어린 눈으로 아버지 쪽을 바라볼 수 있었다. 아버지가 돌아가시고 난 뒤에야 그녀는 아버지의 힘을 받아들일 수 있게 된 것이다.

이 일이 가능해지자 상급자들의 대리인도 안도감을 느끼게 되었다. 상급자들은 하급자가 자신의 권위를 인정하고 있는지 아닌지 무의식적으로 감지할 수 있다. 하급자가 상급자의 권위를 인정할 수 있을 때, 그 역시 자신의 위치에 적절한 권위를 당당히 취할 수 있다. 하지만 그렇지 못할 경우 자신의 권위가 인정받지 못하는 데 대한 압력을 주변에 가하게 되고, 윗사람을 존경하지 않는 데 따른 내적 갈등으로 인해 끊임없이 에너지를 소모하게 된다.

안드레아가 교장선생님과 교육위원회의 권위를 인정하고 나자 그 두 사람도 그녀가 학교에서 자신들의 도움을 필요로 할 때면 언제든지 도와줄 수 있을 것 같다고 말했다.

안드레아의 개인적인 일들도 이 갈등이 반영된 부분이 많다. 남자와의 관계에서 나타난 문제 역시 원초적으로는 아버지와의 관계성에서 기인하기 때문이다. 아버지를 존경하지 않는 딸은 어떤 남자도 존경할 수 없다.

가족세우기 작업 이후 그녀는 딸을 대하기가 점점 쉽고 편해졌다고 알려주었다.

저는 당신의 슬픔을 볼 수 있어요

하우프트슐레에서 5학년을 맡고 있는 한 교사는 나에게 네 명의 말썽꾼 무리에 대한 이야기를 해주었다. 한 아이가 리더 역할을 하고 나머지는 부하 노릇을 하고 있는 이 어린 악당들 무리는 수업에 큰 방해 요인이 되고 있었다. 이 교사는 이미 교장선생님과 이 아이들을 어떻게 할지 방안을 논의하기까지 한 상태였다. 교장선생님은 시의 사회복지과에 연락을 해서 아이들의 가정 환경을 조사하도록 손을 쓸 생각을 하고 있었다. 그리고 리더에 해당하는 남학생은 퇴학 조치할 계획이었다.

하지만 교사는 리더 아이를 퇴학시킨다는 발상이 달갑지 않았다. 그녀는 과거에 이런 식으로 문제아를 처리했을 때 어떤 결과가 따르곤 했는지 충분히 보아왔다. 학급의 문제아를 제거하고 나면 학급 전체가 벌집을 쑤셔놓은 것처럼 소란스러워지다가, 결국 또 다른 아이가 똑같은 방식으로 새로운 말썽꾼 역할을 하곤 했다. 그녀는 '문제아를 제거함으로써 문제를 해결하는' 처벌 위주의 비효율적인 방법 대신 무언가 다른 접근법을 취하고 싶었다. 아울러 교사로서 자신이 기여할 수 있는 부분이 있는지도 알고 싶어 했다.

교사: 저 아이(리더)가 학교를 떠나는 모습을 바라보는 게 너무나 힘들어요.

리더: 창문 쪽에서 무언가 저를 세게 잡아당기고 있는 것 같아요. 동시에 선생님 쪽으로도 강하게 끌려가는 느낌이 들어요. (소년이 몸을 반쯤 돌리더니 교사를 향해서 손을 내뻗는다.)

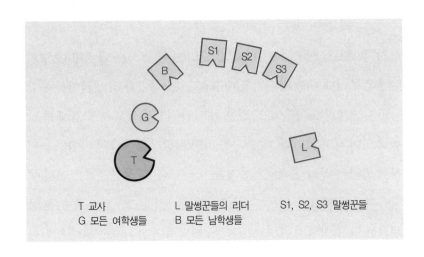

T 교사
G 모든 여학생들
L 말썽꾼들의 리더
B 모든 남학생들
S1, S2, S3 말썽꾼들

말썽꾼들: 우리는 저 애 곁을 떠나지 않을 거예요. 하지만 우리 반을 떠나고 싶지도 않아요. 우리는 그렇게 나쁜 애들이 아니에요.

교사가 슬픔이 가득한 얼굴로 소년들을 바라보았다. 나는 속으로 이런 생각을 했다. '어쩐 일인지 이 선생님은 너무나 슬퍼 보여.' 나는 그녀에게 혹시 가까운 일가친척 중에 세상을 일찍 떠난 사람이 있는지 물었다.

"그렇기도 하고 아니기도 해요." 그녀에 따르면 그녀가 태어나고 얼마 안 돼 오빠가 소아마비로 죽었는데 죽은 오빠에 대한 기억은 전혀 없다고 했다. 그럼에도 바깥쪽을 향해 있는 소년을 바라보는 교사의 대리인은 아이를 보면서 눈물을 흘렸다. 마치 학교를 떠나려고 안간힘을 쓰고 있는 소년의 모습이 그녀의 내면에서 죽은 오빠에 대한 무의식적인 슬픔을 자극하기라도 한 것처럼 말이다. 나는 오빠의 대리인을 장 안으로 데려와 그녀의 대리인 옆에 세웠다.

Br+ 오빠

　오빠가 들어서자마자 남매가 서로에 대해 강한 호감을 표현했다.
어린아이들처럼 서로를 쿡쿡 찌르는 등 그들 사이에 진한 가족애가
존재하고 있음을 알 수 있었다. 이 상황이 벌어지는 동안, 장 밖에서
세션을 지켜보던 의뢰인, 즉 교사의 얼굴은 눈물범벅이 되어 있었다.

　내가 별다른 노력을 하지 않았음에도 세션이 <u>스스로</u> 다음 국면을
향해 흘러갔다. 리더와 세 명의 졸병들은 다른 남학생들이 서 있는 곳
<u>으로</u> 옮겨가 그 옆에 자리를 잡고 섰다. 그러자 여학생들도 남학생들
옆으로 옮겨갔다. 침묵이 아이들 주변에 가득했다. 여기서 나는 교사
의 대리인을 내보내고 의뢰인을 그 자리에 세웠다. 그녀는 깊은 감동
속에서 그저 고개를 끄덕일 뿐이었다. 세션은 그렇게 마무리되었다.

　세션이 끝난 뒤 나는 그녀에게 오빠의 사진을 찾아서 며칠 동안 교
실 책상 위에 두라고 조언했다. 또 학생들에게 그녀의 오빠에 관한 이
야기를 들려주라고도 했다. 이 사례에서 분명한 것은 내적으로 불안
하고 행동이 불량한 아이들이 간혹 선생님의 무의식적인 슬픔 혹은

감정적 부담감을 자기도 몰래 감지해 이를 교실 안에서 표출하게 된다는 사실이다.

저는 선생님의 아픔을 알고 있어요

이번에도 나는 학생이 선생님의 아픔을 무심코 드러낸 사례를 이야기하고자 한다. 이런 상황이 가능했던 이유는 여학생 역시 똑같은 아픔을 가지고 있었기 때문이었다. 3학년 담임을 맡고 있던 교사는 나에게 너무 지나칠 정도로 선생님을 졸졸 따라다니는 한 여학생 이야기를 들려주었다. 이 소녀는 시도 때도 없이 교사의 공간을 침해할 뿐만 아니라 쉴 새 없이 선생님과 이야기를 하고 싶어 했다.

교사가 들려준 문제를 요약해 보면 이랬다. "저는 그 아이에게 상처를 주고 싶지 않아요. 하지만 제가 계속해서 '제발 날 좀 내버려둬!' 라고 말하게 된다면, 그 애가 상처를 받게 될 텐데 어떻게 하면 좋을지 모르겠어요." 소녀는 크로아티아 출신이었는데, 이미 독일어를 자유롭게 구사할 수 있는 수준에 이르러 있었다.

교사는 소녀의 대리인을 선택한 뒤 자리를 찾아 세웠다. 그런 다음 자신의 대리인을 소녀로부터 약 2미터 정도 떨어진 곳에 세웠다. 자리에 세워지자마자 교사의 대리인은 속에서 소녀를 피하고 싶은 느낌이 일어나는 것을 감지할 수 있었다. 이 시점에서 나는 소녀의 모국인 크로아티아를 상징하는 대리인을 교사로부터 약 2미터 정도 떨어진 뒤쪽에 세웠다.

소녀의 대리인은 즉시 뒤쪽으로 옮겨가고 싶어 했다. 고향인 크로아티아 옆으로 자리를 옮긴 소녀는 처음에는 마음이 편안해진다고 말하더니, 이내 너무나 슬프다면서 울음을 터뜨렸다. 고향에서 무언가 비극적 사건을 경험했던 게 틀림없었다. 소녀의 가족에게 있었던 사건에 대해서 아느냐고 묻자 의뢰인은 다음과 같은 사실을 들려주었다. "저 아이의 아버지는 크로아티아에서 돌아가셨어요. 전쟁중에 살해당했다고 하더군요."

나는 소녀의 아버지의 대리인을 딸 옆에 세웠다. 그러자 갑자기 교사의 대리인이 눈물을 터뜨렸다. 우리는 왜 교사가 갑자기 이런 반응을 보이는지 이해할 수 없었다. 자리에 앉아 있던 의뢰인 역시 대리인처럼 격한 눈물을 쏟아내고 있었다. 나는 의뢰인에게 아버지가 생존해 계시느냐고 물었다.

"아버지는 제가 어렸을 때 돌아가셨어요." 그녀 역시 여학생처럼 어린 나이에 아버지의 죽음을 경험했다.

나는 아버지를 대신하는 한 남자를 교사 옆에 세웠다. 그러자 교사의 마음이 가라앉으면서 평온함이 감돌았다. 이때 소녀의 대리인이 교사에게 다가가기 시작했다. 이번에는 교사도 별 어려움 없이 두 팔로 아이를 꼭 안아줄 수 있었다. 여학생이 교사에게 말했다. "저는 선생님의 아픔을 알고 있어요."

학생들은 간혹 교사가 아픔을 느끼는 지점에 무의식적으로 손가락을 푹 찔러 넣을 때가 있다. 교사가 자신의 아픔을 인식하고 가슴으로 받아들이면 이런 현상은 일어나지 않는다. 아울러 자신과 유사한 경험을 가지고 있는 아이들의 고통을 있는 그대로 존중하고 받아들이면 둘 사이의 관계가 명확하게 정리된다.

학생의 운명을 존중하다

언젠가 한 교사가 자꾸만 유급을 반복하는 한 여학생 이야기를 분통을 터뜨리며 한 적이 있었다. 이 여학생은 학급 아이들과 잘 어울리지도 못했다. 머리가 제법 명석한데도 왜 자꾸 유급을 하는지 이해할 수 없었다. 학교에 근무하던 교사들은 모두 이 여학생의 아버지가 아이의 어머니와 결혼하기 전에 어머니의 언니, 그러니까 아이의 이모와 결혼했었다는 사실을 알고 있었다. 아버지의 첫 번째 부인은 결혼한 지 몇 년 안 돼 암으로 사망했다. 그리고 아버지는 첫 번째 부인의 여동생인 소녀의 어머니와 재혼을 했다.

교사에 따르면 소녀가 지난 몇 달간 너무나 제멋대로 행동해서 자기도 평정을 잃고 아이를 복도에 세워둔 적이 여러 차례 있었다고 했다. 그녀는 아이가 최신 유행의 투박한 구두로 바닥을 쿵쿵 울리면서 마치 무슨 승리자라도 되는 듯 교만한 표정으로 교실 문을 박차고 나서는 모습을 볼 때면 속이 더 부글부글 끓어오른다고 했다. 이런 내용을 전하면서 그녀는 자기의 이런 행동이 징계감이라고 여기고 있었다. 바바리아 주에서는 교사협의회의 지시를 거치지 않고 학생을 복도에 세우는 건 허용되지 않는 일이었다.

의뢰인의 설명을 듣고 난 뒤 내 머릿속에 떠오른 첫 번째 생각은 소녀가 학급에서 배척받을 만한 행동들을 일부러 하고 있다는 거였다. 머리가 제법 명석한데도 성적을 계속 망치는 점도 그랬고, 교사의 약을 올려서 결국 벌을 받는 상황까지 몰아가는 점도 그랬다. 아이는 의도적으로 거부당할 상황을 찾고 있었다. 내가 의뢰인에게 말했다. "이 소녀는 당신에게 메시지를 전달하려고 하고 있군요!"

교사는 몇 주 전 소녀와 나름대로 교류하고 있다는 느낌을 나눌 수 있었다며, 소녀가 어떤 식으로 교사인 자신을 신뢰한다는 사실을 보여주려 했는지 몇 가지 사례를 들어 설명했다.

우리는 대리인들을 통해 다음과 같은 상황을 설정해 보았다.

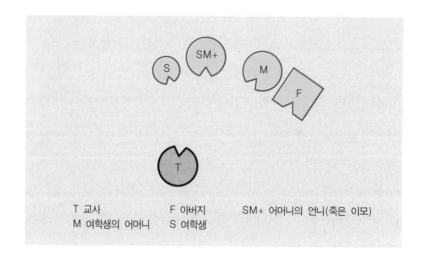

T 교사   F 아버지   SM+ 어머니의 언니(죽은 이모)
M 여학생의 어머니   S 여학생

대리인들이 세워진 모습을 통해서 소녀가 돌아가신 이모와 자신을 동일시하고 있음을 알 수 있었다. 소녀는 자신의 친어머니를 어머니로 여기지 않았다. 소녀의 대리인은 오직 교사 한 사람에게만 호감과 강한 결속감을 느끼고 있다고 말했다.

여학생: 이모 곁에 서 있으니까 기분이 좋아요. 엄마와 아빠한테는 아무 느낌도 없어요. 선생님이 주변에 계셔서 기분이 좋아요.

이 시점에서 나는 교사에게 소녀를 향해 가볍게 절을 하라고 요청했다. 그런 다음 소녀를 향해 다음과 같이 말해보라고 제안했다.

교사: 나는 너의 운명을 존중해. 나는 네가 이모에게 생명에 대한 빚을 지고 있다는 걸 알아.

말을 마친 뒤 교사가 다시 한 번 소녀를 향해 가볍게 절을 했다.

여학생: (즉각적으로) 이제야 선생님이 저를 이해하시는군요.

이 세션이 있고 나서 얼마 뒤에 진행된 슈퍼비전 모임에서 위 세션의 의뢰인이었던 교사가 여학생과의 관계가 훨씬 편안해졌다고 전해 주었다. 여학생이 여러 차례 교사에게 와서 봉사 활동에 자원하고 싶어 한다는 말도 덧붙였다. 소녀는 8시 전에 다른 아이들이 길을 건너는 것을 도와주거나, 몸이 아파 학교를 빼먹은 학생들의 숙제를 도와주는 봉사 활동을 했다.

가족세우기 경험을 통해서 나는 아이들이 아버지나 어머니의 이전 배우자와 자신을 동일시할 수 있다는 사실을 알고 있었다. 특히 위의 사례처럼 자신의 생명이 부모 중 한 사람의 이전 배우자의 죽음과 연관되어 있을 경우 동일시는 피하기 어렵다.

이것은 영혼의 갈등과 같다. 이 소녀의 경우 이모가 떠난 것처럼 자기도 끊임없이 자리를 박차고 떠남으로써 자신의 내적 갈등을 해소하려고 들었다. 물론 이 모든 상황은 무의식적인 영향으로 인해 발생한다. 감추어진 긴장 관계를 알지 못한 채, 소녀는 이모의 운명을 따라하고 있었던 것이다. 맨 처음에 대리인들이 세워진 모습을 통해 교사는 이러한 감추어진 긴장 관계를 보고 소녀의 운명을 존중할 수 있게 되었다. 이러한 전반적인 내용에 대해서 소녀와 대화를 나누지 않았음에도 이 새로운 이해가 두 사람 사이의 긴장을 대폭 완화시켰음은 두말 할 나위도 없다.

아이가 이유 없이 학교에 가지 않겠다고 해요

어느 날 열다섯 살짜리 아들을 둔 어머니가 나를 찾아왔다. 어머니에 따르면 아들은 벌써 몇 주째 학교 가기를 거부하고 있었다. 혼자서 일을 하면서 아이를 키우고 있는 그녀로서는 아들을 학교까지 끌고 갈 수도 없는 처지였다. 아들은 절대로 집을 떠나지 않겠다며 완강하게 버티고 있었다. 그런데 이상한 점은 소년이 본래 착실하고 학교생활도 원만했다는 사실이었다. 어느 모로 보나 아이가 학교에 가지 않겠다고 할 만한 이유가 없었다.

어머니는 아들 디트리히를 데리고 나를 찾아왔다. 나는 소년에게 왜 갑자기 학교에 가지 않겠다고 하는지 아마 소년 자신도 알지 못할 거라는 생각이 든다고 말했다. 내 말에 소년이 심각한 표정으로 고개를 끄덕였다. 이때 어머니가 왜 아들이 학교에 다시 나가야 하는지에 대한 온갖 논리적인 이유들을 늘어놓기 시작했다. 나는 그녀의 말을 중지시켰다. 그리고 잠깐 동안 아무 말도 하지 말아달라고 당부했다.

잠시 후 내가 그녀에게 가족 상황에 관한 질문을 던졌다. 그녀에 따르면 디트리히가 태어나서 얼마 되지 않아 아이의 아버지가 떠나버렸고, 세 사람 사이의 교류는 아주 최소한으로 이루어지고 있는 상태였다. 내가 아버지의 가족 쪽으로 무언가 나쁜 일이 발생한 적이 있느냐고 묻자 어머니는 머뭇거리면서 대답을 하려고 하지 않았다. 방

안의 공기가 아주 무거워졌다.

대개 이런 분위기는 무언가 아주 심각한 내용이 그 모습을 드러내기 직전에 감도는 긴장감과 관련된다. 어머니는 디트리히의 아버지가 자기 형, 그러니까 아들에게는 삼촌이 되는 사람이 어떻게 죽었는지 절대로 아들에게 말해서는 안 된다고 당부했다고 했다. 이제 비로소 그녀는 남편이 금기시했던 내용을 입 밖에 내놓기 시작했다.

디트리히의 할아버지와 두 아들이 전쟁터에 나가 있는 동안, 늦둥이로 태어난 셋째아들은 어머니와 함께 고향에서 살고 있었다. 그때 그의 나이는 열다섯 살이었다. 전쟁이 끝나갈 무렵이던 1945년 3월, 젊은 청년들이 계속해서 징집되는 상황이 이어졌다.

막내아들은 생일이 몇 달 늦어 다행히 징집을 피할 수 있었다. 아들이 집을 떠나지 않게 돼 어머니가 기뻐하는 것도 잠시, 아들은 어머니 몰래 집을 나와 친구들이 있는 포병대에 자원 입대를 해버렸다. 그는 첫 번째 전투에서 사망했다. 막내아들의 사망 소식을 들은 어머니는 거의 정신을 잃고 말았다. 전쟁이 끝나고 쉰 살 가까운 나이에 그녀는 아들을 하나 더 낳았는데 그가 바로 디트리히의 아버지였다.

이 가족사를 처음으로 접하게 된 디트리히의 반응은 격렬했다. 그가 소리치며 말했다. "왜 저한테 그런 일을 말해주지 않으셨어요? 왜 저한테 한 번도 그 얘기를 안 한 거예요?"

우리는 여기서 이야기를 중단했고, 다음 단계에 대한 아무런 논의 없이 상담을 마쳤다. 2주가 지난 뒤 디트리히의 어머니는 아들이 나를 만난 다음날부터 다시 학교에 나가기 시작했다고 알려주었다.

많은 가족 안에서 전쟁과 관련된 사건은 해결되지 못한 채로 금기의 옷장 속에 꼭꼭 감춰져 있다. 흘려보내지 못한 비탄의 눈물은 세대를 거쳐 영향을 끼치고, 어느 시점에 이르면 디트리히의 경우처럼 곪아서 터지게 된다. 물론 가족체의 구성원들은 이러한 원인과 결과의 무의식적 관계를 깨닫지 못한다. 이 모든 상황은 무의식의 차원에서 이루어지기 때문이다. 디트리히의 경우도 마찬가지였다.

전쟁과 관련된 문제로 인한 감추어진 긴장 관계는 상당히 상징적인 형태로 드러난다. 디트리히는 전쟁에서 사망한 삼촌을 대신해 집에 머무르려고 했다. 하지만 이러한 행위가 사건에 직접적으로 연루된 사람 중 누구의 문제도 해결해 줄 수 없기 때문에, 그는 결국 자기 자신을 소외시키고 스스로에게 해를 끼쳤던 것이다.

삼촌에 대한 이야기를 듣고 나서야 디트리히는 전쟁에서 죽은 삼촌에 대한 비탄의 눈물(가족 안에서 누구도 흘리지 못한 채 외면하고 말았던)을 흘릴 수 있었다. 그리고 이러한 분출이야말로 그가 내적 평화를 찾을 수 있는 길을 내주었다.

이제 두 번 다시 도망치지 않을 거예요!

부모와 그들의 아홉 살짜리 아들을 대상으로 세션을 가진 적이 있었다. 당시에 소년은 집에서는 물론 학교에서 하라고 시키는 어떤 것도 단호히 거부하고 있었다. 지난 6개월 동안 소년은 끊임없이 도망을 쳤다. 등굣길이나 쉬는 시간이면 누군가가 소년을 감시해야만 했다. 소년의 아버지는 독일 전역의 기차역을 수도 없이 찾아가서 소년을 집으로 데리고 와야 했다. 누구도 소년의 행동에 대해서 설명할 수 있는 사람이 없었다. 학교는 더 이상 소년을 지도 감독하는 일에 책임을 지려 들지 않았다. 소년의 부모가 가족세우기 워크숍을 하러 왔을 때쯤 그들은 이미 자포자기 상태에 놓여 있었다.

나는 소년의 부모에게 6개월 전에 무슨 일이 있었는지 물었다. 아버지는 묵묵부답이었다. 어머니를 통해서 들은 정보는 그녀가 원래 스페인 출신으로 여섯 살 때부터 부모님과 독일에서 살았고, 10년 전에 독일인 남자와 결혼을 했다. 연로한 부모님은 은퇴 후 고향인 안달루시아로 옮겨갔고, 6개월 전에 그녀의 어머니가 돌아가셨다. 부인이 알려준 정보와 소년의 행동 사이에 별 연관성이 없는 것 같지만, 나는 그녀가 말한 내용에서 무언가 단서를 찾아낸 듯한 느낌이 들었다. 나는 우선 내 느낌에 따라 작업을 진행해 보기로 결심했다.

그 동안의 경험에서, 부모님을 따라 다른 나라로 이민 온 아이들은 무의식 속에 떠나온 나라에 대한 애정과 일종의 향수를 가지고 있음을 나는 알고 있었다. 그들이 모국에서 보낸 시간이 그다지 길지 않더라도 그것은 마찬가지이다. 그에 반해 부모들은 적어도 표면적으로는 모국에 대해서 그다지 그리움을 느끼지 않는 것처럼 보인다. 오히려 자녀들에게 더 나은 터전을 만들어주기 위해 최선의 노력을 다하는 것이 더 중요하다고 생각한다.

나는 어머니를 의뢰인으로 삼아 세션을 전개해 보자고 제안했다. 우선 그녀와 아들 그리고 안달루시아로 돌아간 부모님의 대리인을 세워보기로 했다. 어머니의 대리인이 부모님의 대리인 앞에 서자마자 갑자기 울음을 터뜨렸다. 그녀가 부모님에게 말했다. "저는 고향을 떠나서 독일 남자와 결혼을 했어요. 여기 이 아이가 저희 자식이에요. 고향을 잃는다는 건 정말이지 가슴 아픈 일이에요."

이때 어머니의 아버지, 그러니까 아이의 할아버지가 딸(의뢰인은 대리인 대신 자신이 직접 세션에 참여했다)에게 두 팔을 둘렀다. 이제 두 사람은 서로를 부둥켜안은 채 울기 시작했다. 얼마 후 할아버지가 손자까지 두 사람의 포옹에 포함시켰다. 나는 할아버지에게 다음과 같은 말을 손자에게 해보라고 제안했다. "독일은 네 고향이란다. 그리고 너는 안달루시아를 사랑해도 된다." 소년은 이 말이 마음에 든다고 했다. 할아버지와 손자 사이의 짧은 대화가 끝나고 나자 세 사람의 얼굴에 미소가 번졌다. 나는 여기서 세션을 마무리 지었다.

세션이 끝나자 어머니가 갑자기 무언가를 알아냈다는 표정으로 입을 열었다. "배가 아팠다는 걸 잊고 있었네요. 지금 갑자기 늘 복통을 안고 살아왔다는 걸 깨닫게 되었어요. 왜냐하면 지금은 통증이 전혀 없거든요. 이제야 배가 계속 아팠었다는 걸 알겠어요."

세션이 있고 이틀 뒤 나는 그녀에게서 전화를 받았다. 그녀는 워크숍을 마치고 집으로 돌아가자 아들이 문을 열고 두 사람을 맞아주었다고 했다. 아들이 자신에게 뛰어오르더니 이런 말을 했다고 전해주었다. "엄마, 엄마, 저는 이제 두 번 다시 도망치지 않을 거예요."

아들은 부모가 워크숍에 참여했다는 사실을 알지 못했다. 그럼에도 어머니가 무거운 짐을 내려놓았음을 무의식적으로 감지할 수 있었던 것이다. 1년 뒤 나는 이 부부를 다른 가족세우기 모임에서 만나게 되었다. 두 사람은 아들 이야기를 하는 동안 기쁜 빛이 역력했다. 그 후로 아들은 변화에 변화를 거듭했고, 더 이상 도망을 치지도 않았다고 했다. 학교에서도 그런 아들을 받아주었다고 했다.

소년의 어머니는 자기도 모르게 위통이라는 형태로 고향에 대한 그리움을 짊어지고 살아왔다. 늘 배가 아팠다는 사실도 인식하지 못한 채 말이다. 부모가 지속적인 압박감 속에서 살아가면 아이들 역시 그것을 감지할 수 있다. 아이들 역시 무의식적으로 이러한 압박감을 나누어 짐으로써 가족체적 균형을 되찾으려고 든다. 소년의 행위는 바로 그러한 무의식적인 균형 잡기의 한 단면이었던 것이다.

소년의 할머니가 안달루시아에서 사망하자 고향에 대한 무의식적인 동경도 변화를 겪게 되었다. 마치 이 여성에게 귀향이 반드시 이루어내야 할 사명이 되기라도 한 것처럼 말이다. 이러한 변화는 소년에 의해서 표출되었다. 어머니를 대신해 소년은 끊임없이 어딘가로 떠나려고 했다. 세션중에 어머니가 자신의 아버지의 품에 안기면서 이러한 아픔(예전에는 무의식적으로 존재했던)에 대해서 인식하게 되었고, 마침내 긴장이 풀어질 수 있었다. 어머니의 아픔으로부터 자유로워진 소년 역시 자신의 삶을 살 수 있게 되었다.

교장선생님도 교무실에 속한 사람이잖아요

어느 학교의 교내 슈퍼비전 모임에서 교사들만 참석하고 교장선생님은 나타나지 않은 적이 있었다. 교사들은 교장의 불참에 화를 냈다. 화가 난 교사들은 교장을 깎아내리는 말을 쏟아내기 시작했다. 이번 슈퍼비전 모임에서는 학교 전체를 위해 아주 중요한 주제를 다루기로 되어 있었다. 나 역시 교장선생님이 빠진 상태에서 교사들이 중요한 결정을 내리기는 어려울 거라는 생각이 들었다. 기껏해야 윤곽을 잡고 제안서를 만들 수 있는 정도였다.

그래서 나는 교사들에게 내가 가끔 써먹던 '속임수'를 하나 가르쳐주었다. 나는 빈 의자 하나를 내 옆에 가져다놓았다. 이 빈 의자는 교장선생님을 위한 의자였다. 세션이 진행되는 과정에서 나는 교사들에게 한 사람씩 이 의자에 10분간 앉아보라고 요청했다. 그런 식으로 우리는 세션을 진행했다. 모임 초반의 소란이 잠잠해지면서 문제해결을 위한 좋은 제안들이 쏟아져 나오기 시작했다. 교장의 의자에 앉았던 교사들 중에는 교장의 시각에서 유익한 의견을 꺼내놓기도 했다. 마치 교장이 그날 모임에 함께하고 있는 것 같았다.

모임이 끝나갈 무렵 나는 교장의 대리인들에게 이 빈 의자에 앉았을 때의 느낌이 어땠느냐고 물어보았다. 한 사람이 이렇게 말했다. "제가 의자에 앉아 있는 동안 느꼈던 게 실제로 교장선생님이 느끼는 거라고 한다면, 교장선생님도 어쩔 수 없겠구나 하는 생각이 듭니다. 그러니까 지금의 일처리 방식을 고수할 수밖에 없겠다는 거죠. 왜냐하면 그분에게는 선택권이 없거든요. 이 자리에 앉았을 때 지극히 약하다는 느낌과 함께 압박감이 느껴졌어요." 나머지 교사들도 이 교사와 유사한 느낌을 받았다고 말했다.

2주 후 나는 이 학교 교사들로부터 흥미로운 소식을 듣게 되었다. 그들은 학교 분위기가 완전히 바뀌었다며, 교장선생님과 함께한 아주 긍정적이고 새로운 경험들에 관해 들려주었다. 교장선생님은 슈퍼비전 세션이 어떤 식으로 진행되었는지 교사들에게 물었고, 교사들이 내놓은 해결책에도 상당히 개방적인 태도를 취했다고 했다. 그리고 다음번 모임은 꼭 참석하겠다는 약속도 했다.

다음의 사례는 독일의 학교에서는 자주 발생하는 문제로, 오늘날까지 교사들에게 영향을 끼치는 나치 정권의 잔재와 관련된다.

나는 당신을 이 학교의 교장선생님으로 인정합니다

한 교사가 현재 근무하는 학교의 교장선생님과 문제가 있다고 말했다. 얼마 전 그는 교장실에 불려갔는데, 이유는 그가 맡고 있는 학급 중 한 반에서 발생한 징계 때문이었다. 수업 시간에 일어난 사건을 언급하면서 교장선생님이 보여준 경멸적인 태도는 그에게 모욕감을 주었고, 결국 그는 무언가 타협점을 찾으려 들기보다는 교장선생님에게 반발하고 말았다. 이 교사에게 중요한 건 처벌이 아니라 어떻게 하면 교실 안에 변화를 가져올 수 있느냐 하는 거였다. 그가 필요로 했던 것은 비난이 아니라 교장선생님의 도움이었다.

나는 이 교사에게 교장선생님과 자신을 대신할 대리인들의 자리를 찾아서 세워보라고 청했다. 두 남자는 약 2미터 정도 떨어진 거리에 서로를 마주보고 세워졌다. 자리에 세워지자마자 교사의 고개가 떨어지더니 몸이 움츠러들기 시작했다. 그는 목숨의 위협을 느낄 정도의 공포감이 엄습한다고 말했다. 하지만 반대편에 서 있는 교장은 사뭇 달랐다. 그는 몸이 점점 더 커지는 듯한 느낌이 든다고 말했다. 실제로 그의 몸집이 처음보다 더 커진 것처럼 보이기도 했다. 특히 그의 두 손이 유난히 두드러져 보였다. 그는 자신의 손을 쳐다보았다. 당장이라도 주먹을 휘둘러 누군가를 칠 것 같은 기세였다. 그의 두 손은 거대한 삽처럼 보였다. 교사의 대리인은 겁에 질린 채 움츠러드는 반면, 교장의 대리인은 교사 위에 강하게 군림하고 있었다.

이 시점에서 나는 교사에게 아버지와의 관계가 어땠느냐고 물었다. 아들인 그가 아버지에 대해 어떤 경험을 가지고 있고, 아버지 자신은 어떤 경험들을 하셨는지, 어쩌면 아버지가 전쟁과 연관되어 있지는 않은지 물었다. 의뢰인에 따르면 그의 아버지는 늘 아들에게 자기 생각을 겉으로 표현하지 못하도록 통제했다고 한다. 학생인 아들이 데모에 가담할까봐 늘 걱정했고, 반대 의견을 피력하다 교직에서 쫓겨날까봐 노심초사했다. 아버지의 개인적인 경험에 대해서 의뢰인은 다음과 같은 이야기를 들려주었다.

"전쟁중에 아버지는 포로가 되어 유고슬라비아의 탄광에서 3년 동안 노역을 하셨다고 해요. 아버지가 입버릇처럼 말하는 유고슬라비아 인 현장 감독이 있었어요. 아버지에게서 그 사람 이야기를 들을 때마다 저는 가슴이 너무 답답했어요. 그가 폭력적으로 아버지를 억압했던 거며, 끊임없이 목숨을 끊어버리겠다고 협박했다는 이야기 등 저에게는 듣는 것조차 부담스러운 일들이었죠." 아버지와 현장 감독의 상황이 아들의 현재 상황에서 고스란히 반영되고 있음은 불을 보듯 뻔했다.

나는 의뢰인에게 아버지와 이 현장 감독의 대리인도 세워보라고 했다. 곧 두 명의 다른 남자들이 서로를 마주보는 구도로 세워졌다. 새로운 두 남자는 앞의 두 남자가 보였던 것과 똑같은 몸짓을 보여주었을 뿐만 아니라 그들이 표현하는 느낌도 똑같았다.

교사의 대리인이 나오고 그 자리에 의뢰인이 직접 섰다. 내가 그에게 아버지의 대리인을 바라보라고 요청했다. 아버지 쪽으로 고개를 돌린 아들은 내가 요청하지 않았음에도 스스로 고개를 숙여 절을 했다. 그런 다음 부자가 즉각적으로 서로를 부둥켜안았다. 그 사이 이 두 명의 '나쁜 남자들'은 안도의 한숨을 길게 내쉬었다. 현장 감독의 대리인이 뒤로 물러났고, 교장의 대리인 역시 아까와 다르게 편안해졌다고 말했다.

잠시 후 나는 교사로 하여금 교장의 대리인 앞에 서보라고 요청했다. 그는 처음과 달리 거리낌 없이 교장의 눈을 바라볼 수 있었고, 곧 그의 옆자리에 설 수 있게 되었다. 이처럼 자리를 배치한 이유는 교사로 하여금 상사인 교장선생님의 권위를 인정하도록 한다는 의미를 담고 있다.

이 사례는 같은 상황이 두 세대에서 그대로 반복되는 현상을 보여주고 있다. 아들은 아버지의 내적 감정을 똑같이 느낄 수 있었다. 현장 감독의 행패에 저항하고 싶으나 저항의 결과가 곧 목숨의 위협임을 알기 때문에 아무것도 할 수 없었던 아버지의 무력감이 그대로 느껴졌다. 그리고 이제 아들은 이런 아버지를 위해서 대신 저항하고 싶었다. 아버지를 대신해 싸우고 싶어 했다. 물론 이 모든 것은 무의식 안에서 진행되는, 감추어진 긴장 관계를 표현해 준다.

여기서 한 가지 중요한 것은 학교 내의 상황에 대한 그의 지나친 반응이 아버지와의 무의식적인 동일시로 인한 혼돈으로 인해 증폭되었다는 사실이다. 즉 교장과의 사이에서 일어난 상황이 그의 무의식 안에서는 목숨을 부지하기 위해서 힘 있는 자의 자비를 구걸해야 하는 전쟁 포로의 모습으로 대체되어 있었다는 말이다. 세션이 끝난 뒤 의뢰인은 교장선생님과의 상황을 좀 더 명료한 시각으로 볼 수 있게 되었다고 말했다.

제가 언제쯤 당신들 중 한 사람이 될 수 있을까요?

언젠가 스위스에 살고 있는 한 교사가 워크숍에 참여한 적이 있다. 몇 년 전 그녀는 스위스에 있는 학교에서 교생 실습을 했고, 그 후 독일로 돌아오지 않고 그곳에서 교편을 잡았다. 그녀는 그곳에서 남자를 만나 결혼해 현재 두 아이를 두고 있었다. 벌써 몇 년째 스위스에서 일을 하며 살고 있지만, 그녀의 내면 깊은 곳에서는 소속감을 느낄 수가 없었다. 동료들도 그녀를 따돌렸다. 그녀는 심지어 언젠가 남편조차 자신을 거부할 거라는 두려움을 가지고 있었다. "그 사람도 직장 동료들처럼 제가 독일인이라는 이유로 거부할까봐 두려워요."

그녀가 워크숍에 참여하게 된 이유가 학교와 관련된 문제였으므로 우리는 먼저 그녀가 근무하고 있는 학교를 다루어보기로 했다. 그녀의 대리인은 다른 사람들로부터 멀리 떨어져 있었다. 하지만 상황은 의뢰인이 묘사한 것과는 좀 달랐다. 동료 교사들을 비롯하여 학교 관계자와 학생들은 하나같이 그녀가 좀 더 가까이 와주기를 바랐다. 이 모습을 본 의뢰인은 놀라움을 감추지 못했다.

나는 남의 나라인 스위스에서 처음 시작된 그녀의 직장 생활을 살펴보고 싶어졌다. 우선 그녀의 부모님과 스위스의 학교 관계자들, 그리고 교사의 대리인을 세웠다. 자리에 세워지자마자 그 교사의 대리인은 즉시 아버지를 향해 쏜살같이 '날아갔다.' 그녀는 아버지의 품에 안겨 울음을 터뜨렸다.

나는 이 모습을 보고 있던 의뢰인에게 자신이 스위스에 남기로 한 결정에 아버지가 어떤 반응을 보였는지 물었다. 아버지는 딸이 독일을 떠나는 걸 찬성하지 않았다. 심지어 지금도 이 사실을 받아들이지 않고 있다고 했다. 그녀는 아버지의 그런 반응에 화가 났고, 결국 두 사람 사이에는 균열이 생겼다. 한때 지극히 따뜻했던 부녀 관계는 딸의 스위스 이민으로 얼어붙어 버렸다.

그녀는 한 번도 아버지의 슬픔이나 그리움에 귀를 기울여본 적이 없다고 말했다. 이제 부모님 앞에 선 딸은 두 분의 안타까운 마음을 이해할 수 있었다. 그리고 두 분을 자신의 부모로 인정할 뿐만 아니라 그분들의 축복을 구할 수 있게 되었다. 딸을 바라보는 아버지의 눈에 눈물이 가득했다. 그는 매우 나약해 보였고, 마치 딸의 도움을 필요로 하는 것처럼 보이기도 했다. 하지만 딸이 제 길을 가도록 허락해 주었다.

나중에 안 사실에 의하면, 나치 정권 당시 그녀의 할아버지는 공직에 몸을 담고 있었다고 한다. 그가 당시 했던 일은 독일에서 다른 나라로 이민을 가려는 유태인들을 못 나가도록 저지하는 일이었다. 결국 독일을 벗어나지 못한 유태인들은 강제 수용소에서 생을 마감해야 했다. 젊은 시절, 이러한 사실을 모른 채 그녀는 아버지에게 자신이 독일을 떠나도록 허락해 달라면서 갈등을 벌이게 되었다.

세션이 끝나갈 무렵, 그녀는 부모님 앞에 절을 한 뒤 작별을 고했다. 그리고 동료 교사들 곁으로 돌아섰다. 어느새 그녀는 그들 중의 한 사람이 된 듯한 소속감이 느껴진다고 말했다.

두려움

두려움은 인간의 삶에서 가장 다루기 힘든 주제이다. 학교도 예외는 아니다. 우리 모두는 두려움과 매우 친숙하다. 실제로 학교 복도나 교실에서 두려움의 냄새를 코로 맡을 수 있을 정도이다. 독일어에 "이제 더 이상 학교 냄새를 견딜 수가 없어요"라는 표현이 있는데 이 말은 "학교라면 지긋지긋해요"라는 뜻이다. 이 말을 가볍게 넘겨서는 안 된다. 아이들이 이런 표현을 쓴다면, 지금 그들이 직면한 상황이 심각하다는 얘기이다. 즉 이제 더 이상 두려움을 동반자로 삼아 학교 생활을 하고 싶지 않다는 의미이다.

두려움과 배움은 동전의 양면과 같다. 마치 운전을 처음 배울 때 운전석에는 내가, 조수석에는 두려움이 앉아 있는 것과 같다. 새로운 배움은 언제나 두려움을 동반한다. 그리고 아이들은 매일 학교에서 새로운 것들을 배우고 있다. 두려움을 옆자리에 앉혀둔 채 말이다.

어찌 보면 학교에서 아이들은 자신의 재능 혹은 가능성을 활용할 수 있는 기회를 송두리째 빼앗기고 있는지도 모른다. 학습 내용을 제대로 이해하든 못하든 상관없이 아이들은 주어진 지식을 송두리째 먹어치워야만 한다. 칠판에 적힌 내용이 자연스럽게 흡수되지 않더라도 머릿속에 그 내용을 꾸역꾸역 집어넣어야 한다. 그러다 보니 아이들은 늘 선생님에 대한 두려움을 가지고 있을 수밖에 없다. 교사는 경험의 길잡이라기보다 아이들이 이해하지 못한 채 집어삼킨 지식을 검사하고 처벌하는 심판관이 되어버렸기 때문이다.

아이들에게 선생님은 신과 같은 존재이다. 그는 모든 것을 알고 있을 뿐만 아니라 누구보다 더 잘 알고 있기 때문에 끊임없이 아이들에게 자신의 방식을 따를 것을 강요한다. 선생님에 대한 두려움과 시험에 통과하지 못할 거라는 두려움은 언제나 아이들의 어깨를 짓누르는 바윗돌처럼 작용하고 있다. 그리고 처음에 어디에서 시작된 것인지 알 수 없지만, 학생의 두려움이 간혹 교사와 학교, 자신의 부모나 사회에 대한 적대감으로 전환될 때가 있다.

교사들도 두려움에 전염되어 있기는 마찬가지다. 교사들은 끊임없이 변화하는 학교 상황에 능동적으로 대처할 수 있는 탄력성이 자신한테 부족할까봐 두려워한다. 학생들의 공격적인 태도를 참아내지 못할까봐 두려워하고, 동료 교사들 사이에서 인정받지 못할까봐 두려워한다. 교직에서 물러날 상황이 벌어질까봐 두려워하고, 갑자기 감정을 제어하지 못하는 상황이 벌어져 학생들 앞에서 망신을 살까봐 두려워한다.

부모도 마찬가지이다. 아이들이 학교에서 수업을 제대로 따라가지 못할까봐 두려워하고, 잘못된 길로 빠지게 될까봐 두려워한다. 아이들이 친구들에게 따돌림받을까봐 두려워하고, 공부에 적극성이 부족하다고 지적받을까봐 두려워하며, 혹은 지나치게 나댄다고 비난받을까봐 두려워한다.

그러나 이런 두려움들은 그들이 느끼는 숱한 두려움 중 일부에 지나지 않는다. 아이들 중에는 선생님에 대한 기본적인 두려움 외에도 부모님이 지니고 있는 두려움을 함께 가지고 학교에 오는 경우가 많다. 교사들은 학생을 보면 아이가 지금 부모님의 두려움과 함께 교실에 앉아 있는지 어쩐지 단박에 알 수 있다. 학교에서 자주 만나는 상황 중의 하나가 바로 학생의 두려움과 교사의 두려움이 정면 충돌하는 일이다. 이런 상황이 벌어지면 결과적으로 둘 사이에는 소통을 방해하는 거대한 장애물이 자리를 잡게 된다. 어찌 보면 학교란 학생과 교사 그리고 학부모 각자의 두려움을 수집해 놓은 집합소가 아닌가 싶기도 하다. 그렇게 한데 그러모아진 두려움의 산이 공격적인 행위로 전환하는 경우가 빈번히 벌어지는 곳 말이다.

저 자신의 두려움이 저를 위협하고 있어요

슈퍼비전 모임에서 한 교사가 이런 말을 한 적이 있다. "저 자신의 두려움이 저를 위협하고 있어요. 제 목숨을 위협하고 있어요." 나는 그 교사와 우리가 가진 여러 가지 감정들에 대해 이야기를 나누었다. 의식적으로 그 감정들에 직면해 그 감정들이 스스로 소멸되도록 하는 방법에 대해서도 이야기를 했다. 하지만 이 교사의 두려움은 단순한 감정 이상이었다. 이미 그녀의 몸 전체가 두려움에 장악당한 상태였고, 심할 때에는 갑작스런 공황 상태에 빠지기도 했다.

우리는 이 상황을 다루어보기로 했다. 먼저 그녀가 유난히 두려움을 느끼는 학급의 남녀 학생들을 상징하는 두 명의 대리인과 동료 교사들, 교장선생님, 학교 관계자들, 그리고 학부모들의 대리인을 세웠다. 모든 대리인들이 자리에 세워진 뒤 교사가 느끼고 있는 두려움 자체를 상징하는 대리인도 세웠다.

교사가 두려움의 대리인을 정면으로 마주 바라보기까지는 꽤 긴 시간이 걸렸다. 마치 말없는 춤이 두 사람 사이에서 진행되고 있는 것처럼 모든 움직임이 지극히 느리고 섬세하게 진행되었다. 그러다 마침내 두 사람이 서로를 마주보게 되었을 때 교사의 몸이 부르르 떨렸다. 잠시 후 교사가 두려움 앞에 고개를 숙여 절을 했다.

둘 사이의 말없는 춤은 두 사람이 나란히 설 때까지 계속 느리게 진행되었다. 그러다가 마침내 두 사람 사이에는 평화로움이 감돌았다. 심지어 둘은 팔짱을 끼기도 했다. 교사가 평온한 모습으로 두려움 옆에 자리를 잡자, 그 뒤에 서 있던 대리인들이 마치 '이제야 끝났다'는 듯 재잘재잘 주변 사람들과 이야기를 나누기 시작했다. 교사들 중

한 사람은 이런 표현을 썼다. "두려움도 우리에게 속해 있어요."

그러자 학부모들의 대리인이 입을 열었다. "두려움은 우리에게도 속해 있어요." 교장과 다른 학교 관계자들의 대리인도 같은 말을 했다. 학급을 상징하는 두 명의 대리인도 한 마디씩 거들었다. "사실상 두려움은 저희에게 속해 있어요. 왜냐하면 공부와 학교란 우리를 엄청 겁먹게 만들거든요. 하지만 선생님과 부모님이 도와주신다면 기꺼이 지고 갈 수도 있을 것 같아요." 아이들 대리인의 이 마지막 말은 상황 전체를 해결하는 치유의 문구가 되었다.

두려움의 대리인이 아이들에게로 다가갔다. 나머지 모든 대리인들도 각자의 두려움을 품은 채 학생들 쪽을 바라보았다. 모든 사람의 눈에 이해의 눈물이 가득 맺혔다. 그때까지 잠자코 있던 두려움이 갑자기 입을 열었다. "나는 당신들 모두에게 속해 있어요. 물론 내가 주로 아이들 곁에 서 있다가 가끔씩 교사들 옆으로 가기도 하지만 말입니다." 세션이 끝난 뒤 교사의 모습은 지극히 편안해 보였다.

세션을 통해서 학교가 온갖 두려움을 태우는 소각장과 같다는 것이 명백해졌다. 물론 두려움은 우리 삶의 일부분이다. 우리가 서로 분리된 채로 살아왔기 때문이다. 어머니에게서 분리되고, 부모로부터 분리되고, 자신의 내적인 앎으로부터 분리되었으며, 무엇보다도 사랑으로부터 분리되어 살고 있기 때문이다. 교사들이 자신의 두려움에 대해서 인정하고 받아들이면 그들 삶에 긍정적인 변화가 일어난다. 아울러 학생들의 두려움을 수용하게 되면 아이들의 일상이 긍정적인 방향으로 나아가게 된다.

6. 몇 가지
좋은 소식

학교 생활의 여러 측면을 다뤄온 이 여정에서 독자인 당신은 배움을 위한 선행 조건이 있다는 사실을 깨달았을 것이다. 그 선행 조건이란 무엇인가? 바로 경험이다. 내가 교실 안에서 시도한 가족세우기 기법을 통해 아이들은 원래 가족과 자신들이 맺고 있는 결속감을 온몸으로 경험할 수 있었다. 이 경험은 아이들에게 새로운 태도를 가르쳐주었다. 즉 자신이 비록 분리되어 있는 것 같지만 언제나 등 뒤에는 아버지와 어머니가 서 계신다는 이해가 그들의 중심에 놓이게 되었다. 그뿐 아니라 어머니와의 관계, 아버지와의 관계, 형제자매와 친구들과의 관계가 훨씬 다정다감해졌다.

'상상력'을 이용한 작업을 통해서 아이들은 여태까지 한 번도 탐험해 본 적이 없는 신대륙이 그들의 몸과 영혼에 존재하고 있다는 사실을 알게 되었다. 사물을 대하는 새로운 방식은 아이들이 살아가는 세계의 크기를 넓혀주었다. 이제 아이들은 훨씬 큰 범주의 발상과 가능성의 영역에서 창의적으로 활동할 수 있게 되었다. 부정적인 일에도 긍정적인 면이 있음을 보게 되었고, 부모님도 그들과 똑같은 평범한 사람들임을 알게 되었다. 대개 아이들은 자기 부모님이 다른 사람들처럼 좋은 면과 나쁜 면을 두루 갖추고 있다는 사실을 인정하고 싶어 하지 않는다. 이 모든 새로운 앎은 결코 아이들이 교과서나 학습 자료 또는 시험을 통해서 배울 수 있는 것이 아니다.

학교에서의 조직체적 작업은 여태까지와 전적으로 다른 새로운 개념이 학교 교육에 자리 잡을 수 있도록 해준다. 그리고 이러한 새로운 개념이야말로 인간의 실제 생활을 이루는 요소이자 학습의 기본 도구로 활용할 수 있다! 이때 학교는 더 이상 '경험의 대체물'이 아니라 '경험의 터전'으로서 역할을 할 수 있다.

경험을 통한 배움이라는 발상은 그 기원이 고대 그리스까지 거슬러 올라간다. 현대 문명의 최근 역사에서 우리는 '경험을 통한 배움'이 구체화된 여러 실례를 만날 수 있다. 그 예를 들어보자.

루소Rousseau와 그의 작품《에밀Emile》(이 작품에서 루소는 어린이 교육에서 무엇보다도 중요한 것이 '자연스러움'이며, 교육은 경험의 반복과 습관화를 통해서 이루어진다고 주장한다—옮긴이), 게오르그 케셔스타이너Georg Kerschensteiner와 그의 노동 학교work school(개혁적인 교육 방법의 하나. 토마스 무어의 '유토피아적 사회주의'에 그 뿌리를 두고 있다. 모든 구성원의 생산적인 노동 활동을 통해 유지되는 미래형 공동체 사회 형성을 위해서 아이들로 하여금 아카데미적 과목을 익히는 것뿐만 아니라 능력에 적합한 노동 활동에 참여하도록 고안된 교육 방법이다—옮긴이), 마리아 몬테소리와 '준비된 환경'(아이들이 본래 성향에 따라서 자유롭게 배울 수 있는 교육 환경을 조성함으로써 아이들 스스로 자기 교육에 대한 책임을 질 수 있는 기회를 제공한다. 그리하여 궁극적으로는 아이들이 독립적인 인간으로서 역할할 수 있도록 성장할 뿐만 아니라 상호 의존적인 단계로 나아가도록 유도한다—옮긴이), 그리고 프랑스의 교육학자인 프레네Freinet의 '자유로운 학습free work'(아이들이 느끼는 흥미와 자연스러운 호기심이 배움의 출발점이 되어야 하며, 집단 활동과 실수를 통한 경험적 학습을 중시한 교육법—옮긴이)을 들 수 있다. 위에 열거된 몇몇 이름과 방법론은 '개혁적 교육학' 운동의 일부분에 불과하다.

위의 방법들은 한 가지 공통점을 가지고 있다. 즉 학습과 교육이 학생들의 자발적인 참여와 스스로 습득한 경험에 의해서 결정되어간다는 사실이다.

이 책을 마무리할 때쯤 나는 독일의 한 주간지에 실린 기사를 접하

게 되었다. 기사의 제목은 〈집과 같은 학교〉였다. 기사는 사회적·정
치적인 면에서 학교란 이래야만 한다는 기존의 신념들이 변화되는
모습을 주의 깊게 관찰, 기록하고 있었다. 한마디로 그 요지는 학교가
경험을 위한 장소로 전환해야 한다는 것이었다.

여태까지 독일의 사회적 분위기는 아이들이 오전에 학교에서 6교
시 수업을 받고, 오후에는 어머니의 감시 아래서 공부할 때 최상의 학
습 효과를 얻을 수 있다는 주장을 지지해 왔다. 이 말은 곧 자녀 양육
이라는 '사명'의 주된 부분이 부모의 몫으로 남겨져야 한다는 것이
다. 하지만 우리 모두가 알다시피 부모들은 아이들이 자기 발견을 해
나가고 공동체 생활과 사회의 일원으로서 공헌할 수 있는 사회인으
로 성장해 가는 데 적절한 환경을 만들어주기 어렵다.

그뿐 아니라 6교시 수업이 끝날 때쯤 아이들은 극도로 지쳐 있게
마련이다. 오전 내내 교사가 일방적으로 쏟아 붓는 지식을 수동적으
로 받아들여야 하는 아이들의 생체 리듬도 파괴되고 만다. 결국 교문
을 나설 때쯤 아이들은 공격적인 상태가 되어 집으로 향하게 된다. 당
연히 파괴된 리듬의 회복을 위해서 오후 몇 시간을 고스란히 낭비할
수밖에 없다. 그러나 계속 이어지는 사교육은 아이들의 자연스러운
생체 리듬이 회복할 수 있는 기회조차 빼앗아가 버린다.

2000년에 개최되었던 국제 수학 및 과학 경진대회에서 독일은 수
학과 과학 과목 모두에서 낮은 점수밖에 얻지 못했다. 이런 상황은 경
제와 정치 분야의 전문가들에게 충격을 안겨주었다. 이는 독일의 학
교 운영자들에게 학생들이 미래를 향해 발전해 가려면 지금보다 더
나은 교육의 기회를 제공하라는 요청서와 같았다.

우선 학교는 학생들이 편안한 환경 속에서 충분히 이완하고 회복할 수 있는 적절한 기회를 제공해야 한다. 또한 학생들이 직접적인 경험을 통해서 학과 내용을 배울 수 있도록 교육 방식을 바꿔야 한다. 오후 시간을 여러 활동과 프로젝트를 위해 쓸 수 있도록 수업 시간을 안배하는 것도 한 방법이 될 수 있다. 우리 아이들의 하루가 능동적 참여를 통한 배움으로 채워진다고 상상해 보자. 경험이 중심에 선 학습법에 익숙한 아이들은 어른이 된 뒤에도 개별적 성향과 자질에 맞는 분야에서 충분히 제 역량을 발휘할 수 있을 것이다.

위에 열거한 여러 가지 발상들─내가 가르쳤던 아이들이 몇 년 동안 꿈꾸어 왔던─을 실제로 학습에 도입하여 운영하고 있는 학교 중 한 예가 바로 베를린에 있는 종일제 학교 베버린제Werbellinsee 초등학교이다. 이곳의 학생들은 학교를 집처럼 편안하게 여긴다. 아이들은 학교에서 토끼를 키우고 채소도 가꾼다. 직접 그린 그림들을 모아 전시회를 준비하는가 하면, 쉬는 시간에는 탁구를 친다. 편하게 앉아 이야기를 나눌 수 있는 공간에서 친구들을 만나고 점심도 함께 먹는다. 모든 과목은 프로젝트 형식으로 이루어진다.

하겐 하스페 시에 있는 종합 중등학교는 혁신적인 배움이라는 개념을 사용하고 있다. 이 학교에서는 물리학과 생물 수업이 교실이 아닌 숲에서 이루어지고 있다. 학생들은 벌을 키우고 나무를 자르며 과학자와 함께 오염 수치를 측정하고 광전지 지붕을 짓기도 한다. 한 주간지는 이 광경을 이렇게 묘사했다. "이곳에서 사람들은 자신감과 활기에 차 있는 아이들을 만나게 된다. 또한 자신이 현재 하고 있는 일에 너무나 몰두한 나머지 이제 그만 돌아가도 좋다는 선생님의 말조차 들지 못하고 축축한 11월의 추위 속에 한참을 서 있는 아이들을 발견하게 된다."

이러한 대안적 교육을 하고 있는 학교에서 학생들은 모든 과목을 프로젝트라는 맥락에서 익혀간다. 특히나 실제 세계에서와 똑같은 종류의 일을 경험하는 것은 아이들에게 분명한 동기 부여의 원천이 되고 있다. 소집단을 이룬 아이들이 건축 경연 대회에 참여하거나 회사 설립 경연 대회에 참여하는 게 그 한 예가 될 것이다. 이 아이들은 책에서 집 짓는 법을 배우는 게 아니라 프로젝트라는 맥락에서 두 손으로 직접 집을 지어봄으로써 건축에 대한 지식을 습득하고 있다. 이러한 학습 과정 안에서 아이들과 청소년들은 단계적으로 책임감을 익혀간다.

이러한 학교에 자녀를 입학시킨 학부모들은 마음 놓고 일터에서 자기 일에 전념할 수 있다. 물론 학교가 이런 방식으로 운영이 될 수 있었던 것은 거기에 관계한 모든 사람이 서로 힘을 모았기 때문이다. 만약 이런 학교가 우리 교육의 전형이 될 수 있다면, 나는 문화적 변형의 시작이 학교에서부터 시작될 거라고 자신 있게 말할 수 있다.

교사들을 위한 몇 가지 조언

가족세우기를 이용한 작업은 교육 현장에서 일하는 교사들이 교실 안에서 반드시 시도해야 할 사명 중의 하나는 아니다. 그러므로 나는 이 책을 읽고 난 교사들이 혹시라도 당위성의 짐 하나를 새로 얻게 되지 않기를 바란다.

이 책에서 내가 이야기한 가족세우기를 이용한 작업은 교사로서의 내 직무 해설서에 적혀 있던 항목이 아니었다. 교직에 있는 동안 내가 참여한 여러 가지 트레이닝에서 배운 기법들을 교실 안에서 적용하는 일은 아주 우연한 계기로 시작되었다. 감히 가족세우기 기법을 사용해 볼 엄두를 낼 수 있었던 것은 내가 이미 나이가 꽤 든데다 이 분야에서 탄탄한 훈련을 받았기 때문이었다. 그리고 학부모들과 신뢰를 바탕으로 한 관계가 형성되어 있었기 때문이다. 아마 내가 계속해서 교직에 머물렀더라면 정규 수업 시간에 가족세우기 작업을 하지 않고 지금 내가 하고 있는 것처럼 방과 후에 열한 살 이상 학생들에게 소규모 작업으로 진행했을 것이다.

여기서 한 가지 분명한 것은 내가 지금까지 해온 실험과 경험은 나로서도 아주 중요한 의미를 지녔지만 아이들과 학부모 모두에게도 긍정적인 영향을 끼쳤다는 사실이다. 다시 말해서 가족세우기 작업을 통해 나는 학생들과 그 부모들을 있는 그대로 바라볼 수 있게 되었고, 그들을 무조건적으로 존중할 수 있게 되었다.

나는 이 책을 읽고 나서 내가 시도한 접근법에 관심을 갖게 된 교사들이 있다면 반드시 한 차례 혹은 그 이상 가족세우기 워크숍에 참여해 보라고 권유하고 싶다. 워크숍이 진행되는 동안 교사는 자신이 원래 가족 안에서 부모와 어떤 방식의 관계를 맺고 있는지 볼 수 있다. 또한 가족체적 운명에 대해 인식하게 되면서 운명을 상대로 우리가 할 수 있는 것은 아무것도 없으며 그저 인정하는 수밖에 다른 길이 없음을 경험하게 될 것이다. 이 밖에도 워크숍에 참여해 가족세우기의 여러 측면과 감추어진 긴장 관계에 대해 알게 되면 학생들과 그들의 가족체를 바라보는 시각도 변화하고 발전할 것이다.

교사가 학생들에게 줄 수 있는 최고의 가르침은 그가 칠판에 빼곡하게 써놓은 지식이 아니라 삶을 대하는 교사의 태도이다. 나는 자신의 원래 가족에 관한 작업과 조직체적 접근법에 대한 공부를 교원 자격증 취득의 필수 요소로 추가할 수 있다면 오늘날의 교육이 진일보하게 될 거라는 확신을 가지고 있다.

감사의 말

먼저, 지난 몇 년 동안 나에게 다양한 치유법을 안내해 준 스승들에게 감사의 마음을 전하고 싶다.

그 중에서도 잉그리드Ingrid는 느낌과 실재의 차이를 구분할 수 있도록 나를 이끌어주었고 내가 가진 두려움도 없애주었다. 또 학교의 동료 교사들에게도 고마움을 전하고 싶다. 우리는 함께 환상적인 팀을 일궈냈다.

많은 사람들이 내가 이 책을 쓸 수 있도록 도움을 주었다. 나는 그들 모두에게 마음의 빚을 지고 있다.

우선 군터Gunter와 발터Walter, 이 두 사람은 나의 '학교 이야기'를 정말이지 열정적으로 들어주었을 뿐만 아니라 그 이야기들을 한 권의 책에 담아낼 수 있도록 최초의 원동력을 제공해 주었다. 그리고 이를 어엿한 책으로 낼 수 있도록 용기를 준 버트 헬링거에게도 감사를 표하고 싶다.

군트하르트Gunthard에게도 특별한 고마움을 전한다. 그는 내가 글쓰기에 난항을 겪고 있을 때 내 원고가 이처럼 한 권의 책으로 나오게 되리라는 믿음을 버리지 않고 격려해 주었다.

그리고 에바Eva, 몇 년 동안이나 그녀는 내 경험을 글로 적을 수 있도록 용기를 주었다. 나 자신이 이 모든 게 하찮다고 의심할 때조차 그녀는 나를 격려해 주었다. 이들 모두는 내가 바닷가에 있는 멋진 집에서 은둔자 생활을 할 수 있도록 몇 차례나 기회를 제공해 주기도 했다.

그저 모두에게 감사할 따름이다.

마리엔 프랑케 - 그리쉬

2001년 5월, 뮌헨에서

참고문헌

치유 관련 도서

Basteson, G. (1972), Steps to an Ecology of the Mind: Collected Essays in Anthropology, Psychiatry, Evolution, and Epistemology. San Francisco (Chandler).

Brink, O. (1999), Vitamine für die Seele. Heilende und heitere Geschichten. Wuppertal (Hammer).

De Shazer, St. (1992), Das Spiel mit den Unterschieden. Wie therapeutische Lösungen lösen. Heidelberg (Carl-Auer-Systeme). [Am. Orig. (1991), Putting Difference to Work. New York (Norton).]

DeShazer, St. (1995), Der Dreh Überraschende Wendungen und Lösungen in der Kurzzeittherapie. Heidelberg (Carl-Auer-Systeme).[Am. Orig. (1988) Clues: Investigating Solutions in Brief Therapy. New York (Norton).]

Foerster, H. von (1985), Sicht und Einsicht. Braunschweig (Vierweg).

Foerster, H. von (1987), Entdecken oder Erfinden.—Wie lässt sich Verstehen verstehen? In: W. Rotthaus (ed.), Erziehung und Therapie in systemischer Sicht. Dortmund (modernes lernen), pp. 22~60.

Foerster, H. von (1994), Über Bewußtesin, Gedächtnis, Sprache, Magie und andere unbegreifliche Alltäglichkeiten. Lecture in Frankfurt. Audiotape. Heidelberg (Carl-Auer-Systeme).

Gergen, K.J. (1985), The Social Construction of the Person. New York (Springer).

Glasersfeld, E. Von (1995), Radical Constructivism. A Way of Knowing and Learning. London (Falmer).

Goolishian, H. & A.H. Anderson (1998), Menschliche Systeme: Vor welche Probleme sie uns stellen und wie wir mit ihnen arbeiten. In: L. Reiter et al. (eds.), Von der Familientherapie zur systemischen Perspektive. Heidelberg (Springer), pp. 189~216.

Haley, J. (ed.), Conversations with Milton M. Erickson, M.D. Vol. 3.

New York (Triangle).

Hellinger, B. (1994), Love's Own Truths. Bonding and Balancing in Close Relationships. Heidelberg (Carl-Auer-Systeme).

Hellinger, B. (1996), Insights. Heidelberg (Carl-Auer-Systeme).

Hudson O'Hanlon, W. & A. Hexum (eds.) (1990), An Uncommon Casebook. The Complete Clinical Work of Milton H. Erickson. New York (Norton).

Ludewig, K. (1992), Systemische Therapie. Grundlagen Klinischer Theorie und Praxis. Stuttgart (Klett Cotta).

Madelung, E. (1996), Kurztherapien. Neue Wege zur Lebensgestaltung. Munich (Kösel).

Maturana, H. & F.J. Varela (1972), De ma quinos y seres vivos. Santiago de Chile (Ed. Universitavia).

Maturana, H. & F.J. Varela (1987), The Tree of Knowledge. The Biological Roots of Human Understanding. Boston (Shambhala) (chil. Orig. (1984), El árbol del conocimiento). Santiago de Chile (Programa de Comunicación).

Neuhauser, J. (ed.) (1999), Wie Liebe gelingt. Die Paartherapie Bert Hellingers. Heidelberg (Carl-Auer-Systeme).

Simon, F.B. (1993), Meine Psychose, mein Fahrrad und ich. Zur Selbstorganisation und Verrücktheit. Heidelberg (Carl-Auer-Systeme).

Simon, F.B. (1995), Die andere Seite der Gesundheit. Ansätze einer systemischen Krankheits- und Therapietheorie Heidelberg (Carl-Auer-Systeme).

Simon, F.B. (1991), Die Möglichkeit des Andersseins. Zur Technik der therapeutischen Kommunikation. Bern (Hans Huber).

Willi, J. (1991a), Was hält Paare zusammen? Der Prozess des Zusammenlebens in Psychologischer Sicht. Reinbek (Rowohlt).

학교 관련 도서

Banyai, I. & A. Banyai (1995), Zoom. New York (Viking).

Buck, G. (1989), Lenen und Erfahrung—Epagogik. Zum Begriff der didaktischen Induktion Darmstadt (Wiss. Buchges).

Brügelmann, H. & H. Ballhorn (eds.) (1990), Das Gehirn, sein Alphabet und andere Geschichten. Konstanz (Faude).

Brunner, E.J. (1990), Zur systemischen Analyse von Lehr-und Lernprozessen. In: R. Husche-Rhein (ed.), Systemische Pädagogik, vol. IV. Cologne (Rhein).

Ergenzinger, E. (1985), Sich die Arbeit leichter machen: Beispiele für systemisches Denken und Handeln im Klassenzimmer. In: C. Henning, & A. Knödler, A. (eds.), Problemshüler-Problemfamilien. Weinheim (Beltz), pp. 206~218.

Fauser, P. & E. Mandelung (eds.) (1996), Vorstellungen bilden. Beiträge zum imaginativen Lernen. Seelze (Friedrich).

Fauser, P. (ed.) (2000), Was heißt schon Erfahrung? Bemerkungen zu einem pädagogischen Grenzwort. In: Neue Sammlung, Sonderdruck. Stuttgart (Klett-Cotta).

Flitner, A. (1992), Reform der Erziehung. Impulse des 20. Jahrhunderts. Revised edition 1999.

Frank-Gricksch, M. (2000a), Systemisches Denken und Handeln in der Schule. In: G. Weber (ed.), Praxis der Organisationsaufstellungen. Grundlagen, Prinzipien, Anwendungsbereiche. Heidelberg (Carl-Auer-Systeme), pp. 195~206.

Franke-Gricksch, M. (2000b), Anwendungen systemisch-phänomenolofischer Erkenntnisse in der Berufssupervision für Lehrer. In: S. Gómez pedra (ed.), Kindliche Not und Kindliche Liebe. Familien-Stellen und systemische Lösungen in Schule und Familie. Heidelberg (Carl-Auer-Systeme), pp. 169~188.

Fuhr, R. & M. Gremmler-Fuhr (1988), Faszination Lernen. Transformative Lernprozesse im Grenzbereich von Pädagogik und Psychotherapie. Cologne.

Hackl, B. (2000), Systemisch denken-pädagogisch handeln? Reichweite, Paradoxien und Selbstimissverständnisse eines populären Idioms. Innsbruck (Studienverlag).

Hennig, C. & U. Knödler (1998), Problemschäler-Problemfamilien. Ein praktisches Lehrbuch zum systemischen Arbeiten mit schulschwierigen Kindern. Weinheim (Beltz).

Hentig, H. von (1973), Schule als Erfahrungsraum? Eine Übung im Konkretisieren einer pädagogischen Idee. Stuttgart (Klett).

Huschke-Rhein, R. (ed.) (1990), Systemische Pädagogik. Vol. IV. Cologne (Rhein).

Ludewig, K. (1987), Therapie und Erziehung—Widerspruch oder Ergänzung? In: W. Rotthaus (ed.), Erziehung und Therapie in systemischer Sicht. Dortmund (modernes lernen), pp. 90~100.

Ludewig, K. (1992), Systemische Therapie. Grundlagen Klinischer Theorie und Praxis. Stuttgart (Klett).

Molnar, A. & B. Lindquist (1990), Verhaltensprobleme in der Schule.

Dortmund (modernes lernen).

Marquard, O. (1986), Apologie des Zufälligen. Stuttgart (Reklam).

Rotthaus, W. (2000), Wozu erziehen? Entwurf einer systemischen Erziehung. Heidelberg (Carl-Auer-Systeme).

Schlippe, A. von & J. Schweitzer (1998), Lehrbuch der systemischen Therapie und Beratung. Göttingin (Vandenhoeck & Rupprecht).

Schricker, G. (1997a), Wie Lehrkräfte ihre Berufsbelastung meistern. Munich (Schulverwaltung BY, Nr. 10/97).

Schricker, G. (1997b), Lernen neu entdecken—in und außerhalb der Schule. In: P. Denbostel, W. Markert, H. Novak (eds.), Erfahrungslernen. Gütersloh (Bertelsmann).

Schricker, G. (1984), Körperbewußtsein als grundlegende Dimension. In: Sportpädagogik 6/84.

Schricker, G. (1989), Ausgleich erleben. In: Sportpädagogik 4/89.

Schricker, G. (1993), Kriterien für einen gesunden Bewegungsunterricht in der Berufsschule. In: Zeitschrift der Institute für Sportwissenschaften der Universität Graz/ Innsbruck/ Salzburg/ Vienna 4/93.

Schricker, G. (1999), Körperarbeit im Lehrerseminar. Ein Beitrag zur pädagogischen Praxis von Lehrkräften aller Fächer und Schularten. In: Sportpädagogik 2/99.

TIMMS (2000), Vergleichstudie für den mathematischen und naturwissenschaftlichen Unterricht. Opladen (Leske & Buderich).

Voß, R. (ed.) (1997), Die Schule neu erfinden. Systemisch-konstruktivistische Annäherungen an Schule und Pädagogik. Munich (Luchterhand).

샨티 회원제도 안내

샨티는 사람과 사람, 사람과 자연, 사람과 신과의 관계 회복에 보탬이 되는 책을 내고자 합니다. 만드는 사람과 읽는 사람이 직접 만나고 소통하고 나누기 위해 회원제도를 두었습니다. 책의 내용이 글자에서 머무는 것이 아니라 우리의 삶으로 젖어들 수 있도록 함께 고민하고 실험하고자 합니다. 여러분들이 나누어주시는 선한 에너지를 바탕으로 몸과 마음과 영혼에 밥이 되는 책을 만들고, 즐거움과 행복, 치유와 성장을 돕는 자리를 만들어 더 많은 사람들과 고루 나누겠습니다.

샨티의 회원이 되시면

샨티 회원에는 잎새·줄기·뿌리(개인/기업)회원이 있습니다. 잎새회원은 회비 10만 원으로 샨티의 책 10권을, 줄기회원은 회비 30만 원으로 33권을, 뿌리회원은 개인 100만 원, 기업/단체는 200만 원으로 100권을 드립니다. 그 외에도,

- 추가로 샨티의 책을 구입할 경우 20~30%의 할인 혜택을 드립니다.
- 신간 안내 및 각종 행사와 유익한 정보를 담은 〈샨티 소식〉을 보내드립니다.
- 샨티가 주최하거나 후원 협찬하는 행사에 초대하고 할인 혜택도 드립니다.
- 뿌리회원의 경우, 샨티의 모든 책에 개인 이름 또는 회사 로고가 들어갑니다.
- 모든 회원은 아래에 소개된 샨티의 친구 회사에서 프로그램 및 물건을 이용 또는 구입하실 때 할인 혜택을 받을 수 있습니다.

- 문성희의 자연식 밥상 요리강좌 수강료 10% 할인
  070-8153-8642, http://cafe.daum.net/tableofpeace
- 오늘 행복하고 내일 부자되는 '포도재무설계' 재무설계 상담료 20% 할인
  http://www.phodo.com
- 대안교육잡지 격월간《민들레》정기 구독료 20% 할인
  http://www.mindle.org
- 부부가 정성으로 농사지은 설아다원의 유기농 녹차 구입시 10% 할인
  http://www.seoladawon.co.kr

친구 회사는 앞으로 계속해서 늘려나갈 예정입니다.
회원제도에 대한 자세한 사항은 샨티 블로그 http://blog.naver.com/shantibooks 를 참조하십시오.

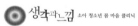